中国石油大学（华东）学术著作出版基金、

中央高校基本科研业务费（19CX05028B）资助

和合学

散论

张瑞涛 ◎ 著

中国社会科学出版社

图书在版编目（CIP）数据

和合学散论 / 张瑞涛著. —北京：中国社会科学出版社，2021.9
ISBN 978 - 7 - 5203 - 8954 - 9

Ⅰ.①和… Ⅱ.①张… Ⅲ.①哲学—研究—中国—现代
Ⅳ.①B262.5

中国版本图书馆 CIP 数据核字（2021）第 169879 号

出 版 人	赵剑英
责任编辑	郝玉明
责任校对	张爱华
责任印制	王 超

出 版	中国社会科学出版社
社 址	北京鼓楼西大街甲 158 号
邮 编	100720
网 址	http://www.csspw.cn
发 行 部	010 - 84083685
门 市 部	010 - 84029450
经 销	新华书店及其他书店

印 刷	北京明恒达印务有限公司
装 订	廊坊市广阳区广增装订厂
版 次	2021 年 9 月第 1 版
印 次	2021 年 9 月第 1 次印刷

开 本	710×1000 1/16
印 张	14.75
字 数	231 千字
定 价	79.00 元

凡购买中国社会科学出版社图书，如有质量问题请与本社营销中心联系调换
电话：010 - 84083683

序

　　瑞涛教授是张门弟子中著述甚丰的人。他的又一和合学的著作即将出版，嘱我写篇序。虽不无为难，但又难以回绝。我于和合学，虽得益良多，但却用力不勤，每念及此，甚是惶恐。

　　张先生于和合学之建构，起始于 20 世纪 80 年代。和合学的创立，是先生从哲学史家成为哲学家的标志。此前，先生已经出版《周易思想研究》《朱熹思想研究》《宋明理学研究》《中国哲学范畴发展史》《传统学引论》《新人学导论》《中国哲学逻辑结构论》等著作，对中国哲学之研究已然大有建树。此建树在那个时代、在张先生那样一个年龄群是非常杰出的。

　　但与此同时，张先生敏锐地意识到了三个更为关键性的问题：一是中国哲学的当代创新；二是中国哲学与西方哲学相较最根本性的特点；三是中国哲学为解决人类所面临的根本性问题所能贡献的哲学智慧。关于第一个问题，如果中国哲学没有创新，那就只是博物馆里的文物，就没有生命，也就没有未来。关于第二个问题，如果只是用西方哲学的眼光来审视中国哲学，无视中国哲学自身的问题、特点，那必然会将中国哲学当成一个可有可无的存在，甚至否认有"中国哲学"存在。关于第三个问题，哲学并非是纯粹的思，哲学是时代精神的精化，每一个时代的哲学都是对于它所在时代的思。当前人类面临很多重大问题，用张先生的话说，面临着五大冲突、五大危机：这就是人与自然的冲突而带来的生态危机，人与社会的冲突而出现的社会危机，人与人的冲突而造成的道德危机，人的心灵冲突而产生的精神危机，文明之间的冲突而引发的价值危机。面对这些冲突与危机，中国哲学如何应对？中国哲学有无化解之道?

对此三个问题的深入思考,张先生构建起了和合学的哲学系统。经过多年的深思熟虑,1996 年,《和合学概论》一书出版。此书的出版,是和合学理论体系确立的标志。此后,张先生又先后出版了《和合与东亚意识》《中国和合文化导论》《和合哲学论》《和合学与人工智能》等著作,发表了 100 多篇和合学的论文。和合学是一个庞大的理论体系,有形上学的理论建构,有形下学的具体应用。就形上学而言,有和合生存世界、和合意义世界、和合可能世界;就形下学而言,有和合自然科学、和合伦理学、和合人类学、和合技术科学、和合经济学、和合美学、和合管理学、和合决策学。作为一个复杂的系统,一般人很难了解其详。

瑞涛教授的《和合学散论》,是一部重要的帮助我们了解和合学并带领我们进入和合学理论视域的著作。

第一章"张立文学术创新撷要",探究了和合学的"出场语境"。在张先生看来,中国哲学思维创新有三条基本的"游戏规则",即核心话题的转向、人文语境的转移和诠释文本的转换。张先生运用并发挥中国哲学理论创新的规则,创造性地构建了和合学的哲学体系。

第二章"和合学创新论",探讨了和合学与中国哲学的创新。在张先生看来,中国哲学要创新,就必须从"照着讲""接着讲",走向"自己讲""讲自己",而中国文化的精髓、中国哲学的核心灵魂正是"和合"。和合学是对传统哲学的继承与发展。和合学为中国文化发展路径的具体落实提供了理论支持和方法,同时又以对当下社会现实的深切观照为根本。和合学是创新的哲学。和合学的创新既以中国传统为基础,又以解决当下社会现实为根本。

第三章"和合学方法论"。和合学的"和",有和谐、和睦、和平、和而不同等意涵,和合学的"合",有结合、联合、合作等意涵,和合学强调由"和"而"合",以"合"促"和"。和合是指自然、社会、人际、心灵、不同文明间诸多文化要素互相冲突融合,与在冲突融合的动态过程中诸多文化要素相和合的新生命、新事物、新结构的总和。和合不是一方消灭一方、一方打倒一方的单一法、唯一法,而是"万物并育而不相害，道并行而不相悖"的互补法、双赢法。和合学提倡和生、和处、和立、和达、和爱五大原理，并以此来应对当前社会存在的各种冲突与危机。

第四章"和合学价值论"。实现社会和谐是中西古今社会管理者所追求的理想目标，和谐、和合是诸多优质因素、要素的融合。和谐、和合是各种要素间的对待统一，是新生事物或新质事物产生的原因。寻求人与人、人与社会、人与自然、文明与文明之间的自由发展、平等交流、和谐共处，是和合哲学的思想旨归与核心要义。

第五章"关于文化比较的几点思考"。前面几章重在对和合学的介绍与评析，第五章是以和合学为基础，瑞涛教授自己关于文化比较的思考。包括"西方中心主义者认识中国文化的误区，近代中国知识分子中西文化观的思想特征""中国优秀传统文化现代'转生'的内在逻辑"，问题意识明确，论述深入。瑞涛教授指出："中华民族拥有源远流长的优秀传统文化和文化传统，这体现了中国'文化自信'的底气，优秀文化传统必然要传承。""一方面，由于主体的实践需要，必然传承某种文化精神、价值观念、思维模式而成为文化传统；另一方面，创造某种文化传统的原创主体的实践目的、实践方式会在后续的一定时期内有效地化解新的时代下文化主体所面临的各种价值冲突，从而'转生'出新文化传统。"我很欣赏并赞同他的这些说法。

和合学从来不是一个封闭的系统，而是一个处于不断更新、不断突破既有存在的生生势态。和合学既是一种理论体系，又是一种价值哲学、一种哲学态度、一种哲学方法。用张先生的话来说："和合学永远在路上。"

是为序。

罗安宪

2021 年 8 月 18 日

目　　录

导　论

从最通常的意义或者说从词源的意义而言，"philophia"的最初含义是"爱智慧"。但当我们循着西方哲学的发展历程来看"哲学是什么"的时候，必然反思"什么是哲学"。因为，由日本学者西周以中文汉字"哲学"翻译"philosophy"之后，"哲学"已然成为中国哲学界"约定俗成"的学术概念。这样一来，我们就必然需要对"哲学的个性"和"个性的哲学"的辩证关系进行理性审视。所谓"哲学的个性"，是指作为"爱智慧"精神思辨过程和心得体悟境界的哲学，隶属特定的认知思辨主体，从产生伊始便秉具民族性和时代性。所谓"个性的哲学"，则是指哲学有其自身的历时演进特性，不同的认知主体基于自身的学思体悟和生命情趣，尽管基于特定的时代话题，但所构思的哲学形态存在差异性，而且同一哲学主题下开显出不同的哲学流派，甚至同一哲学流派内部也有不同的认知路径。

——

哲学的民族性体现了"哲学的个性"。恩格斯曾说，"一个民族要想站在科学的最高峰，就一刻也不能没有理论思维"[①]，同样的道理，但凡在历史上有一定影响的民族，都有自己的"理论思维"，都进行了哲学的思辨。只是，这样的哲学思辨并不是完全按照某个统一的模式、范式展开的，而是体现着自我的民族特性。历史哲学家斯宾格勒

[①] 《马克思恩格斯选集》第4卷，人民出版社2012年版，第934页。

（Oswald Spengler）在《西方的没落》一书中论及"文化"的特质时，也曾言："每一种文化各有自己的观念，自己的情欲，自己的生活、愿望和感情，自己的死亡。"① 虽然斯宾格勒说的是"文化"，须知，哲学就属于文化的重要组成部分。每个人都是文化缔造的产物，同样，每个人都将自己的生活所思、生产感悟、交往心得等，在一定程度上塑造、培育出特定的文化形态、文化模式。当然，就哲学而言，并非特定文化模式下的每个人都为特定民族性的哲学贡献智慧，但能够给特定文化下特定哲学贡献哲学智慧的人一定是具有特定民族性的人。

中华民族缔造了特色的农耕文化，创造了发达的农耕文明，构造了特色的哲学个性——"和"哲学。习近平总书记早在浙江任职时就指出，"我们的祖先曾创造了无与伦比的文化，而'和合'文化正是这其中的精髓之一"；"和"，即和合、和谐、中和的思想，"这种贵和尚中、善解能容，厚德载物、和而不同的宽容品格，是我们民族所追求的一种文化理念"，"甚至还可以毫不夸张地说，我们中华民族传统文化的精髓也正是在于这种伟大的和谐思想"。② "和"是中华民族处理人与自然、人与人、人与社会、精神与肉体、文明与文明的最为精粹的哲学思辨，贯穿于中国传统道德伦理、价值观念、心理结构、审美情感之中，是被中国传统各家学术流派认同的普遍原则。可以说，"和"是中国哲学最基本的特质。但是，西方哲学思辨最大的特质是强调"对立、对抗、斗争、雄强"，世间的一切都是对立的，如人与自然、人与人、团体与团体、党派与党派都是对立、对抗的。③ 显然，在中西哲学之间，便存在"和"与"斗"的哲学性格的根本性差异问题，而且由此开显出中西文化的差异，如家族文化与个体精神、关怀情愫与好奇精神、人情羁绊与法理公平、入世与出世、克己与忏悔、平安与快乐等。

哲学的时代性也体现出"哲学的个性"。作为智慧之学、爱智之举，

---

① ［德］奥斯瓦尔德·斯宾格勒：《西方的没落》，齐世荣等译，商务印书馆1963年版，上册，"导言"第39页。

② 习近平：《干在实处 走在前列——推进浙江新发展的思考与实践》，中共中央党校出版社2006年版，第295—296页。

③ 参见罗安宪《多元和合是中国哲学的根本》，《中国人民大学学报》2019年第3期。

哲学不是一蹴而就培养起来的，也不是一成不变的。哲学是对特定时代精神的概括与总结，诚如马克思所言"任何真正的哲学都是自己时代的精神上的精华"①，是对特定民族特定发展阶段上所普遍关注的心性情、人事物诸多复杂关系的体思与阐发。这就意味着，哲学思辨总离不开特定的时代主题，或者说，哲学在根本上是对特定时代问题的"不懈追问"，甚至是对不同时代问题的"一贯追问"。张立文先生曾揭示了中国哲学创新的标志，即人文语境的转化、核心话题的转移和诠释文本的转变②，在他看来，时代的不同根本上是因为核心话题的不同，换言之，因为思辨不同的社会人生所普遍思考的话题，所以才有了时代主题，也就有了不同时代的划分。时代主题、哲学话题，不是随心所欲的假设和臆断，而是基于社会大众共同的生存环境、生活习性、心思体悟而"公约"的认知效果。哲学对时代话题的"不懈追问"，表明这个时代的人们，面对时代的社会人生问题、人事物的关系问题，所做出的多视阈、多维度、多进路的体悟与反思；哲学还是对不同时代问题的"一贯追问"，是因为哲学传统的连续性和前后的因循特性，虽然后来的哲学家对前代哲人的认知或认同，或诘难，但无不立基于前人、开创未来，世上无无源之水，亦无无根之木，这是文化演进一脉相承的特性使然。就中国传统哲学的演进历程而言，大致可以说，中国的智者围绕道德之意、天人之际、玄冥之境、性情之源、理欲之辨等哲学话题展开大讨论，造就出先秦诸子学、两汉经学、魏晋玄学、隋唐佛学、宋明理学等辉煌的哲学时代。对中国传统哲学这样的时代划分，已然为学界所普遍认同。不过，这里有一个关于"哲学"的"评价"问题，即中西哲学之间、古今哲学之间是否有"优"与"劣"、"高"与"低"、"进步"与"落后"的区分。须知，谈及哲学或者文化的评价，不能武断地以"优劣"进行评价，而应当遵循文化演进的规律性、文化实践的目的性

---

① 《马克思恩格斯全集》第1卷，人民出版社1995年版，第220页。
② 参见张立文《中国哲学的创新与社会学的使命》，《中国人民大学学报》2000年第2期。

和文化发展的趋势性三原则论说哲学"合理与否"。①

哲学的时代性是就哲学所思辨的时代话题而言的，并不必然与历史学所开显的所谓古代、近代、现代等作为人类文明演进历程的、体现着高低差异的"时代"完全重叠。就哲学思辨、爱智之学而言，孔子的哲学智慧不见得比所谓"现代人"低，况且，他所提出的"为政以德""仁者爱人"等理念，于当下中国乃至世界社会治理、人生修悟等皆大有裨益；只是，他所针对和处理的时代话题与当下的社会人文语境并不完全相同而已，即便如此，更不应否定过去时代的哲学思辨与当下时代主题解决之道的贯通性。就此已然表明，孔子时代的哲学有其时代性，体现着"哲学的个性"；当代的中国哲学应对的是"新时代"问题和如何创造服务"美好生活"的新时代哲学问题，这是新时代中国特色哲学体系的"哲学个性"的历史使命。

二

哲学是时代精神的精华，是不同民族的智者根据自身的时代语境，对人与人、人与自然、人与社会、精神与肉体、文明与文明之间的关系所做出的理性总结，是关于天、地、人"三才之道"的"无我"体思与智者"自我"的"有我"感悟所和合而成的理论系统。哲学从其产生伊始，便自然彰显出个性，是"哲学的个性"与"个性的哲学"的和合。就前者言，意味着作为"爱智慧"精神思辨过程和心得体悟境界的哲学，必然隶属于特定的认知思辨主体，体现着民族性和时代性；就后者言，意味着不同的认知主体基于自身的学思体悟和生命情趣，必然基于特定的时代话题，创构出秉具差异性的哲学新形态。大致可以说，"个性"的哲学主要体现于两方面特征。

首先，"个性的哲学"体现于创构哲学的智者主体性的差异性和认知效果的多元性。哲学是对时代话题的"不同追问"，意味着不同的哲学流派、不同的哲学思想家，尽管经历着共同的哲学时代、思考着共同的时代话题，但因个体生命体悟和生活阅历的差异，对时代话题的体悟与反思表现出差异性，体现出个性化的哲学思维。理学大家张载名言曰"为天地立心，为生民立命，为往圣继绝学，为万世开太平"，已然昭示了哲学的真谛。真正的哲学是哲学智者基于自身的生命感悟、心得体悟和学思勘悟而达至的"主体性"的思辨效果；是能力、实力、毅力和心力"四位一体"的过程：能力意味着哲学智者主体积极性的发挥和哲学思辨主动性的展开，实力意味着主体知识素养的培育和研究方法的丰富，毅力意味着主体持之以恒的精神和知难而进的志趣，心力则意味着主体人生阅历的品鉴与自我生命价值的勘悟。能力与实力是缔造真哲学的硬件，毅力和心力则是软件，唯软硬兼施，方有真哲学的生生不息。当哲学智者围绕时代话题，逻辑地阐释自然、历史、社会、思想等本然规律、实然进程和应然理路时，必然有个性的主观创造，即此已使哲学创造深深打上"人为主体性"烙印。

在某一哲学逻辑体系的创构过程中，哲学智者的研究兴趣、求知欲是展开哲学创造的动力，为学志向与恒心是持续开展哲学创造的保障，哲学智者的学术素养、反思精神和研究视野是实现哲学逻辑结构创新的催化剂。基于自我主体性的发挥，哲学智者基于相同或相似的诠释文本，体思勘悟特定的人文话题，可能有相异的认知结论；同样，基于不用的方法步骤和诠释文本，亦能创构出相同或近似的认知结论。诚如莎士比亚"一千个人就有一千个哈姆雷特"，苏轼"横看成岭侧成峰，远近高低各不同"所表达意思一样，千人千面，百人百姓，因不拘一格，故各抒所见。比如，谈及宋明理学，必然言说周（敦颐）、程（程颢、程颐）、张（载）、朱（熹）、陆（九渊）、王（阳明）、刘（宗周），等等，他们各自都有自己的治学路向和哲学逻辑结构，但从整体而言，"使传统儒学以心性为核心的伦理道德和价值理想（社会理想和人格理想）建构在具有理性力度的形上学本体论思维之上，通过诠释心性与本体、伦理与天道的连接以及人与生存世界、意义世界和可能世界的关系，使儒家道德学说获得了形上性和整体性的论述，传统儒学内部的逻辑结构、价值结构、道德结构等经此调整，获得了新的生命"①。这就是典型的主体相异，但哲学性质相同的实例。当然，主体不同，结论相异，既是自然而然，又是客观必然。同样是宋明理学"理欲之辨"的核心话题，程朱言"理"，陆王谈"心"，张王（夫之）说"气"，不同的主体认知，不同的哲学逻辑进路，哲学效果自然相异。哲学因主体的差异而带来认知效果的多元，每个哲学智者因个性的不同而有不同的哲学逻辑结构，体现着"个性的哲学"。

其次，"个性的哲学"还体现于哲学的开放性和创新性。哲学正在探讨的问题和可能要探讨的问题是开放的，每个愿意和乐于开展智慧之思的哲学智者，无不期望面对共同的哲学话题而实现自我哲学的体系创新和未来哲学话题的歧路开新。哲学之思不是无病呻吟，必有其参照对象，也有其未来路向；有其要解决的问题，更要提出进一步解决的问题。比如，在宋明理学工夫论史上，程朱讲格物穷理，希图将外烁的实证知识即"物理"自觉地开显为道德修养和心性义理，其弊病在于往往让人陷入对具体"物理"的不懈追求和空灵冥觉，造成"游骑无归"的危险。王阳明则针对此问题进行以"良知论"为核心的道德革新，坚持"良知是自家准则"，认为只要把内在的道德至善义理充分外显，良好的社会道德风气自然形成，但其弊病在于，既然人已成圣，为何还要致良知以求圣？结果是，阳明后学多重本体而不重工夫，如王龙溪（畿）以良知为"现成"玄说、不待修为，以日减工夫直接顿悟本体，直把良知作佛性看，落入狂禅的"道德虚无主义"；泰州王心斋（艮）以现成良知立学，从日用常行处指点良知，不重道德修悟，谓良知为"天然率性"，吃饭穿衣、饥食饮渴、冬裘夏葛皆妙道，至颜山农、何心隐、罗汝芳、周汝登直至李卓吾等辈出，主顺自然，抛却工夫，"酒色财气不碍菩提路"，落入打破一切道德藩篱的"道德自然主义"。被誉为"宋明理学殿军"的刘宗周批评阳明后学的这两种不良倾向："猖狂者参之以情识，而一是皆良；超杰者荡之以玄虚，而夷良于贼"②，建构以"本心"为提挈的即工夫证本体、本体工夫合一的工夫论："天下未有大

---

① 张立文：《宋明理学研究》（修订本），人民出版社 2002 年版，第 17 页。
② （明）刘宗周：《证学杂解》，载吴光主编《刘宗周全集》，浙江古籍出版社 2007 年版，第 2 册，第 278 页。

本之不立而可从事于道生者，工夫用到无可着力处，方是真工夫"，"独之外，别无本体；慎独之外，别无工夫"。① 从刘宗周的"真工夫"来看，"真工夫"是与本体合一的工夫，本体通由工夫而彰显，工夫与本体在"无可着力"处融通：一方面，认定本体用工夫，真正洞彻了本体并认定本体做工夫，本体才能于工夫中落实，工夫才有客观理据；另一方面，于工夫中见本体，真切的道德实践工夫是彰显本体的基本手段，切实行工夫的同时便是本体呈露之时。② 由此可知，虽然朱熹、王阳明、刘宗周都谈"工夫"，但因立意前提有异，故其破题入手和阐论进路并不相同，体现出"个性"的哲学思辨。

三

当然，"哲学的个性"与"个性的哲学"往往辩证地交织在一起。从相对的地域差别和中外之别而言，特定民族的特定哲学有其个性表现，如雅斯贝尔斯（Karl Theodor Jaspers）所主张的"轴心时代"时期有以孔子、老子等为代表的中国哲学，有以苏格拉底，柏拉图和亚里士多德等为代表的古希腊哲学，以释迦牟尼为代表的印度哲学等，无不体现着"哲学的个性"。但是，因对各自民族社会、人生、思维演进规律、未来路向等问题的解构与建构方式方法的不同，即便是属于"哲学的个性"的中国先秦哲学，也是由不同智者、"个性的哲学"共同打造构筑而成的，因为，这一哲学时代包含了以"道德之意"为共同哲学话题的儒家哲学、道家哲学、法家哲学等哲学体系，这彰显出"哲学的个性"之中内含"个性的哲学"。不过，再进一步言，将儒家哲学、道家哲学与法家哲学相比较，各学派之间分别以仁爱德治、自然无为、术道法治等为基本哲学逻辑结构，体现着"哲学的个性"的差异，表明了"个性的哲学"之中有"哲学的个性"；同时，每家学派内部又包括不同的哲学智者，而且智者之间的思辨逻辑、为学进路也有差异，孔子的仁爱君

---

① （明）刘宗周：《中庸首章说》，载吴光庄编《刘宗周全集》，第 2 册，第 300—301 页。

② 参见张瑞涛《心体与工夫——刘宗周〈人谱〉哲学思想研究》，人民出版社 2014 年版。

子观和中庸之道、孟子的性善四端论、荀子的化性起伪说、老子的反者道之动的辩证法和道法自然的社会历史观、庄子的齐是非万物的齐物思想和虚静逍遥境界论，等等，无不是哲学流派内部"个性的哲学"的展示，这又彰显出"哲学的个性"之中内含"个性的哲学"的思辨逻辑。所以，"哲学的个性"与"个性的哲学"之间并非绝对地对立。

理性地认识"哲学的个性"与"个性的哲学"的区别与联系，目的在于体悟哲学体系之间、哲学逻辑结构之间、相异的哲学智者之间哲学思辨的同与异，并能够在不同民族性、时代性的哲学的交流与互动中，基于新时代、新问题、新思路创新哲学体系，涵育能够体现中国立场、中国智慧和中国价值的哲学个性。同时，在比较、对照、批判、吸收、升华的基础上，通过解决中国问题的哲学实践，为解决人类问题提供思路与方法。这是中国"文化自信"的必然要求，也是彰显中国综合国力和国际竞争力的必然要求。

和合学体系的创构，是张立文先生六十多年来学思历程的深切表现，是对中国哲学思想精髓的理性反思，是对人类共同命运与文化发展的高远规划。无论是从国内外哲学的发展现状还是从中国哲学的现代化来看，和合学展示了强盛的生命力，是当代中国哲学创新体系中的重要环节和关键元素，是中国"哲学的个性"中深具"个性的哲学"特质的哲学创新体系。

第一章 张立文学术创新撷要

张立文先生生于 1935 年 4 月 28 日，浙江省温州市人，中国人民大学哲学院博士生导师、孔子研究院院长，一级教授。他于 1956 年考入中国人民大学历史系中国革命史专业，1960 年毕业留校，分配至哲学系中国哲学史教研室任教，曾任教研室主任。张先生从事学术研究一甲子，爬梳经典，笃思明辨，勤于创作，勇于创新，张先生已出版学术专著 30 余部，主编、合编著作近 40 部，发表论文 600 余篇，尤其是 20 世纪 90 年代提出并创构的和合学体系，蜚声海内外，是当代中国著名的哲学史家和哲学家。和合学既是张先生学术创新之果，又是张先生学术成就影响之因。没有丰富和系统的中国哲学史探索，也就没有对中国哲学发展规律和基本问题的深刻体知，更不会有和合学的创新体系。人生是门学问，学问铸就生命的价值，以人生讲学术，乃真学术。

第一节 "学术生命"期的哲学思索

人的生命是有限的，但是人的生命过程却是跌宕起伏、坎坎坷坷的。在这个生命的起伏之中，想从事一些事情，并不总是随心所欲，在很大程度上会受到诸多因素的制约，空有一番心志。然而，"乾道变化，各正性命"（《周易·象传》），生命过程的波谲云诡并不妨碍生命主体的自觉主动性和能动创造性的发挥。在生命的延续中，在生命的现实存在和理想追求的夹缝中，有心人总会自觉地、小心翼翼地去做一些力所能及的事情，生命主体总会尽力实现求生欲望与理想信念的通和。生命的光阴无时无刻不在消耗，而完善生命的信念也无时无刻不在增强。这样的生存智慧在张先生身上得以深切体现。

张先生从初中毕业参加工作以来，经历了中华人民共和国成立后的历次运动。每一次运动都是对人自然生命和精神生命之极限的挑战。难能可贵的是，张先生能够在每一次的运动中修养自己、提高自己、完善自己。运动磨炼生存意志，体悟了生命真谛，反思了学术精神。"祸福相依"的理论一直鼓舞着张先生求生、求学，"君子诚之为贵"的原则一直激励着张先生做人、做事。"文化大革命"前的张先生在各类批斗中坚持哲学研究，反思学术，体现了"学术的生命"精神。所谓"学术的生命"，就是"以生命投入学术，以求生和求学为宗旨，在求生存中求学术"。① 求生是生命存在的自然欲望和本能，求学是生命存在的理想和信念。在特殊的背景下，求生的欲望大于求学的理想，甚至求生成为唯一的追求。当然，在"文化大革命"中，张先生不仅实现了求生，还达到了求学，以充实的学术研究完善了自然生命的困顿。只是，这样的求学战战兢兢、如履薄冰。对于学者而言，唯有创新才能够凸显自身的学术研究的价值，才能证明自身的合理性存在。所以，学术观点的不能说和说不得，的确让学者们郁郁寡欢。值得赞佩的是，张先生在那个思想禁锢的年代，依然默默地思考着学术，在耕耘之后、运动之间、批斗之暇，捧书沉潜、自我切磋，读书"给人以知识的海洋、智慧的启迪、人格的塑造、道德的培育、思维的锻炼、观念的构成，并给人以烦恼的缓解、孤独的消除、痛苦的减少、精神的安抚"，读书求学成了张先生生活的主要内容，"学术生命"是他交往活动的主旨。② 也就是在那个时代，他以读书写文章寄托精神，撰著了《周易思想研究》和《朱熹思想研究》。

一 《周易》入手奠根基

《周易》研究开张先生宋明理学研究乃至学术创新之端绪。张先生1960年6月提前毕业后即留校从事宋明理学研究。是时，中国人民大学哲学系中国哲学史教研室主任为石峻先生，党支部书记为尹明先生，两

---

① 张立文：《学术生命与生命学术——张立文学术自述》，中国人民大学出版社2016年版，"自序"第1页。
② 张立文：《学术生命与生命学术——张立文学术自述》，"自序"第2页。

位先生要求张先生搞通中国哲学史，能讲中国哲学通史，同时根据教研室人员研究方向，要求张先生重点研究宋元明清理学。1949 年后，中国哲学史界一直在批判冯友兰的"新理学"，宋元明清理学几乎是中国哲学史的禁区，几乎无年轻人敢于研究，而张先生欣然接受，并开拓出一片宋明理学研究的新天地。① 须知，宋明理学是中国思想史上的一个顶峰，是中国哲学发展的新阶段，是儒、释、道三家理论思维融合的集中体现。其本旨是对汉唐以来章句注疏之学的逆向运动，是"疑经改经"形式下的新儒学复兴运动。有学者指出，作为儒学第二期的宋明理学，为应对佛道二家的笼罩性影响，以为儒家生活方式奠定哲学基础，能够在哲学形态上更凸显出思辨性。② 故而，近现代的中国哲学家，几乎都是从宋明理学研究起步的。因此，张先生明确指出："总结中国古代哲学思想，展望未来中国哲学思想的发展，宋明理学是一把钥匙。"③ 但是，宋明理学家又多从研究《周易》入手，阐述《周易》思想是宋明理学家普遍的治学选择，如宋明理学开山鼻祖周敦颐作《太极图说》《通书》（《易通》），气学派代表人物张载有《横渠易说》，理学家程颐著有《程氏易传》、朱熹作有《周易本义》，心学集大成者王阳明虽无专门易学著作，但因读《周易》而龙场悟道，宋明理学殿军刘宗周也著有《周易古文钞》《读易图说》等。

张先生曾指出，中国哲学的创新有"三个分析维度"，即核心话题的转向、人文语境的转移和诠释文本的转换。核心话题体现特定时代的意义追寻和价值创造；人文语境是中华民族精神及其生命智慧历史变迁的集中体现；诠释文本是学术思想的符号踪迹，是智慧觉解的文字报告。④ 宋明理学作为儒、释、道三教思想长期融突和合的智慧结晶，理学家们普遍以《论语》《孟子》《大学》《中庸》《周易》为诠释文本，

---

① 参见张立文《学术生命与生命学术——张立文学术自述》，中国人民大学出版社 2016 年版。

② 参见杨立华《宋明理学十五讲》，北京大学出版社 2015 年版，"序"。

③ 张立文：《宋明理学逻辑结构的演化》，台北：万卷楼图书股份有限公司 1993 年版，第 1 页。

④ 参见张立文《中国哲学的创新与和合学的使命》，《中国人民大学学报》2003 年第 1 期。

从而实现哲学体系的创新。尽管张先生提出中国哲学创新的标志晚于对宋明理学家哲学思想的全面展开研究，但对理学家治学路向的把握确实精准和独到。故而，张先生边熟读宋明理学家文献资料，边研究《周易》，并在 1962 年至 1963 年，注释《周易》且从哲学的角度对《周易》的思想进行研究，撰著了《周易思想研究》。该著作在辛冠洁教授的推荐和联系下，最终作为湖北人民出版社"中国哲学史丛书"的第一本于 1980 年 8 月出版。

就整体而言，《周易思想研究》完成三个学术目的：其一，按照历史的本来面目研究古代思想，恢复了《易经》的原貌；其二，明晰了《易传》与《易经》是两个不同历史时期与思想体系的著作，并把他们放在各自的历史范围内，联系当时的社会政治、经济关系，进行阶级的、理论的分析，做出了符合历史实际的研究结论；其三，通过《易经》思想的研究，弄清了我国科学思维萌芽的开端，以及科学思想的萌芽与宗教相联系的内在逻辑必然性。[①] 该书是国内"文化大革命"后第一本研究《周易》的学术专著。该书出版后，在学术界引起很大反响，有学者发表书评给予较高评价，如金隆德教授指出，"这部书的问世，对学术研究的影响和意义值得重视"，"是近年来中国哲学史领域取得的可喜成果"，"作者把成书年代、思想体系迥然不同的《易经》和《易传》严格区分，理清了长期以来'援传于经''以传解经'的混乱现象"，"作者对于文字古奥的《周易》不仅逐字逐句地推敲……同时还钻研了甲骨文和金文"。[②] 该著作不仅仅是张先生以坚韧的学术毅力一心一意从事中国哲学史学术研究的体现，还是后来展开宋明理学研究的思想基石，诚如张先生所言："《周易思想研究》也是为掌握宋明理学家的思维方式、逻辑结构、观念体系提供参照。"[③] 同时，《周易》研究对张先生后来的和合哲学体系的创构有直接影响，张先生明确指出，和合学提出的很多概念，如作为和合学体系结构进路的地（生存世界）、人（意义世界）和天（可能世界）"三界"理念就是从《周易》直接推理

---

① 参见张立文《周易思想研究》，湖北人民出版社 1980 年版，"前言"。
② 金隆德：《喜读〈周易思想研究〉》，《中国哲学史研究》1981 年第 3 期。
③ 张立文：《学术生命与生命学术——张立文学术自述》，第 123 页。

出来的，即把《周易》中天、人、地三才的空间次序（六十四卦每卦都蕴含天、人、地三才）转化为地、人、天的逻辑次序，即《泰》卦乾下坤上的次序，期求"天地交合而万物通，上下交合而志同"的三界圆融。①

《周易》是中华礼乐文明的源头，是民族生命智慧的活水。张先生在完成《周易思想研究》之后，又据发表于 1984 年《文物》第 3 期的《马王堆帛书六十四卦释文》，参考原先对《周易》的注译，先后出版《周易帛书今注今译》《帛书周易注译》《白话帛书周易》等。② 尤其《帛书周易注译》，张先生不仅从文字、音韵、训诂等方面对帛书文字做注释和考证，还对六十四卦三百八十四爻的卦辞和爻辞均校勘原文以辨别正误，并对每一字词细加串通句意，最终从整体阐释以疏通卦旨。该书摆脱了各家各派以自己的偏见而进行说教的底色，着力于字词本义的考证，尽可能地还原卦辞与爻辞的本来面目，避免恣意附会、虚妄不实之词，朴实无华，但具有概括力，在易学史上具有重要意义。

二　朱熹研究立中哲

张先生在完成《周易思想研究》的初稿后即遵哲学史教研室分配任务而转入宋元明清具体人物的研究，即朱熹研究。统观张先生的宋明理学研究，大致遵循了"由点到面、以面提点"的研究逻辑。即是说，张先生先是研究了一个宋明理学至为关键的人物——朱熹，然后是展开宋明理学系统研究并出版《宋明理学研究》，同时又以此专著为基础，分别就宋明理学大家展开"个案"研究，体现出全面、立体的宋明理学研究架构。张先生自身亦明确指出："我的研究思路是由点到面、由微观到宏观，即通过具体人物哲学思想的研究而把握宋明理学，以至于整个中国哲学。"同时，张先生还告诫自己，不能深陷于点和微观的研究，

---

① 参见张立文《和合学——21 世纪文化战略的构想》（修订本，上），中国人民大学出版社 2006 年版。

② 张立文：《周易帛书今注今译》，台北：学生书局 1991 年版；《帛书周易注译》，中州古籍出版社 1992 年版；《白话帛书周易》，中州古籍出版社 1994 年版；《帛书周易注译》（修订本），中州古籍出版社 2008 年版。

应该有面和宏观的眼光，做到"以面和宏观来观照点和微观，这样才有可能较真切地诠释点与面、微观与宏观"①。所以，朱熹思想研究成为张先生宋明理学研究的初步尝试，当然也是张先生宋明理学研究的基本方法论——"中国哲学逻辑结构论"——的最早实践。

朱熹是宋明理学中的关键人物。在张先生看来，朱熹继承融合张载的关学和二程的洛学，深究自然、社会和人生的所当然之理与所以然之则，遵循"涵养须用敬，进学在致知"的道德修养理念，创造性地建构了"融合理气、统摄心性、圆融道器、贯通格致"的理学理论思维逻辑结构，化解了时代所面临的社会的、政治的、道德的、价值的、民族的种种危机，以其"致广大，尽精微，综罗百代"的哲学理论思维，将中国哲学推向新的高潮，使两宋学术呈现出"造极"之势。②而且，宋明理学后期，理学家们谈话问题无不涉及朱熹哲学思想。应该说，朱熹是宋明理学史"承上启下"的重要环节，张先生据此指出，"在宋明理学当中，朱熹是一个关键人物。如果我把朱熹思想搞清楚了，顺下来我就可以搞干阳明这一派。横向的我就可以通陆九渊、张栻和昌祖谦。所以我就抓了朱熹，朱熹一抓，宋明理学上下左右基本上就通了"③。在"文化大革命"当中，中国人民大学解散，中国哲学史教研室转到北京师范大学，张先生在北京师范大学图书馆熟读朱熹的著作和研究朱熹的学术论著，系统地掌握了朱熹的思想。张先生完成于"文化大革命"期间出版于1981年的《朱熹思想研究》④以求道为目标，以"哲学逻辑结构论"为具体方法，坚持实事求是的原则，从朱熹的思想实际出发，充分遵循具体问题具体分析的研究逻辑，客观地研究了朱熹的哲学、史学、经学、佛学、文学、乐律乃至自然科学。任继愈先生为《朱熹思想研究》所做的"序"，对张立文先生的好学和治学精神给予高度评价："朱熹这个人很重要，应当有专门研究著作问世。中华人民共和国成立

---

① 张立文：《学术生命与生命学术——张立文学术自述》，第123页。
② 参见张立文《中国哲学思潮发展史》（下），人民出版社2014年版。
③ 康香阁：《著名哲学家张立文先生访谈录》，《邯郸学院学报》2009年第2期。
④ 参见张立文《朱熹思想研究》，中国社会科学出版社1981年版，1994年9月修订版；台北：谷风出版社1986年繁体字版；中国社会科学出版社2001年12月修订版，收入"社科学术文库"。

后学术界缺少这方面的系统研究，现在有了这方面的著作，是件好事。在政治运动接连不断的年月里，社会风气不鼓励读书，甚至打击读书的情况下，张立文同志居然挤时间，甘于寂寞，埋头读书，不怕坐冷板凳，这种好学态度值得提倡。"张岱年先生在写给中国社会科学出版社的推荐信中指出："《朱熹思想研究》是新中国成立以来关于朱熹思想学说的最详细的论述……对于朱氏体系的各个方面做了比较全面的说明，对于朱氏学说中的细微曲折之处做了比较深入细致的分析。条理清楚，论证详明。"张岱年先生还总结了书中许多发前人所未发的独到之处，如朱氏关于理与事物的关系的思想，朱氏关于太极动静问题的思想，张立文先生都提出了新见解。①

《朱熹思想研究》出版后，在国内外引起很大反响，《人民日报》《光明日报》和《中国社会科学》都发表了评论。如赵宗正、黄德志发表于《光明日报》（1982 年 6 月 19 日）的《于平实中见新意——评〈朱熹思想研究〉》指出："解放 30 多年来，不仅没有出版过一本有关朱熹研究的专著，就连一本普通论朱熹的小册子也很难找到。张著《朱熹思想研究》的出版为中国哲学史、思想史重点人物的研究填补了一大空白。"而且，该书评还指出了该著作的四方面研究特色：其一，"寓独见于平实"；其二，没有采用传统哲学史研究中按照哲学的自然观、认识论、辩证法、历史观"四大块"方法，而是从朱熹思想中固有的范畴和逻辑结构立体地解剖朱熹思想，实现"研究方法上的新尝试"；其三，"重视总结理论思维的经验教训"；其四，"批判继承上的具体性"。② 张先生能够在十年的"文化大革命"中悉心钻研朱熹，在改革开放大门初开之时即隆重推出这样的研究成果，的确令人耳目一新，也代表着当时中国青年学者的学术志向和中国学术的光明方向。

外国学者亦给予《朱熹思想研究》高度评价。如美国著名学者陈荣捷教授指出："此书学术水准很高，肯下死工夫做学问。"其"治学之

---

① 参见张立文《学术生命与生命学术——张立文学术自述》，中国人民大学出版社 2016 年版。

② 参见张立文《学术生命与生命学术——张立文学术自述》，中国人民大学出版社 2016 年版。

严，所用材料皆第一手，且每有新见，令人起敬"；日本《朝日新闻》1982 年 6 月 13 日的学术栏发表专文，介绍该书的内容及评价；《国家学会杂志》第 96 卷第 11、12 号，发表渡边浩教授文章，给予很好的评价。① 因《朱熹思想研究》具有重大学术价值和意义，张先生与冯友兰教授、任继愈教授、邱汉生教授、邓艾民教授等受陈荣捷教授邀请，参加于 1982 年在美国夏威夷东西文化交流中心召开的"国际朱熹学术研讨会"，并在大会上发表《朱熹易学思想辨析》的学术论文。作为该论文评议人的日本著名学者岛田虔次教授指出，他的老师曾告诉他，朱熹的《易学启蒙》是连魔鬼都搞不清楚的问题，但"张立文在论文中说清楚了"。邱汉生教授作诗记"国际朱熹学术研讨会"宣读论文情况云："任君超卓世无双，张邓文章动异邦。一席高谈惊四座，掌声如雨击寒江"，并有注曰："邓艾民、张立文谈太极，异邦学人诧为难得。任继愈君最后发言，论朱熹消极影响，掌声雷动。"②

张先生"十年磨一剑"而成的《朱熹思想研究》经受了各方面的考验，至今还是朱子学研究领域的典范之作，更是张先生展开宋明理学研究的初步尝试和成功实践。而且，开展朱熹思想研究，当看作张先生后来所倡导的"自己讲""讲自己"中国哲学研究范式的最早实践。"自己讲""讲自己"是张先生于 2000 年明确提出的。在他看来："中国哲学的未来走向必须像王阳明那样'自己讲'。这虽然很难，要从'百死千难'的体悟中得来，但百年中国哲学经炼狱般的煎熬和中国学人深受其难的体悟，具备了'自己讲'的内外因缘。自己讲自己的哲学，走自己的中国哲学之路，建构中国自己的哲学理论体系，才能在世界多元哲学中有自己的价值和地位，照搬照抄西方哲学只能是西方哲学的附庸或'小伙计'。"③ 所谓"讲自己"，就是通过中国哲学自身的发展逻辑来讲述中国哲学的"话题本身"。朱熹自身到底有怎样的思想，不能凭借后人的哲学体系来分疏，而是"回到朱熹"，由"我注六经"式的依附他

---

① 参见张立文《朱熹思想研究》（修订本），中国社会科学出版 2001 年版，"后记"。
② 张立文：《学术生命与生命学术——张立文学术自述》，第 134 页。
③ 张立文：《中国哲学：从"照着讲"、"接着讲"到"自己讲"》，《中国人民大学学报》2000 年第 2 期。

哲学范式，转变为"六经注我"的"讲自己"范式。张先生从中西"哲学"的特征出发，曾给中国"哲学"做这样的定义："哲学是指人对宇宙、社会、人生之道的道的体贴和名字体系"；所谓"道的道"，主要包括：（1）人对宇宙、社会、人生的体贴、体认导向某一方向的道路；（2）宇宙、社会、人生的根本道理；（3）不可言说的、无名无为的、万物之奥的形上之道，即万物的根据；（4）宇宙、社会、人生的必然性和趋势；（5）大化流行、唯变所适的过程；（6）知与行及其关系的方法；（7）格致诚正修齐治平的道理、规范及价值理想。简言之，"道的道"是指一种道理、原理的所当然的所以然之故。① 从张先生关于"哲学"的定义可以看出，中国哲学既重社会、人生之道的道的探索，又重宇宙之道的道的探索。这一定义既有对哲学研究问题普遍性的把握，又体现中国哲学的主体意识。② "讲自己"意味着回到被讲对象、回到中国本身。而"自己讲"，则是实现"讲自己"的方式方法。所谓"自己讲"，归根结底就是坚持"以中解中"，"以中国哲学的核心灵魂解释中国哲学。只有这样的解释，中国哲学才不会走样，才能真正讲述中国哲学'话题本身'"。③ 中国哲学的核心灵魂便是《朱熹思想研究》所提出的"中国哲学逻辑结构"，即从整体上分析、确定中国哲学诸概念、范畴在特定时代的思想体系或某哲学家哲学体系中的地位、功能、性质与作用。"中国哲学逻辑结构论"不仅是张先生开展朱熹思想研究所运用遵循的基本研究方法，更是张先生开展整个宋明理学研究和中国哲学研究的基本方法。所以说，《朱熹思想研究》是张先生"自己讲""讲自己"哲学范式的最早实践，是中国哲学史研究历程中先有学术实践后有研究范式创新的最好例证。

---

① 参见张立文《"自己讲"、"讲自己"——中国哲学的重建与传统现代的度越》，北京师范大学出版社 2007 年版。

② 参见张瑞涛《"自己讲"、"讲自己"：中国哲学研究范式的创新》，《江海学刊》2009年第 2 期。

③ 张立文：《"自己讲""讲自己"——中国哲学的重建与传统现代的度越》，北京师范大学出版社 2007 年版，第 12 页。

第二节 "生命学术"期的理学立宗

付出就有收获，坚持就有成效，信心必会带来美乐。人的生命历程是短暂的，人生的机遇是转瞬即逝的，幸福的人生是在充满生机和坎坷的生命历程里，抓住了值得生命主体自豪和骄傲的机遇。一个个机遇的获得和把握，造就非凡的人生。张先生在"文化大革命"之前的学术研究和心思付出，成为"文化大革命"结束以来学术研究的基础和契机。如果说，"文化大革命"前的学术研究是在求生存中求学术而可称谓"学术生命"历程的话，那么，"文化大革命"后的学术研究就是以学术充实生命，转生命为智慧的"生命学术"历程。"学术生命"最大的特点是以求生为目标，以求学为理想，表现为思想和研究的不自由。而"生命学术"最大的特点是以求学为生命的价值和意义，是自由的思考与创造，是生命体悟之后的哲学思辨，是生命与学术的圆融浑合。有生命的存在与开拓，必有学术的追求与发展。生命为学术贡献了体能和智慧，学术是生命的意义和价值的开显。对于高校和科研院所的众多的教师和研究人员而言，"文化大革命"结束前的环境里，若耐得住寂寞和经得住诱惑，尚可从事一定的专业研究活动，在"潜龙勿用"中期求"学术生命"的展开，最大限度地"活着"。学术和生命兼得的美好光景，伴随"文化大革命"的结束而到来，知识分子迎来了学术的春天。不过，在大家开始学术研究时，张先生已遥遥领先，以朱熹研究为契机，陆续出版了《宋明理学研究》《戴震》《走向心学之路——陆象山思想的足迹》《宋明理学逻辑结构的演化》《船山哲学》等专著。正因为张先生优异的研究成果，1984 年，国家为庆祝中华人民共和国成立 35 周年，国务院特批一批中青年学者为教授，张先生便是全国哲学界特批的五人之一。① 张先生因为丰富和扎实的宋明理学研究，成为享誉国内外的宋明理学研究大家，多次被日本东京大学、京都大学、早稻田大学、九州大学，韩国高丽大学、成均馆大学邀请讲授宋明理学，也使得中国人

---

① 参见张立文《学术生命与生命学术——张立文学术自述》，中国人民大学出版社 2016 年版。

民大学哲学院中国哲学教研室成为国内外宋明理学研究的重镇之一。

一　宋明理学分主次

宋明理学是中国特定历史阶段时代精神精华的凸显，是儒释道三家学术思想交融互动、和合创生的中国哲学典范。从中国哲学历史发展的逻辑来看，自汉以来，异于中国传统儒家思想的印度佛教传入中国，尤其是到南北朝、隋唐时期，佛教独尊为大，且开创了天台宗、华严宗和禅宗等中国化的佛教宗派，而此时的儒学无论作为政治意识形态，还是作为哲学思辨，已然失去了先秦时期刚健生动、积极创新的风格，在"疏不破注"的陋规下，专注于经学章句，学理影响日渐衰微。当然，自中唐开始，像韩愈、李翱、柳宗元、欧阳修等人，在力辟佛学的过程中积极探索重建儒学的学理道路；宋明时期的程朱道学以"无极而太极""穷理尽性以至于命"为路向，陆王心学以"天地万物本吾一体"的"致良知"为路向，张（载）王（夫之）气学以"太虚即气""心统性情"为路向，胡（宏）张（栻）以"性立天下之有""心妙性情之德"为路向，融通外来佛教哲学和本土道教哲学，将传统儒学以心性为核心的伦理道德和价值理想建构于形上学本体论思维之上，成功化解儒、释、道三教冲突的文明危机，中国儒学获得了新生。①

宋明理学是中国哲学发展史链条上的一个重要阶段，不仅适应了社会发展的需要，维护传统封建社会的意识形态，维护社会稳定、伦理秩序和价值理念，也在一定程度上制约了人们的思想观念。因而，明末时代的哲学思想家们批判总结作为官方意识形态的宋明理学，不断突破传统价值观念的思想牢笼，为近现代中国的思想启蒙和文化创新打开了思想豁口。张先生在"文化大革命"之前以及整个运动过程中并未停止宋明理学研究，运动结束以后，开放的思想学术活动更进一步激发了张先生的思想活力和研究热情，便于1982年秋根据自己长期讲授宋明理学的讲稿和相关研究论文修改而成《宋明理学研究》一书，中国人民大学资深编审王颖先生不畏张先生《朱熹思想研究》被冠以"精神污染"

_____

① 参见张立文《儒佛之辩与宋明理学》，《中国哲学史》2000年第2期。

政治帽子的风险，毅然亲任《宋明理学研究》的责任编辑，在《哲学研究》编辑默明哲的帮助下，在 1985 年出版了《宋明理学研究》。[①] 后来，《宋明理学研究》多次再版印刷[②]，并在台湾出版繁体字版《宋明理学逻辑结构的演化》[③]，从整体、立体的视角全面分疏了宋明理学的内涵、特质与思想演进历程，是张先生宋明理学观的直接呈现。

张先生《宋明理学研究》提出和解决的最富创新性的问题是宋明理学的分系问题。宋明理学的分系问题由来已久，是中国哲学史研究中的一大课题。因为，在宋明理学发展史上，由于理学家们建构理论的自觉意识不同，他们不断对宋明理学的内在结构、理论模型、学术特点和思维风格进行努力探索。[④] 关于宋明理学的分系问题，较早提出并最具影响的当属牟宗三先生，他的《心体与性体》一书不同于传统的将宋明理学分"理学"和"心学"两派的观念，而是将宋明理学分为三系，即五峰（胡宏）蕺山（刘宗周）一系、象山（陆九渊）阳明（王阳明）一系、伊川（程颐）朱子（朱熹）一系，并视五峰、蕺山与象山、阳明两系为儒学之正宗，而伊川、朱子系为儒学之歧出。[⑤] 理学派重视外在道德约束和实践躬行，希图透过外烁的实证知识即"物理"主动地转化、映射成其内在的道德知识，由物理而自觉地张扬道德修养和心性义理；心学派自有其积极性，通过倡明个体主体性，强调顿悟心性本体，重简约易行，谋求现成良知的自觉成德。但阳明后学王龙溪等人视良知为"现成"玄说，不待修为，先天所就；而王艮等人从现成良知立学，从日用常行处指点良知，不重道德修养。阳明后学的这两种治学路向导致社会道德伦常秩序的破坏和缺失，以及个体行为的无拘无束与放荡不羁，受到明末大儒刘宗周的批评："今天下争言良知矣，及其弊也，猖狂者参之以情识，而一是皆良；

---

① 参见张立文《学术生命与生命学术——张立文学术自述》，中国人民大学出版社 2016 年版。

② 参见张立文《宋明理学研究》，中国人民大学出版社 1985 年版；人民出版社 2002 年 11 月修订版，收入"哲学史家文库"；中国人民大学出版社 2016 年再版。

③ 参见张立文《宋明理学逻辑结构的演化》，台北：万卷楼图书股份有限公司 1993 年版。

④ 参见向世陵《理气性心之间——宋明理学的分系和四系》，湖南大学出版社 2006 年版。

⑤ 参见牟宗三《心体与性体》，上海古籍出版社 1999 年版。

超杰者荡之以玄虚，而夷良于贼，亦用知者之过也。"① 无论心学，还是理学，都有其自身的弊病，心学的问题是容易陷入双重的流弊，理学的问题是难以有效保证道德成为可能。有学者指出，牟宗三的三系论将五峰蕺山、象山阳明、伊川朱子分别开来，以五峰、蕺山一系重视性体的特点解决心学面临的问题，使其具有客观性，又以象山、阳明一系道德本心活泼有力的特点解决理学面临的问题，使其具有活动性，体现出三系论重要的理论价值。② 而张先生的《宋明理学研究》则重在明晰宋明理学的思想内涵以及将宋明理学划分为主流派和非主流派，并把主流学派区分为程朱理学、陆王心学和张王气学三派。

张先生在《宋明理学研究》中首先界定了"宋明理学"的内涵。在他看来，"理学"与"道学"是上下关系，"宋明理学"内含了"程朱道学"，原因在于："道学"概念不包括心学，因为"道学"一词虽在北宋出现，但最早指称"与政术相对称的学术"，而整个两宋时期，"道学"都不包括陆九渊的心学在内。③ 在当时，"道学"概念的使用都是程朱一系，元丞相脱脱修《宋史》，特立《道学传》而置于《儒林传》之前，仅列周、程、张、邵、朱及其门人，陆九渊、吕祖谦、陈亮等人入《儒林传》。这说明，在元人心目中，道学与心学、婺学、永康之学不类：一属示隆，一属非示隆之列。故，"程、朱理学，须加正名，称谓为程朱道学更贴切"④。但是，"理学"包括"道学"和"心学"。据张先生考证，"理学"之名在南宋已有，朱熹说"理学"，不仅仅指伊洛二程门人，亦指蜀学二苏；陆九渊则以"理学"为圣贤之学，指整个儒家道统，而不是指宋时哪一学派的特称。另外，南宋亦有"心学"称谓，乃指称象山"发明本心之学"。元、明时期，程朱道学成为主导意识形态，陆学式微。阳明学出，发扬心学，并以陆学为孔孟道统的真正继承者。元末张九韶辑集周、程、张、邵、朱之言，辅以荀子以下数十

①　（明）刘宗周：《证学杂解》，《刘宗周全集》，第 2 册，第 278 页。

②　参见杨泽波《牟宗三三系论的理论贡献及其方法论终结》，《中国哲学史》2006 年第 2 期。

③　参见张立文《宋明理学研究》（增订本），中国人民大学出版社 2016 年版。

④　张立文：《宋明理学研究》（增订本），第 8 页。

人之说，成《理学类编》，但不辑录陆九渊之言。至明永乐年间，朱棣敕胡广纂修《五经大全》《四书大全》《性理大全》，该系列丛书以性理学为中心，把程朱道学和陆九渊心学一起编纂，从而融合了道学与心学。至王阳明时代，道学与心学又皆纳入理学的范围。自明以后，理学称谓盛行，黄宗羲的《明儒学案》、孙奇峰的《理学宗传》皆明确将程朱与陆王统称为"理学"。因此，张先生明确做出论断，认为"理学"作为总称要优于"道学"之称谓，其原因就在于：第一，明清以来"理学"包括了程朱道学和陆王心学，不会发生概念上的混乱；第二，"道学"既容易与后来的"假道学"相混，也容易与道教之学、道家之学相混；第三，"道学"并不能十分确切地反映这个时代哲学的本质特征和最高范畴，反而会给人以重道德伦理轻宇宙本体的研究之嫌。[①]

《宋明理学研究》以主流和非主流划分宋明理学。在张先生看来，宋明理学作为社会思潮，有主流与非主流之分，其区别就在于其作用和影响不同、社会效果不同。也就是说，主流与非主流的根本区别，就是要看一种社会思潮是起主导作用或居于重要地位，还是起非主导作用和居于次要地位。[②] 按照这一划分，宋明理学的主流派包括濂（周敦颐）、洛（程颢、程颐）、关（张载）、闽（朱熹），以及邵雍、司马光、张栻、陆九渊和王守仁等，周敦颐、二程、张载、朱熹及其门人为正统派；非主流派包括王安石、苏轼、苏辙、吕祖谦等。整体而言，周敦颐是宋明理学的开创者，能"暗破心性义理之学"；濂、洛、关、闽一脉相承，是理学中的正统派，历代统治者皆奉程朱为正统，且成为后期社会发展中居统治地位的官方哲学，强烈影响了上层建筑的各个领域；朱熹是"道学"的集大成者，继承和发挥濂、洛、关学的思想，亦汲取欧阳修的"疑经观"、王安石的"道器论"，二苏的"道"的思想，糅合诸家，综罗百代；以吕祖谦为代表的婺学力图调和朱陆，并吸收永嘉、永康学派的经世致用之学，但从整体上看，倾向于心学；永嘉、永康之学上承张载实事事功思想，反对空谈"心性"，与朱、陆鼎足三立；明

---

① 参见张立文《宋明理学研究》（增订本），中国人民大学出版社 2016 年版，第 9—10 页。
② 参见张立文《宋明理学研究》（增订本），中国人民大学出版社 2016 年版，第 550 页。

代陈献章由宗朱而转为宗陆，王守仁承心学而为心学之集大成者，并成为理学的主流派；刘宗周为明末大师，其学推本周、程，得源与王守仁，以"慎独为宗"，针砭王学各派的王畿、罗汝芳、王艮等，承朱熹之道德伦理，舍空谈而趋道德之实践，但终究与朱、王皆异。① 总之，理学各派与其他学派既互相否定，又相互吸收，形成了螺旋式的前进运动，而绝不是并行不悖、笔直发展的。

张先生在论述宋明理学分主流和非主流的同时，也提出了关于宋明理学的"三系说"。在他看来，宋明理学的主流可分为"三系"，即程朱道学（或可说程朱理学）、陆王心学和张王气学。张先生在《宋明理学研究》的第一版中就已在"宋明理学的性质"和"宋明理学主要范畴的演变"部分②中详细论说了理学、心学和气学的历史演变。之后，张先生在《善恶之上——胡宏·性学·理学》"序"中进一步指出："宋明理学中从张载到王夫之为一系，与程朱、陆王并称为三系，笔者认为是可以成立的。"③ 实际上，张先生在撰写《王船山哲学思想》一书中就指出："笔者据此把船山接续张载一脉，而从程朱一系中分离出来成为独立的一系，即与程朱道学（或理学）的绝对理学派、陆王心学的主体理学派鼎足而立的张王气学的客体理学派。然宋明理学分此三系，非拙著《宋明理学研究》所独创，清人已有以张载、王夫之为一系者，或谓船山继张载之学脉。"④ 从康熙、雍正时的李周望到乾隆、嘉庆、道光时的邓显鹤，从晚清的孔祥麟到现代的熊十力，都把张载和船山看作一系。接受宋明理学的古代朝鲜主理派、主气派的发展史，亦可旁证宋明理学中气学一系的成立。⑤ 总之，船山发宋明理学中张载气学

---

① 参见张立文《宋明理学研究》（增订本），中国人民大学出版社 2016 年版。

② 参见张立文《宋明理学研究》，中国人民大学出版社 1985 年版。

③ 向世陵：《善恶之上——胡宏·性学·理学》，中国广播电视出版社 2000 年版，第 2 页。

④ 张立文：《正学与开新——王船山哲学思想》，人民出版社 2001 年版，第 402—403 页。

⑤ 张先生这样的论说在《善恶之上——胡宏·性学·理学》"序"和《王船山哲学思想》中都说过，若论时间早晚，当以《王船山哲学思想》为早。张先生在《善恶之上——胡宏·性学·理学》"序"中曾说："近年来笔者撰写《王船山哲学思想》一书"，可见，稍早出版的《善恶之上——胡宏·性学·理学》一书中张先生的观点渊源于稍晚出版的《王船山哲学思想》。

一脉,而成为气学的集大成者,从学术意义上可与宋明理学中朱熹集道学大成、王阳明集心学大成相当。

《宋明理学研究》是张先生总体上探讨宋明理学家思想特质和发展演进逻辑的专题著作,以此为契机,张先生又陆续出版陆九渊、王夫之、戴震等宋明理学家"个案"的研究专著。① 当然,作为"个案"展开的朱熹、陆九渊、王夫之、戴震等哲学思想研究和作为"整体"考察的《宋明理学研究》,共同构成了张先生宋明理学研究的纵横逻辑脉络,充分体现他研究宋明理学的学术进路。

二 退溪研究拓视界

张先生因研究朱熹而偶然拓展到朝鲜大儒李退溪思想研究,从而将儒学研究由中国的儒学研究延伸为东亚儒学研究。李滉,号退溪,生于李氏朝鲜第十代燕山君七年(1502 年,中国明代孝宗朱祐樘弘治十四年),卒于宣祖三年(1571 年,中国明代穆宗朱载垕隆庆四年)。李退溪乃"朝鲜之朱子""东方百世之师",是朝鲜一代哲人。故而,张先生关于李退溪的研究理应被视为其宋明理学研究的重要组成部分。

张先生从事李退溪思想研究是机缘巧合造就。1981 年 10 月,张先生携《朱熹思想研究》专著出席在杭州召开的宋明理学国际会议,美国的陈荣捷、狄百瑞,日本的山井涌,加拿大的秦嘉懿,联邦德国(西德)的余倍荷和中国香港的刘述先都参加了会议。会上,陈荣捷教授在阅读了张先生《周易思想研究》和《朱熹思想研究》后,建议张先生撰写关于朱熹易学思想的论文以参加 1982 年在美国举办的朱子学国际研讨会。张先生不仅欣然接受了邀请,而且做到了以文与会、以文会友。这次的朱子学会议,不仅使张先生认识了各国学者,还开拓了眼界,知道了朱子学对日本、朝鲜和越南的影响,开始关注朱子学在各国

① 参见张立文《心学之路——陆九渊思想研究》(修订本),人民出版社 2008 年版,收入《当代中国学术精品·哲学》;《船山哲学》,台北:七略出版社 2000 年版;《正学与开新——王船山哲学思想》,人民出版社 2001 年版,收入"哲学史家文库";《戴震》,台北:东大图书有限公司 1991 年版;《戴震哲学研究》,人民出版社 2014 年版;《走向心学之路——陆象山思想的足迹》,中华书局 1992 年版。张先生尽管未有研究王阳明哲学思想的专著,但编纂整理《王阳明全集》(4 册,红旗出版社 1996 年版)。

的发展与结合等问题。因此，在 1983 年，张先生受邀参加在美国哈佛大学召开的第六届退溪学国际学术会议，虽未成行，但撰写了《朱子与退溪的易学思想比较研究》，正是他参加朱子学国际会议所提交论文《朱熹易学思想辨析》的续篇。之后，张先生受邀参加历届退溪学国际会议。这样，张先生从各个层面、角度研究李退溪，并将论文陆续发表于韩国退溪学研究院主办的《退溪学报》及其他杂志上。1985 年，张先生发表于《哲学研究》第 2 期的《李退溪哲学逻辑结构探析》是国内首次发表研究韩国最著名哲学家思想的文章。因张先生在退溪学研究的成就，1987 年被国际退溪学会授予"国际退溪学学术奖"；1988 年应邀参加汉城奥林匹克运动会组委会召开的世界学术会议和第十届退溪学国际会议，并被邀请出席奥林匹克运动会开幕式，亦是当时韩国卢泰愚总统接见的世界八位学者之一；并促成了 1989 年 10 月中韩建交前，在中国人民大学召开第十一届退溪学国际学术会议。围绕李退溪，张先生先后出版《退溪哲学入门》《朱熹与李退溪比较研究》《李退溪思想研究》，主编《退溪书节要》① 等，皆是退溪学研究领域的扛鼎之作。

　　退溪研究深化了张先生的朱子学研究。朱子学在东亚各国传播和发展，在与东亚诸国的传统思想冲突与融合中适应了各国社会发展的需要。朱子学已经不仅仅是中国的朱子学，还包括了日本的朱子学、朝鲜的朱子学、越南的朱子学，我们不可以执着于中国朱子学而评价其他各国的朱子学，而应把朱子学看作动态的、灵活的、发展的生命智慧，以此观澜东亚诸国的朱子学，才会赋予朱子学以新的生命力。李退溪的贡献就在于把中国的朱子学与朝鲜传统思想融合起来，并与其他学者创造和发展了朝鲜的性理学，适应了朝鲜社会的需要，丰富了朱子学的内涵。张先生的退溪学研究拓宽了朱熹研究的视阈，是中国学者以世界眼光看哲学发展史的良好开端。

　　此外，张先生由退溪学研究的逻辑推导出了东亚意识。东亚文化发展史表明，不仅仅中国的朱子学影响了东亚，整个中国儒学也在不断影响东

---

　　① 参见张立文《退溪哲学入门》，首尔：汉城骊江出版社 1990 年版；《朱熹与退溪思想比较研究》，台北：文津出版社 1995 年版，人民出版社 2014 年版；《李退溪思想研究》，东方出版社 1997 年版；《退溪书节要》，中国人民大学出版社 1989 年版。

亚社会与意识形态。儒学既是中国的又是东亚的。儒学在公元前 3 世纪便传播到东亚和南亚的朝鲜、日本、越南等国,形成了儒家文化圈,成为"东亚儒学"。就中国儒学而言,作为文化核心、主流意识形态的儒学,主要包括以孔、孟、荀为核心的元典儒学、汉唐经学儒学以及宋明新儒学。就东亚儒学而言,不仅包括中国儒学,还包括朝鲜的性理学(主理派、主气派、折衷派、实学派),日本的朱子学、阳明学和古学学派,从根本上言,儒学对东亚地区的社会结构、典章制度、伦理道德、风俗习惯、心理结构、行为模式以及价值观念都有极为重要的影响,从而形成以东亚为载体的要求改变世界不均衡、不公正、不平等状况的意识,这也就是张先生所言"以儒学为核心的文化意识"的本质。① 当然,在《亚文》发刊词中,张先生疏解了"东亚意识"的基本构成,即"主体意识、忧患意识、危机意识、批判意识、反省意识等"。所谓"主体意识"即东亚主体意识,充分展现在独立和自由意识之中,而摒弃依赖意识;"忧患意识"是以人类共同之忧而忧、共同之乐而乐,东亚学人要转变国家的忧患责任意识为人类的忧患责任意识,期求在世界意识中确立、认同东亚意识;"危机意识"是东亚各国 21 世纪共同面临的人与自然危机、人与社会危机、人与人危机、精神与肉体危机和文明与文明危机五大冲突和危机的严峻挑战,需要和合学的和生、和处、和立、和达、和爱五大原理来应对;"批判意识"和"反省意识"即重视和强调自我反省、自我批判,是自我激励意识和自我实现意识的凸显,是摒弃封闭意识和保守意识,敞开胸怀,开放包容,迎接未来的意识。②

后来,张先生还将东亚意识归结为和合精神的体现。在他看来:"'东亚意识'的主体意识、独立意识、忧患意识、危机意识、经世意识、反省意识、批判意识,归根结底是融突的和合意识。"东亚意识作为和合意识,或和合的"东亚意识",是东亚的多元化意识或多元化的东亚意识。所谓"和合",和是和平、和谐、祥和;合是融合、合作、结合等意思;"和合"就是指自然、社会、人际、人的心灵及文明中诸多元素、要素的相互

①　参见张立文《李退溪思想研究》,东方出版社 1997 年版,"自序"。
②　参见张立文《东亚意识何以可能——〈亚文〉发刊之际的感想》,《亚文》1996 年第一辑。

冲突融合，与在冲突融合的动态过程中各元素、要素和合为新生命、新事物的总和。① 东亚意识意味着东亚的中、日、韩等儒家文化圈的人们在长期的社会生活和交往中既遵从了本民族的自我价值观和人文追求，又创造了共同的价值观念和理想信念。正是基于东亚儒学、东亚意识的思考，张先生主持国家社会科学基金重点项目"东亚哲学与 21 世纪"，主编"东亚哲学与 21 世纪丛书"②，并编纂出版《国际儒藏》③，客观地展示了东亚人民共同的价值诉求和文化认同。

第三节　"智慧创新"的"四论"

在张先生看来，"学术生命"体现为身的求生活动、心的求学活动以及围绕社会、政治、经济、文化、生态的求知活动和审美经验的求情活动，探寻学术活动的"是什么"；而"生命学术"，是出于生命真知与体悟的思想创造，基于生命主体性、能动性的自觉运用，以学术研究祈求生命的充实与完美，自觉释放生命情趣，勘悟生命的"所以然"道体，本质上是对学术"为什么"的求索。这也就意味着，"生命学术"的本质是"转生命为智慧"。何谓智慧？"智慧所关注的是点燃与时偕行的发明创新智能的火花，提出化解当代人类所共同面临的冲突和危机的系统理念，建构体现时代精神的中华民族的哲学理论思维体系。"④ 在张先生的哲学世界里，他所著的《周易思想研究》《朱熹思想研究》《宋明理学研究》《走向心学之路——陆象山思想的足迹》《李退溪思想研究》《正学与开新——王船山哲学思想》《戴震》等哲学史人物思想研究的著述成果只是代古人发言、画古人思想之画而已，遵循求真、求善的原则，但却不能借古人思想来发挥自己的思想，"只能依据其本人的著作文本、相关的记载

---

① 参见张立文《东亚意识与和合精神》，《学术月刊》1998 年第 1 期。

② 张立文主编："东亚哲学与 21 世纪丛书"，华东师范大学出版社 2001 年版，包括《和合与东亚意识——21 世纪东亚和合哲学的价值共享》（张立文著）、《东亚的转生》（陆玉林著）、《和合之境》（李振纲、方国根著）、《和魂新思》（李甦平等著）、《君子国的智慧》（姜日天、彭永捷著）。

③ 参见张立文总编纂《国际儒藏（韩国编四书部）》，华夏出版社 2010 年版。

④ 张立文：《学术生命与生命学术——张立文学术自述》，"自序"第 4 页。

之真，描述其思想形象，阐发其心灵气质，诠释其理想精神，整合其精、气、形而成研究对象的完善本真"。那么，在"生命学术"的进程中，转生命为智慧，就是"建构独具个性化的、生命智慧的、智慧创新的理论思维体系"。在张先生那里，这个"理论思维体系"的探索是《中国哲学逻辑结构论》《传统学引论——中国传统文化的多维反思》《新人学导论——中国传统人学的省察》，《和合学概论——21世纪文化战略的构想》《和合与东亚意识——21世纪东亚和合哲学的价值共享》《和合哲学论》则是基于前述"三论"，"重建伦理价值、安顿价值理想、营造精神家园、落实终极关怀的根基上，进入和合生生道体的天人和乐的美的境界"①。如果说"学术生命"是张先生"我注六经"学术理路的话，那么，"生命学术"便是"六经注我"学术进境的彰显，是由照猫画虎式地"照着讲"、"声一无听"式地"跟着讲"、秉承衣钵式地"接着讲"到"生命学术"的匠心独运地"自己讲""讲自己"。

一 "中国哲学逻辑结构论"

研究方法的创新是哲学研究创新的先导。中国哲学研究产生于西方强势文化迅猛传入中国的特殊时代，从产生伊始就有依傍西方哲学、照着西方哲学讲的尴尬，最典型的表现就是以唯物、唯心来分析中国古代哲学思想家。中华人民共和国成立后，中国哲学界就是以此为指导来撰写中国哲学史研究著作、编写教科书的。而随着中国哲学学科的发展，如何从中国文化自身、中国哲学本来的演进逻辑探寻中国哲学的发展规律，考察中国哲学的内涵与特质，便成为中国哲学学科建设的一大任务。对此问题的思索，张先生便体悟出了"中国哲学逻辑结构论"。

张先生明确提出"中国哲学逻辑结构论"可追溯到他在1979年给中国哲学史研讨会提交的论文。1979年10月14—19日，于山西太原迎泽宾馆召开第一次中国哲学史学术研讨会，张先生提交论文《关于哲学史方法论的几个问题——从朱熹思想评价问题谈起》，虽重点讲述朱熹，实是谈当时的哲学史方法论问题，其目的是通过朱熹思想研究，"立足度越，开

---

① 张立文：《学术生命与生命学术——张立文学术自述》，"自序"第4页。

辟新路径，拓展新思路，走出旧困境"。这篇论文受到张岱年先生的充分肯定："文章精湛，文字简练明畅，内容准确深刻，可说成熟之作。"① 文章中，张先生提出了"哲学逻辑结构论"的研究方法，并主张以此分析朱熹思想，后来还陆续撰写《朱熹哲学逻辑结构论》和《王阳明哲学逻辑结构论》。而《朱熹哲学逻辑结构论》一文后来成为《朱熹思想研究》的一章。对于为何运用哲学逻辑结构论开展哲学思想研究，张先生在《朱熹思想研究》的前言中有明确论述："哲学家哲学体系的各个方面及其基本范畴之间，是紧密联系的，从而构成了一个整体。'分门别类'的研究，往往于整个哲学体系内在的逻辑联系注意不够，而只有深入揭示某一哲学体系的内在逻辑或联系，才能如实地反映该哲学体系的本来面目。"② 这表明，只有明晰哲学概念间的纵横逻辑关系和历史演进脉络，才能明晰哲学家自身哲学体系创构的必然性、内在进路及其与其他同时代哲学家和前代哲学家之间递嬗关系。

不过，张先生"中国哲学逻辑结构论"理念的肇端，最早可追溯到1964 年关于谭嗣同哲学思想的研究论文。20 世纪 50 年代，谭嗣同思想成为近代哲学论争的亮点，张先生结合教学过程中研读《谭嗣同全集》和相关论争论文的心得，撰写了《论谭嗣同"仁学"哲学的唯心主义实质》一文，认为谭嗣同仁学哲学的最高范畴是"仁"（"心""识"），"仁"的重要特性是"通"，"以太""心力"是用以表示"仁"的"通"特性的工具，"通"的目的是通过"破对待"达到"仁""平等"，"仁—通—平等或平等—通—仁，是谭嗣同对于他的仁学哲学体系的简要表述"，意味着"仁—通—平等"构成为谭嗣同仁学的逻辑结构。按照张先生的逻辑，这样的对哲学史人物哲学范畴关系的解释方法，就是"哲学逻辑结构的方法论"③。

究竟什么是"中国哲学逻辑结构论"？张先生的专著《中国哲学逻辑结构论》专门研究这一问题。④ 张先生在自序该书撰著始末中指出，1984

---

① 张立文：《学术生命与生命学术——张立文学术自述》，第 124—125 页。
② 张立文：《朱熹思想研究》（修订本），中国社会科学出版社 2001 年版，"前言"。
③ 张立文：《学术生命与生命学术——张立文学术自述》，第 72 页。
④ 张立文：《中国哲学逻辑结构论》，中国社会科学出版社 1989 年版；2002 年 1 月修订版，收入"社科学术文库"。

年 10—11 月，他应香港中文大学新亚书院院长金耀基教授和哲学系主任刘述先教授邀请，担任"新亚书院龚雪因先生访问学人"讲席，便是讲授《中国哲学逻辑结构论》。这个讲稿是在酷暑中完成的，把受到批判的《朱熹思想研究》中"朱熹哲学的逻辑结构"中的"哲学逻辑结构"发展为中国哲学研究方法。而且，张先生还给所在单位中国人民大学哲学系研究生讲授《中国哲学逻辑结构论》，因学生手中有打印的讲义，讲授过程中便重点讲述提出"中国哲学逻辑结构论"的原因、根据以及理论的运用、意义，特别是这一方法对中国哲学方法的创新、处理中国传统文化思想与现代化的关系、展开中西传统文化比较、探索中国哲学逻辑结构演进规律等的推动价值。① 张先生明确指出，所谓"中国哲学逻辑结构"，"是指研究中国哲学范畴的逻辑发展及诸范畴间的内在联系，是中国哲学范畴在一定社会经济、政治、思维结构背景下所构筑的相对稳定的逻辑理论形态"②。这包含三层含义：一是就中国哲学的同一范畴而言，"中国哲学逻辑结构论"强调要厘清该范畴在不同的历史时期、不同思想体系中的具体含义和发展脉络；二是就不同的范畴而言，"中国哲学逻辑结构论"强调要明晰哲学体系中不同范畴之间的思想差异和内在逻辑关系；三是就"中国哲学逻辑结构"与社会的经济、政治、思维结构之间的关系而言，它强调"中国哲学逻辑结构"总是植根于一定社会的经济、政治、思维结构而构建的逻辑体系和理论形态。

因此，以"中国哲学逻辑结构"研究中国哲学，可从三方面入手：③一是纵向的哲学范畴、逻辑结构的研究，以揭示整个历史长河中本质相同或不同范畴之间的继承关系及其演变发展规律；二是横向的哲学范畴、逻辑结构的研究，以揭示各个哲学范畴在同一个历史发展阶段中的相互关系，进而把握一个时代的哲学思潮，反映一个时代的思维水平；三是纵横结合的哲学范畴、逻辑结构的研究，以揭示范畴在各个历史阶

---

① 参见张立文《学术生命与生命学术——张立文学术自述》，中国人民大学出版社 2016 年版。

② 张立文：《中国哲学逻辑结构论》（修订本），中国社会科学出版社 2002 年版，第 5 页。

③ 参见李会富《中国哲学"自己讲"、"讲自己"的新方法——记张立文先生的中国哲学逻辑结构论》，《邯郸学院学报》2009 年第 2 期。

段之间和各个时代哲学思潮之间的中间环节，明确它们之间相互渗透、相互过渡的关系。通过这三个方面的研究，便可以对中国哲学的总体发展历程、各个时代的哲学思潮、各个哲学流派或哲学家思想的演化路径、发展规律及其内在特点进行全面深入的多维了解。

《中国哲学逻辑结构论》创造性地建构了中国哲学研究的"范畴解释学"。按照张先生的观念，"要正确把握中国哲学逻辑结构中的范畴，需要有具体、义理、真实三层次的句法、语义、网状、时代、历史、统一六层面的诠释，以揭示哲学范畴的本意、义理蕴涵和整体本质"①。而所谓表层结构的具体诠释，是客观地再现思想逻辑结构中概念、范畴的本意，是对哲学家的言论、著作的句法层面结构和语义层面结构的诠释；所谓深层结构的义理诠释，是从整体思想的逻辑结构，即范畴之网和时代思潮之网中，再现哲学家思想逻辑结构中范畴的义理蕴含，从宏观的整体来透视微观的局部范畴的义理；所谓整体结构的真实诠释，是指从历史的发展演变的联结中，掌握范畴演变的必然趋势，以验证概念范畴的本质意蕴。经过对中国哲学范畴的三个层次的诠释，便可以从多角度，多层面地把握中国哲学范畴的详细含义。②

依此方法，张先生将"中国哲学逻辑结构论"的思想广泛运用于中国哲学史各领域的研究，先后撰著《中国哲学范畴发展史（天道篇）》《中国哲学范畴发展史（人道篇）》，并主编《道》《气》《理》《心》《性》《天》《变》等"中国哲学范畴丛书"。经过长期教学研究的涵泳砥砺，他的"中国哲学逻辑结构论"的思想也日益丰富和完善，成为目前中国哲学研究的重要方法论之一。

二　"传统学引论"

"中国哲学逻辑结构论"研究的自然结果是"传统学"的创构。"中国哲学逻辑结构"是讲概念范畴发展的历史，研究的对象是古代的东西、是传统性的东西。20世纪80年代开始的传统文化和现代化的争论，启发

---

① 张立文：《中国哲学逻辑结构论》（修订本），第74页。
② 参见李会富《中国哲学"自己讲"、"讲自己"的新方法——记张立文先生的中国哲学逻辑结构论》，《邯郸学院学报》2009年第2期。

了张先生思考如何对待传统文化问题。在传统和现代化讨论过程中，学术界提出了很多关于把传统文化变成现代化的方法。如张岱年先生提出"综合创新论"，林毓生提出"创造性转化"，李泽厚提出"西体中用论"，还有过去张之洞的"中体西用"，冯友兰的"抽象继承论"，等等。这些方法背后都各自受价值观的支配，存在价值选择与判断的问题。而在张先生看来，这个方法及其价值观就是"传统学"。1986 年，张先生在《光明日报》发表文章，首次提出"传统学"概念①；1989 年，出版《传统学引论——中国传统文化的多维反思》②，就作为独立学科的"传统学"的理论框架进行详细阐释。

"传统学"的建构源于张先生与中国人民大学出版社副总编辑周文柏共同主编的"传统文化与现代文化丛书"。这套丛书主要包括了张岱年、程宜山著《中国文化与文化论争》、赵军著《文化与时空——对中西文化差异比较的一次求解》、张铭远著《中国人的人生曲线》、郭于华著《死的困惑与生的执著》以及张先生的《传统学引论——中国传统文化的多维反思》。是时，他们要通过编辑这套丛书以探索传统文化如何"转生"为现代文化。

在张先生看来，在中国，传统与现代的论争主要有三次，第一次是秦始皇时代即公元前 213 年咸阳宫的古今之辩，最终酿成焚书坑儒的悲剧；第二次为五四"打倒孔家店"的反传统；第三次是"文化大革命"。每一次对传统的无情践踏，都是对中华民族文化学脉的一次几近毁灭的打击，带给世人和后人的是深切的哲学思索。一个人的成长究竟要不要自己的历史和父母祖辈的思想滋养？一个民族的成长与发展究竟要不要坚守民族文化的根、秉承民族文化的魂？传统与现代的张力，既是对文化学脉的残酷冲击，更是对人性、人生生存语境的激情拷问。在20 世纪 80 年代传统与文化论争的时代语境下，张先生"为了文化探索的扩展和深入，为了中国早日步入世界现代化国家的行列"，借主编"传统文化与现代文化丛书"之机，撰写了《传统学引论——中国传统

---

① 参见张立文《论传统和传统学》，《光明日报》1986 年 11 月 3 日（哲学专刊）。

② 参见张立文《传统学引论——中国传统文化的多维反思》，中国人民大学出版社 1989 年版；《传统学七讲》（修订本），长春出版社 2008 年版。

文化的多维反思》，坚信"今天的中国是传统的中国的延续，现代的中国人是传统的中国人的沿传"①。

"传统学"是张先生首创。《传统学引论——中国传统文化的多维反思》出版时，希尔斯的《论传统》一书还未在中国出版译本，直到1991年3月才由上海人民出版社出版。在国内学术界，张先生是第一位从哲学视角研究"传统"的学者；在国际学术界，将"传统"上升为"传统学"，并将"传统学"从文化学中独立出来且进行系统阐释的，张先生是第一人。尽管希尔斯研究"传统"的时间比较早，始于1956年在芝加哥大学研究生班课程的主题研究，但他撰著《论传统》的宗旨是"探讨传统的共同基础和共同要素，分析传统在人类生活中所造成的差异"②。此外，希尔斯不仅没有将传统从文化中独立出来，而且根本没有提出"传统学"理念，更不要说架构"传统学"体系了。而张先生撰著《传统学引论——中国传统文化的多维反思》是"为了文化探索的扩展和深入，为了中国早日步入世界现代化国家的行列"，"今天的中国是传统的中国的延续，现代的中国人是传统的中国人的沿传。我们评判传统中国的丑陋，是为了建立一个富强、文明、友爱的现代化中国"。为此，张先生把"传统学从文化学中分离出来，把传统作为一门独立的学科来建构"③。修订版自序则明确指出："传统学的宗旨是体认传统、继承传统、度越传统、创造传统。使传统重新焕发生命智慧，以适应现代化的合理性需要，化解传统与现代的冲突。"④

张先生将"传统学"从文化学中独立出来。张先生所建构的"传统学"是关于研究"传统"发生、成长、发展的规则、原理与其要素之间相互关系的学问，是传统的变异性与稳定性、内在性与外在性、殊相性与共相性的融突和合的学说。⑤ 与文化学相比较，"传统学"有三方面特征：第一，"传统学"是研究客体化的对象物是如何及怎样体现主体

① 张立文：《学术生命与生命学术——张立文学术自述》，第178页。
② [美]希尔斯：《论传统》，傅铿、吕乐译，上海人民出版社1991年版，第1页。
③ 张立文：《传统学引论——中国传统文化的多维反思》，第2页。
④ 张立文：《传统学七讲》（修订本），"自序"。
⑤ 参见张立文《传统学七讲》（修订本），长春出版社2008年版。

精神、风格、神韵、意境和心理结构的，而文化学是研究主体人如何及怎样外化或对象化主体与客体的关系；第二，"传统学"是研究各种文化现象如何凝聚、固化成传统，文化学研究各种文化现象之间的冲突与融合及由此而和合成文化有机整体系统；第三，"传统学"研究传统在各个历史时期的变异和契合及如何重新筛选、凝聚、固化、延续等，文化学研究各个历史时期文化现象的发生、发展和瓦解、衰微的过程及规则。总之，"传统学"是关于"传统"主体——人的需要、欲望、追求被转换固化为实存的研究；文化学是关于文化主体——人的需要、欲望、追求等主观性的综合研究。

"传统学"作为独立的学科系统，包括横式结构和纵式结构。横式结构包含传统的价值系统、心气系统、知识系统和语言符号系统；纵式结构指传统无意识。①

张先生还提出了"传统学"的研究方法，既纵横互补律、整体贯通律和混沌对应律。纵横互补律是指在全时空境域里把握传统诸要素、因子间的纵向联系、横向联系、斜向联系以及纵、横、斜交织互补梳理出传统"古今"运动的接合点和突变点，寻找文化"中外"交流的和谐处与交融处，将民族文化视为血气氤氲、脉络清晰和生意盎然的有机整体。整体贯通律是指在民族文化传统有机体内，透视同质要素、因子，异质要素、因子及同异交质要素、因子之间相互胶粘、贯洽，由相互渗透而发展到极点并引起相互转化的过程。传统文化精神体系属于形上学范畴，具有本质上的混沌性和模糊性，应通由系统化与非系统化、整体化与非整体化、逻辑化与非逻辑化、有序化与非有序化等多重辨析去蔽和疏明，故称为"混沌对应律"。透过"传统学"研究的三理论思维和三分法定律，可以从传统文化中发掘民族精神的真正脉络，可以探讨华夏文明的和合精神意蕴。

遵循张先生的学术理路，从一定意义上可说，他所从事的中国哲学史研究就是"传统学"的不断拓展过程。② 比如，传统文献学著作有《帛书周易注译》、《退溪书节要》（主编）；传统发生学著作有《周易与

---

① 详细分析参见本书附录"张立文先生与'传统学'"。
② 参见张立文《学术生命与生命学术——张立文学术自述》，中国人民大学出版社2016年版。

儒道墨》《周易智慧和诠释》；传统义理学研究著作有《周易思想研究》《宋明理学研究》《朱熹思想研究》《宋明理学逻辑结构的演化》《李退溪思想研究》《心学之路——陆九渊思想研究》《正学与开新——王船山哲学思想》《戴震哲学研究》《退溪哲学入门》《韩国儒学研究》《儒学与人生》《国学新诠释》《"自己讲"、"讲自己"：中国哲学的重建与传统现代的度越》《传统与现代》；传统范畴学研究著作有《中国哲学范畴发展史》（天道篇）《中国哲学范畴发展史（人道篇）》《道》《气》《理》《心》《性》《天》《变》；传统文化学研究著作有《新人学导论——中国传统人学的省察》、《传统文化与现代化》（主编）、《传统文化与东亚生活》（主编）；中国哲学创新研究著作有《和合学概论——21 世纪文化战略的构想》（上、下卷）、《中国和合文化导论》、《和合与东亚意识——21 世纪东亚和合哲学的价值共享》、《和合哲学论》、《中国哲学思潮发展史》（上、下卷）、《中国哲学逻辑结构论》等。

三　"新人学导论"

传统是人的智能创造过程中精神观念、行为习惯、价值理念等方面的凝结，谈及传统必与人相关联。何以有传统？是因为人的智能创造。人的生命智慧的智能创造或说是人的生命智慧的对象化，亦即在主体人的认识和改造世界的过程中，在客体规律的主体化和主体认知的客体化双向互动交通过程中，人的智慧创造了传统。那么，人的本质究竟为何？自从人类产生以来，人就从未停止这样的思考。比如，中国传统智者普遍认为，人是天地间最灵、最秀者，人是万物中最有智慧者，《孝经·圣治》中曰"天地之性，人为贵"，《荀子·王制》中言"水火有气而无生，草木有生而无知，禽兽有知而无义，人有气、有生、有知亦且有义，故最为天下贵"，董仲舒《春秋繁露·人副天数》中言"天地之精所以生物者，莫贵于人。人受命乎天也，故超然有以倚"，王充的《论衡·辨祟》中也说"人，物也，万物之中有智慧者也"，等等。因此可说，人是天地宇宙间最有智慧的存在者，人通过这样的智慧，创造着传统、传承着传统；反言之，传统是通过人的智慧，被赋予一种观念、文本、实物的样式，体现出某种精神。传统文化本质上就是人的智能化的历史演进过程。人是传统的前提和基础，又是哲学的前提和基础。

既然传统的生成与延续离不开人，那么，张先生在创构"传统学"之后，必然是对人的本质和价值的人学哲学的思考。是以，"传统学"发展的必然结果是新人学。张先生曾指出："世界上只有一个最大的字，这就是'人'字。……人是一个谜，过去是个谜，现在是个谜，未来还是个谜。"① 对人的探讨，是哲学永恒的主题。故而，"不把人搞清楚，那么其他就都是空的，你建构一个学术，就等于是建在了一个空中楼阁上了，你的基础就不扎实了，所以我必须对人有一个重新的思考"②。当张先生完成"传统学"研究之后，便自然进入了"人"的研究。首先就是主编了"传统人与现代人丛书"，主要包括了韩钟文著《人生成功的道路——中国现代启蒙思想家精神探索的艰难历程》、李甦平著《中国思维坐标之谜》、焦国成著《传统道德与现代人道德》、汤泽林著《观念的变革》、李法宝、米万英著《官吏、官制、官文化及历史走向》和张先生著《新人学导论——中国传统人学的省察》。该套丛书要解决的最核心问题就是"从人的角度，着力论述从传统到现代的转型，希望通过比较寻求一条现代人的发展途径"。因为在张先生看来，作为人的智能创造的传统，本身就是在传承和延续之中；中国人思考中国的过去、传统，不应当"妄自菲薄"，中国人的现代化是必然的，但中国人的现代化必然是基于传统且对之进行创造性转化而造就出来的新文化、新传统。归根结底，传统文化滋养下的传统中国人和现代文明滋养的现代人尽管存在时代性的差异，确也必然是"不可分割的延续体"，"要成为现代人，必须了解和认清什么是传统人"。③

张先生的《新人学导论——中国传统人学的省察》一书由人的"自我发现论""自我塑造论""自我规范论""自我创造论""自我和合论"，以及后来修订版中增加的"自我关怀论"等部分构成。在"自我

① 张立文：《新人学导论——中国传统人学的省察》，职工教育出版社 1989 年版，"引论"。

② 康香阁：《著名哲学家张立文先生访谈录》，《邯郸学院学报》2009 年第 2 期。

③ 张立文：《新人学导论——中国传统人学的省察》，职工教育出版社 1989 年版，"总序"。

发现论"中，张先生从人的两次自我发现出发，论证了"人的第三次发现"。前两次人的自我发现，第一次是从自然中发现了人，把人从自然的奴役下解放出来；第二次是从宗教神学中发现了人，把人从宗教神学的奴役下解放出来。但是，人类科学技术的发展激化了人与自然、社会的关系，人的个体自由与技术进步处在"二律背反"之中，人在创造丰硕的文明成果的同时亦造就了自身的灾难。为此，张先生提出人类目前面临着"第三次发现或第三次解放，这就是从大工业工具系统和现代科学技术中发现人，把人从现代机器的控制下和生态危机的灾难中解放出来"①。而这次发现，根本上依据人类的自我创造而使人得以"解放"。1984 年，张先生在德国哥廷根大学曾与德国卡西尔协会的一个会员讨论卡西尔提出的"人是符号的动物"问题。在张先生看来，如果说人是符号的动物的话，那么，阿猫阿狗也是一个符号。狗有各种各样的狗，马也有各种各样的马，但是它没有人性，没有创造性，没有主观能动性。如果说人是一个符号的话，那同其他东西没有区别，是把人退化到一般事物的层次。卡西尔的论断消解了人所特有的智慧与创造性。当时，张先生就给人做了这样一个新规定："人是会自我创造的动物。"人只有自我创造，才能够创造世界，才能够改造世界，才能够设计自己的未来，也才能够掌握自己的未来。在 1989 年出版的《新人学导论——中国传统人学的省察》中，张先生明确地将人规定为"会自我创造的动物"②。但是，以动物来规定人，同过去讲动物的话没多大区别，尽管这个规定从根本上否定了卡西尔"人是符号的动物"一说。因为人有两重性，自然性（动物性）和社会性（道德性），若人的动物性得以张扬，那么，人比动物还可怕。希特勒屠杀 600 万犹太人，日本人发动南京大屠杀，根本就是动物性的张扬。故而，张先生在反复思考之后，将人的规定改成"人是会自我创造的和合存在"③，以与和合学相契合。这样的人，会调节人与社会、人与人、人与自然、人的心灵中的冲突，是真正走进和合之境的人。

新人学的"自我塑造论"主要探讨人创造力的来源。人既然是会创

---

① 张立文：《新人学导论——中国传统人学的省察》，第 23 页。
② 张立文：《新人学导论——中国传统人学的省察》，第 18 页。
③ 张立文：《和合历史哲学论》，《首都师范大学学报》（社会科学版）2003 年第 1 期。

造的动物，或者说是自我创造的"和合存在"，何以使人如此？人可以如同自然界一样，不断进化与竞争，所谓"适者生存"，但人也是在不断与自然的互动中求共生的。人在社会发展中，不断面临人与社会、人与人、文明与文明之间的冲突，但冲突并不意味着无限的你死我活般的对抗，而是相互退让之后的共赢并存，是人的自我规范约束意识和包容忍让观念的挺立。人在求自身的生存过程中，是持之以恒地开展自我美好形象的塑造和自我生存智慧的塑造，尽管要面临来自自然的、社会整体的、他人的挑战，但人为了生存而不断地调整自身的生存状态和智慧，尽最大可能地生存和延续。因为人在生存过程中自我塑造智慧的不懈发挥，人越来越成为宇宙万物中能够实现和创造人与自然和谐共生图景的最有智慧者。因此，恰恰是人的自我塑造潜能与智慧，人完全可以进行"自我创造"，为了自我美好的生存图景，去创造合适的理念、观念、价值、道德、法律、制度、规范等，无论是思想文化，还是制度体系，都处理和解决人与自然、人与人、人与社会、精神与肉体、文明与文明之间的冲突矛盾。

在新人学的"自我和合论"中，张先生构筑了人的"自我和合"的价值目标。这个"自我和合"是"和合型"的人与"优美型"的人的统一。"和合型"的人内含了和合型人格与和合型人际关系。和合型人格是指各层次、各类型人格的冲突融合而和合并存；和合型人际关系是指在某一国家、社会、群体、集团内，把每个各具特质的人相互冲突融合的交往关系，通过反复冲突融合而取得一定程度、水平上的共识，达成和合，呈现稳定有序的状态。"优美型"的人内含了人与自然和谐关系的"天人合一"之真、道德知识和道德实践融合的"知行合一"之善，以及作为情感再现天地造化之工的"情景合一"之美。"和合型"的人能够依据各具特质的人格和社会关系来处理好人际关系的冲突与融合，"优美型"的人可以通过社会实践活动，提高人的思想文化素质、科学文化素质、礼仪道德素质和艺术文化素质，使人进入高素质的精神境界，实现真、善、美的合一，以此弥补人格的种种分裂，达到人格和合的优美境界。"自我和合"的完成，真、善、美融合的和合优美境界，便是人生的"自由境界"。

从本质而言，人的存在是以自由为终极目的。所谓"自由"，是对必然的认识，亦即对自然社会规律的认识、尊重和践行。比如，恩格斯在《反杜林论》中就明确指出，"自由不在于幻想中摆脱自然规律而独立，而在于认识这些规律，从而能够有计划地使自然规律为一定的目的服务"，这些规律就包含了"外部自然的规律"和"支配人本身的肉体存在和精神存在的规律"。只是，自由本身就是历史的产物，因为最初的人从动物界中分离出来之时是与动物本身一样不自由的，"但是文化上的每一个进步，都是迈向自由的一步"，"在这里不再有阶级差别，不再有任何对个人生活资料的忧虑，并且第一次能够谈到真正的人的自由，谈到那种同已被认识的自然规律和谐一致的生活"。① 这也就意味着，自由实现了人自身发展与自然规律演进的同步化。

在新人学看来，主体人的所有活动，都以实现自由为目的。人因为有自主意识和智慧创造能力，可以突破客观外在事物对人的束缚，也能够从人的自身演进规律和属人的观念、制度约束中创造出美好的新思想、新理念和新规范。自由是建构人生境界的基础和出发点。"境界"标示着人的道德品质和自我修养的程度与状况，理想的现代人一定是具有"自由境界"的人。

张先生的新人学，通过对冯友兰的"四大境界说"、唐君毅的"九境界说"及傅伟勋的"十层面说"的评论，而以自由为基础和出发点，依据现代社会状况和需要提出"人生五大境界说"，即生命超越境、知行合一境、情景互渗境、圣王一体境、道体自由境，以此作为现代化新人的价值导向。② 生命超越境，是人超越于生命利益、生理需要和生命道德等肉体之欲的境界，是对"人生在世，吃穿二字"，"醉酒当歌，人生几何"，"念念不忘一个权字"等口腹之欲、低级需求的超越，是基于身心素质修养的身体和心理完美。

知行合一境，人对自然、社会、人生等客体规律的真切认知与感悟，自觉转化为实践笃行，并在笃行、力行中更深入体会客体规律，实现主体人自身发展演进合目的性要求与合规律性客观存在的融贯，是求

---

① 《马克思恩格斯文集》第9卷，人民出版社2009年版，第120—121页。

② 参见张立文《新人学导论——中国传统人学的省察》，职工教育出版社1989年版。

"真"的境界，已然超越于生命超越境某些经验的、情感的困扰的生命自由之境，走向排除客体异己性和对客体规律、必然存在的理性把握，成就理性自由。

情景互渗境，是主体人以情感再现天地造化之工的"美"的境界，基于自我的生命感悟，超越必然规律的束缚，但能寓情于景、以景还情、情景交融，诚如王夫之所言："景中生情，情中生景，故曰景者情之景，情者景之情"，"情景名为二，而实不可离。神于诗者，妙合无垠。巧者则有情中景，景中情"。（《姜斋诗话》）主体人自觉进入事中，自觉与他人、他物进行心灵情感的互动体知，在不自觉的换位思考和自觉的体悟认知中，云淡风轻、水流花开，自自然然飘过。

圣王一体境，是善的完美境界和完满的自由境界，是理想的自由追寻，是主体人追求的集聪明智慧的先知先觉、崇高完满的道德品质、健康良性的社会秩序于一身、一心的天地人和谐共生之境。拥有此境界之人，无论谈知言学，还是行事投足，拟或治世平天下，"天地之常，以其心普万物而无心；圣人之常，以其情顺万物而无情"，凸显出主体人融入主、客观大化流行之道的自由境界，这就是张载所言的"廓然而大公，物来而顺应"（《定性书》）之境。

道体自由境，是对所谓主体与客体、主观与客观、生与死、此岸与彼岸一切支配和束缚的超离而获得的完全自由的境界，是对人的本真价值的完全肯定、是对客体规律的自由发挥，人完全掌握自我的命运，自我实现、自我超越、自我创造，无所谓自然、上帝和神灵，天地间只有一个自由自在的"我"，而这个"我"又是如此的真、善和美。

四 "和合学概论"

张立文先生立基于"和合是中国文化的精髓"的"哲学个性"，以"和合"作为"核心话题"，以"中国哲学逻辑结构论""传统学引论"和"新人学导论"为铺垫，建构了当代中国哲学的创新体系——和合学——这一"个性"的哲学。和合学的核心范畴是和合，而与先秦的"道德之意"、两汉的"天人相应"、魏晋的"有无之辨"、隋唐的"性情之源"和宋明的"理气心性"等核心范畴相异；"和合"语出《国语》，其依傍的解释文本亦与先前之学有异；和合学是对于人类所共同面临的五大冲突和五大危机，以及中西文化冲突和中国现代化遭遇的挑战的回应和化解之道，是适应世界格局由斗争主题向和平、发展、合作主题转变的新思维、新理论体系。这个新思维体系与先秦百家之学、秦汉天人之学、魏晋玄学、隋唐佛学、宋明理学以及现代新儒学所面临的挑战有别，因此其回应化解之道亦异。和合学的提出，在究竟的意义上标志着中西体用、古今因革、义利理欲等思辨的逻辑终结，标志着哲学理论思维已经完成了从迷途忘返的支离化疏远、你死我活的变异化对抗，到健顺和乐的融突化创造的历史性转换。①

在和合学体系中，"和"是和谐、和平、和睦、和乐、祥和；"合"是结合、联合、融合、合作。和合是指自然、社会、人际、心灵、文明中诸多形相和无形相相互冲突融合，与在冲突融合的动态过程中各形相和无形相和合为新结构方式、新事物、新生命的总和。和合不是自然法则，也不是客观规律，而是人文精神，是哲学智慧，是人世间的普遍现象。建立在和合文化基础上的和合学，研究在自然、社会、人际、人自身心灵及不同文明中存在的和合现象，并以和合的义理为依归，是既涵摄又超越冲突融合的学问。② 和合学既是民族精神生命智慧"转生"的"转生者"，又是中国文化整体性、结构性、有机性"转生"的载体。这正是和合学的本质所在。

和合学承接新人学之"人是会自我创造的和合存在"建构了和合三界，即生存世界、意义世界、可能世界，对此三界的研究构成了生存和合学、意义和合学、可能和合学。生存和合学的理论模型为宇宙模型，即人与自然的和合性问题，包括认知关系和践行关系，知行和合转换"境"与"理"，是生存和合学的真实性原理；意义和合学的社会模型即人与社会的和合性问题，包括修治关系和涵养关系，修养和合转换"性"与"命"，是意义和合学的完善性原理；可能和合学的思维模型即人与思维的和合性问题，包括刚健关系和柔顺关系，健顺和合转换"道"与"和"，是可能和合学的优美性原理。和合学"三界"分层展开为：和合

① 参见张立文《东亚意识与和合精神》，《学术月刊》1998 年第 1 期。
② 参见张立文《和合学——21 世纪文化战略的构想》（修订本，上），中国人民大学出版社 2006 年版。

生存世界的"境"（生存活动环境）与"理"（生存行为原理）；和合意义世界的"性"（价值活动本性）与"命"（价值行为命运）；和合可能世界的"道"（逻辑活动的思维道理）与"和"（逻辑活动的义理和谐）。人为了改变自然形态创造人化自然；必须对所要改变的对象（境）的特性、本质（理）有所认知和把握，这便是"知理明境"，"境"明反过来可促进知"理"。"知理明境"是为了"行理易境"，"知理"为了"行理"，"明境"为了"易境"。人为了实现自我人生的意义，必须对所要改变、涵泳的主体人的人生必然命运有所体认和修治，对于人自身的属性、本质也要涵养，以培养道德情操，这便是"养性明命"，"命"明可促进"养性"。"养性明命"是为了"修命易性"，以塑造新人。人类思维建构价值理想的未来模型，这本身就是创造性生命活动的体现，这便是"顺道求和"，即求和的可能世界，促使"顺道"。"顺道求和"是为了"健道达和"，以达天人和乐的可能世界。①

　　和合学为中国文化发展路径的具体落实提供理论支持和方法资源。首先，和合学认为和合是实现文化发展的途径：第一，和合是诸多异质因素、要素的对待统一；第二，和合是诸多形象和无形象因素、要素的融合；第三，和合是有机的、有序的；第四，和合是动态分析的理论结构。这就意味着中国未来文化发展必然是多元文化体系既交流又碰撞，既有引进又有输出，终究是要构建基于中国自身民族文化的多文化要素融贯和合体。其次，和合学在对中西思维方法的比较和分析中创造性地提出"和合方法论"作为实现文化发展的基本方法：第一，"和合生生法"，即新生命、新事物不断化生；第二，"和合创新法"，和合不是一方消灭一方、一方打倒一方的单一法、唯一法，而是《中庸》所讲"万物并育而不相害，道并行而不相悖"的互补法、双赢法；第三，"和合意境法"，和合是人文观念创造之物，而非自然实在之物。最后，和合学构想了中国文化和合载体的内容。《和合学概论——21 世纪文化战略的构想》② 从文化战

---

① 参见张立文《中国的改革开放与哲学创新》，《学术月刊》2003 年第 3 期。
② 参见张立文《和合学概论——21 世纪文化战略的构想》（上、下），首都师范大学出版社 1996 年版；《和合学——21 世纪文化战略的构想》（修订本），中国人民大学出版社 2006 年版。

略层面创造性地提出了化解人类当代冲突和危机的五大原理，即和生、和处、和立、和达、和爱，并构想了中国文化和合载体的八个方面，即形上和合与和合自然哲学、道德和合与和合伦理学、人文和合与和合人类学、工具和合与和合技术科学、形下和合与和合经济学、艺术和合与和合美学、社会和合与和合管理学、目标和合与和合决策学。《和合哲学论》①则从哲学理论思维道体维度诠释构成和合精神家园的和合生存世界、和合意义世界和和合可能世界，以及和合历史哲学、和合语言哲学、和合价值哲学和和合艺术哲学。和合学八维四偶生生原理和三界六层立体结构是我们文化建设的目标模式。

从 1989 年最早提出"和合"概念②和"和合学"概念③，到相继出版《和合学概论——21 世纪文化战略的构想》；《和合与东亚意识——21 世纪东亚和合哲学的价值共享》《和合哲学论》和《中国和合文化导论》，张先生的和合哲学体系不断成熟和完善，和合学不断产生重要影响，引起国内外学术界、哲学界、政界的广泛关注。张先生 1991 年在日本京都大学、东京大学，新加坡国立大学；1994 年在日本九州大学、东京大学，韩国高丽大学；1995 年在美国波士顿大学讲授和合学；2002 年在日本新潟大学开课讲授和合学，还到越南河内大学、越南河内国家大学人文社科大学等讲授和合学。李铁映、钱其琛、李瑞环等政界领袖亦都发表了肯定

---

① 参见张立文《和合哲学论》，人民出版社 2004 年版。
② 张先生在《新人学导论——中国传统人学的省察》第五章第二节"和合型与完美型——合一的氛围"中对"和合"做了论述。（参见《新人学导论——中国传统人学的省察》，职工教育出版社 1989 年版）
③ 张先生于 1989 年撰写论文《从宋明理学到和合学》，该文分三节：一是从旧三学（宋明新儒学的理体学、心体学、气体学）到新三学（现代新儒家的新理体学、新心体学、新气体学）；二是"新儒家的度越"；三是"和合学的建构"，探讨了"和合学"的定义、内容及价值根据。（张立文：《学术生命与生命学术——张立文学术自述》，第 185 页）该文首次明确提出"和合学"概念。1990 年，张先生携此文参加中国文化书院主办的"冯友兰哲学思想国际学术研讨会"，他围绕"新儒学哲学与新儒家的超越"主题做大会发言，谈对度越新儒学、建构和合学的相关思考，同时重点论述和合学的意义和价值。至 1991 年，该文以"新儒家哲学与新儒家的度越"为名收录于《中国近代新学的展开》一书。这是和合学首次正式发表，标志着张立文先生建构和合学哲学体系的开始（参见谢海金、徐刚《新时代与新发展：近三十年中国和合学学术研究综述》，载徐刚主编《中国和合学年鉴（1988—2016）》，人民出版社 2018 年版）。

和合学的谈话。如李瑞环 2000 年会见中国香港各界知名人士时特别指出
"当今中国要发展、要振兴，必须继续弘扬中华民族的优良传统，特别要
提倡和合，强调团结"；2005 年 12 月，张先生随政府代表团访问葡萄牙，
参加"中葡语言教育双向合作及文化多样性研讨会"，温家宝和洛佩斯参
加会议开幕式并分别致辞，还为里斯本大学孔子学院成立揭牌，张先生即
在揭牌仪式上做中方主旨发言，讲题是"语言的多样性和融突的和合
学"，引起西方学者和政界领袖的极大兴趣。当今中国以和平、发展、合
作、共赢作为时代主题，习近平以"尚和合、求大同"作为中华传统文
化的优秀基因。①

　　此外，更加令人钦佩的是，张先生以耄耋之年，深思体悟人与网络的
关系，完成近 30 万字的《和合学与人工智能——以中国传统和现代哲理
思议网络》② 一书。对于多数人而言，人工智能、网络、虚拟世界，是日
用常行而不知理的新事物，张先生善于捕捉最新学术前沿，善于挖掘反思
新问题、尝试新路向，跳出属人的生存世界、意义世界和可能世界的三维
立体图景，走进了人与自然、人与人工智能多维世界的思悟图景，从现象
中的人与物走向虚拟与现实和融突共存，以及作为智能本身的人与人的
智能再创造物的人工智能的和合融突。人不再是单纯的现实中的与天地万
物共生共存的特定存在者，而是现实存在着的天、地、人共存态与虚拟存
在着的天、地、人共存态的和合共存。而且，面对人的智能创作物的人工
智能，它或许是或者就是人的化身，在天、地与人的并存中，人思悟该如
何与天、地共存。而今，人不仅思悟现实中天、地、人和合共存的必然和
应当，还要思悟虚拟中天、地、人如何和合共存以及现实与虚拟之间的和
合共存。荀子曾言："水火有气而无生，草木有生而无知，禽兽有知而无
义，人有生有知亦且有义"（《荀子·王制》），故"人最为天下贵"。作为
"贵人"，在人工智能的时代，人所思考和体悟的明显更为复杂和深刻。
人究竟要往何处去？既给人类社会带来经济繁荣、科技进步、生活改善的
同时，也给人的生存带来各种挑战，比如被利用进行各种破坏活动的人工

---

① 参见《习近平总书记系列重要讲话读本》，人民出版社 2016 年版。
② 参见张立文《和合学与人工智能——以中国传统和现代哲理思议网络》，人民出版社
2019 年版。

智能，人该如何与之相处？在人工智能时代下，人的价值该如何体现？这一系列的问题都成为张先生哲思明辨的前提，他从"人生价值论""交感联通论""智能相应论""情绪中和论""网络管控论""生活境界论""和合统久论"等八方面，考察了人在人工智能条件下自处与共处的必然和应然，而所有问题的解决之道在于"通久和合"，即构建一种互相合作的和谐人机关系。该书是张先生充分运用和合哲学思维对时代新问题解决之道的创新思考，应看作和合学体系中与和合历史哲学、和合语言哲学、和合价值哲学和和合艺术哲学并列但单独成体系的和合哲学子系统。

第四节　"转"生命为思维创新的研究范式

如果说中国哲学的逻辑结构、"传统学"和新人学是度越中国传统哲学理论思维形态的探索的话，和合学则是在重建伦理价值、安顿价值理想、营造精神家园和落实终极关切的根基上，进入和合生生道体的天人和乐的美的境界。前三论是从"学术的生命"向"生命的学术"的过渡，是张先生树立独具特色哲学新思维理论体系的基础；和合学则实现了"生命的学术"的真谛，使学术生命走进生活、走进社会、走进现实，以自我的生命体贴构造人类危机与冲突的化解之道，从而"转"生命为智慧创造和思维创新。"转"，体现出张先生对中国哲学研究"范式"① 的新思考和新思维。

一　中国哲学理论思维形态创新的"游戏规则"

哲学是时代精神的精华，是民族精神及其生命智慧的结晶和凝聚，是思想家主体精神的超越和流行。每一次哲学创新，都是哲学家针对特

---

① "范式"由库恩（Thomas Samuel Kuhn）提出："一方面，它代表着一个特定共同体的成员所共有的信念、价值、技术等构成的整体。另一方面，它指谓着那个整体的一种元素，即具体的谜题解答；把它们当作模型和范例，可以取代明确的规则作为常规科学中其他谜题解答的基础。"（［美］托马斯·库恩：《科学革命的结构》，金吾伦、胡新和译，北京大学出版社2003年版，第157页）范式尽管是分界科学与非科学的标准，但把它放在中国哲学研究上，即"中国哲学研究范式"是指，中国哲学研究者在一定的时代背景、学术氛围中所建立的符合中国哲学实际和特征的共同遵循的研究方法。

定的社会问题，依据特定的文献资料而创新的问题解决之道。就"哲学的个性"言，张先生创造性地发现了中国哲学理论创新的"游戏规则"，即核心话题的转向、人文语境的转移和诠释文本的转换。因为这些规则，中国哲学体现出中华民族的思维个性。同时，也因为张先生理性运用和发挥中国哲学理论创新的规则，他创造性地架构了和合学哲学体系，体现着他自身"个性"的哲学。

张先生最早以"周期性"来说明中国哲学创新的规律性。在他看来，"中国文化思想的发展，凡每一次具有开创性、重大性的传统结构的爆炸和传统机制的转换，到形上学体系和价值理想的重构，若从孔子算起，大体上是 300 年到 500 年之间，这是一个带有规律性现象"[①]。如从孔子创建儒家学说及百家争鸣，到汉武帝、董仲舒建构天人感应新儒学及两汉经学，约经 400 多年；从董仲舒到魏晋玄学的建构，约经 300 多年；从魏晋玄学到唐代儒、释、道三家之学，约近 400 年；从贞观年间的玄奘、窥基、法藏、慧能等到宋明理学奠基的北宋周敦颐、张载、程颢、程颐，亦近 400 年。当然，从宋明理学周、张、程直到现在将近千年，中国文化受元代、清代思想的禁锢和近代西学的严重影响，中国文化和哲学的创新几乎停滞。当然，张先生亦在最初版本的《和合学概论——21 世纪文化战略的构想》中讲到了这个"中国文化人文精神转生的阶段性和周期性"规律。[②]

中国文化的"周期性"表明中国文化"转生"[③] 的过程性。"转生"总会表现出特征。张先生对"转生"特征的把握经历了从"两个标志说"到"三个标志说"的转变。1996 年，张先生在文章中指出，

① 张立文：《新形上学体系和价值理想的重建》，《中华文化论坛》1994 年第 3 期。

② 参见张立文《和合学概论——21 世纪文化战略的构想》（上），首都师范大学出版社1996 年版。

③ 张先生所说的中国理论思维形态的阶段性和周期性，意蕴着文化的死与生。死亡与"转生"是相续相继的，而不是决然割断、非此即彼的。张先生曾给"转生"作注："轮回转生本是古印度婆罗门教的主要教义之一，佛教沿袭并加以发展。婆罗门教认为四大种姓以及贱民在轮回中永世不变，佛教主张在业报面前四姓众生平等。下等种姓今生积善德，下世生为上等种姓，甚至到天界；上等种姓今生有恶行，下世亦可生为下等种姓，以至下地狱。藏传佛教寺院为解决其首领的继承问题而有转世之说，其义与转生相近。"（张立文：《和合是中国人文精神的精髓》，香港浸会大学《人文中国（创刊号）》，1995 年 4 月）"转生"说明了中国文化和中国理论思维形态演变发展的相对相关、相分相继的过程。

"大凡每一新时期新理论形态出现之前，都进行了两方面的努力"，一是对先在理论形态进行批判，二是建构新理论形态所依据的经典文本的重新选择和解释。① 2000 年，张先生发表论文指出，"中国新的哲学理论思维形态的化生，需要把握两个尺度，换言之，新之所以为新有两个标志"。这意味着，一个创新的哲学、"个性"的哲学体系，需要两个基本的构成要件：一是其建构哲学理论思维形态的核心范畴与以往哲学理论体系的核心范畴有异，以及由此核心范畴而展开的逻辑结构异趣；二是作为各个时代精神的精华所体现的新的哲学理论思维形态，其所依傍的经典文本的选择存在差异。② 张先生的"两个标志"注意到哲学创新的"内因"，"外缘"因素并未被纳入其中。到 2003 年，张先生发表论文明确提出中国哲学不断创新的"三个分析维度"，即核心话题的转向、人文语境的转移和诠释文本的转换。③ 文化"转生"是内外因素的和合构成。

核心话题体现特定时代的意义追寻和价值创造。核心话题的转向是中国哲学创新的话语标志。从先秦到近代，核心话题经历了五次大的转向，哲学理论实现了五次创新。先秦是中国哲学的原创期，其核心话题是"道德之意"；两汉是中国哲学的感通期，学术探究的核心话题是"天人相应"；魏晋是中国哲学的玄冥期，核心话题是"有无之辨"；隋唐是中国哲学的融摄期，"性情之原"是其核心话题；宋明是中国哲学的造极期，理学的核心话题是"理气性心"。

---

① 参见张立文《中国文化的精髓——和合学源流的考察》，《中国哲学史》1996 年第 1—2 期。

② 参见张立文《中国哲学：从"照着讲"、"接着讲"到"自己讲"》，《中国人民大学学报》2000 年第 2 期。

③ 参见张立文《中国哲学的创新与和合学的使命》，《中国人民大学学报》2003 年第 1 期。当然，张先生关于中国哲学创新标志的明确提出，可追溯到 2001 年。在 2001 年 3 月，张先生给哲学院博士研究生"哲学前沿"课讲授"和合学与 21 世纪文化战略的构想"，在他看来，自己"为什么讲和合学"的一个重要原因在于，从历史层面而言，宋明理学旧三学（理体论、心体论和气体论）向现代新三学（新理体学、新心体学和新气体学）的转变过程中，"人文语境、依傍文本、核心话题"未变，需依时代变化而实现三者的变化。反之，和合学之所以实现中国哲学体系的创新，就是依据人文语境、诠释文本和核心话题得以有效展开的。（参见张立文《学术生命与生命学术——张立文学术自述》，中国人民大学出版社 2016 年版）

人文语境是中华民族精神及其生命智慧历史变迁的集中体现。先秦诸子百家都是从"学在官府"的西周礼乐文化中衍生出来的，是对"古之道术"的创新与发明，中国哲学生命智慧的觉解，通过散文来叙述；两汉哲学中，文人学者以堆砌辞藻、繁衍象数的辞赋渲染"天人相应"，民族精神与哲学智慧显露出繁杂和神秘的感应气象；魏晋"有无之辨"解脱了名教束缚，文学创作与哲理运思的巧妙结合，构成魏晋人文语境中最引人注目的地方；隋唐佛学高涨，在三教融摄中穷究推本"性情之原"，以诗意韵律为语境，智慧觉解出隋唐哲学包容大度、冲和气象的主题特征；两宋"以文德致治"，民族精神及其生命智慧在既豪放又婉约的人文语境中，结出堪与唐诗媲美的宋词，激发出"为天地立心，为生民立命，为往圣继绝学，为万世开太平"的豪迈气概，引出抑制个性、熄灭情欲、攻击异端的内敛心术；明清之际，人文语境进一步内向收敛，专心训诂考据的"汉学"取代了讲究性命义理的"宋学"，《四书大全》和《性理大全》的话语专制和文字监禁宣告了善思传统的中断和创新精神的枯萎。

诠释文本是学术思想的符号踪迹，是智慧觉解的文字报告。诠释文本的转换，是中国哲学创新的承继特征。先秦是元典文本的书写与集结过程，总体上以《五经》为诠释文本，两汉哲学则以《公羊春秋》为诠释文本，《庄子》《老子》和《周易》之"三玄"则成为魏晋玄学的诠释文本。佛教东传，中国化宗教创生，天台宗以《妙法莲华经》为诠释文本，华严宗以《大方广佛华严经》为立论依据，禅宗先以《楞伽阿跋多罗宝经》印心，后以《金刚般若波罗蜜经》传法，惠能南宗独创《坛经》明心见性。宋明理学是儒、释、道三教思想长期融突的智慧结晶，以《四书》为诠释文本。

作为智慧之学、爱智之举，哲学不是一蹴而就培养起来的，也不是一成不变固化的。哲学是对特定时代精神的概括与总结，诚如马克思所言"任何真正的哲学都是自己时代的精神上的精华"，是对特定民族特定发展阶段上所普遍关注的心性情、人事物诸多复杂关系的体思与阐发。这就意味着，哲学思辨总离不开特定的时代主题，或者说，哲学在根本上是对特定时代问题的"不懈追问"，甚至是对不同时代问题的

"一贯追问"。张先生揭示了中国哲学创新的三个标志，即人文语境的转化、核心话题的转移和诠释文本的转变。在他看来，时代的不同根本上是因为核心话题的不同，换言之，因为思辨不同的社会人生所普遍思考的话题，所以才有了时代主题，也就有了不同时代的划分。时代主题、哲学话题，不是随心所欲地假设和臆断，而是基于社会大众共同的生存环境、生活习性、心思体悟而"公约"的认知效果。哲学对时代话题的"不懈追问"，表明这个时代的智者，面对时代的社会人生问题、人事物的关系问题，所做出的多视阈、多维度、多进路的体悟与反思；哲学还是对不同时代问题的"一贯追问"，是因为哲学传统的连续性和前后因循特性，虽然后来的哲学家对前代哲人的认知或认同，或诘难，但无不立于前人、开创未来，世上无无源之水，亦无无根之木，这是文化演进的一脉相承的特性使然。

明晰中国哲学理论思维创新的标志，可为哲学体系创新提供具体操作依据。张先生和合哲学的创构正是对此三方面的理性把握和应用。

二 中国哲学研究的创新范式

关于中国哲学的研究范式，前有"学着讲""照着讲"，后有"接着讲"，近有"自己讲""讲自己"。① "自己讲""讲自己"是张先生于 2000 年明确提出的："中国哲学的未来走向必须像王阳明那样'自己讲'。这虽然很难，要从'百死千难'的体悟中得来，但百年中国哲学经炼狱般的煎熬和中国学人深受其难的体悟，具备了'自己讲'的内外因缘。自己讲自己的哲学，走自己的中国哲学之路，建构中国自己的哲学理论体系，才能在世界多元哲学中有自己的价值和地位，照搬照抄西方哲学只能是西方哲学的附庸或'小伙计'。② 于此，张先生明确表达了融突而和合的"中国哲学研究范式"的宗旨："自己讲自己的哲学，走自己的中国哲学之路，建构中国自己的哲学理论体系。"即中国哲学研究"从中国哲学之是不是、有

---

① 参见郭庆堂《20 世纪中国哲学的历史分期：学着讲、照着讲、接着讲》，《哲学动态》2001 年第 8 期。

② 张立文：《中国哲学：从"照着讲"、"接着讲"到"自己讲"》，《中国人民大学学报》2000 年第 2 期。

没有中超越出来，从全球哲学（世界哲学）与民族哲学的冲突融合而和合的视阈来观照中国哲学，不管他人说三道四，'自作主宰'，自己走自己的路"。① "自己讲""讲自己"正是沿着这样的道路前进的。

所谓"讲自己"，就是通过中国哲学自身的发展逻辑来讲述中国哲学的"话题本身"。中国哲学"讲自己"并不是"闭关自守"，而是在中西哲学比较中，在知己知彼的互动中讲述中国哲学"话题本身"。当然，讲中国哲学"自己"而了解、研究西方的哲学，必须改变过去"我注六经"的方式，确立"六经注我"的方式②，即以西方哲学注中国哲学，发展中国哲学。中国哲学"讲自己"要实现"自我定义""自立标准"。③ 张先生从中西哲学的特征出发，给出的中国哲学定义是："哲学是指人对宇宙、社会、人生之道的道的体贴和名字体系。"所谓"道的道"，它包括：第一，人对宇宙、社会、人生的体贴、体认导向某一方向的道路；第二，宇宙、社会、人生的根本道理；第三，不可言说的、无名无为的、万物之奥的形上之道，即万物的根据；第四，宇宙、社会、人生的必然性和趋势；第五，大化流行、唯变所适的过程；第六，知与行及其关系的方法；第七，格致诚正修齐治平的道理、规范及价值理想。简言之，道的道是指一种道理、原理的所当然的所以然之故。④ 从张先生的哲学定义可以看出，中国哲学既重社会、人生之道的道的探索，又重宇宙之道的道的探索。这一定义既有对哲学研究问题普遍性的把握，又体现中国哲学的主体意识。

"讲自己"是讲中国哲学的"话题本身"，那么，"自己讲"则是实现"讲自己"的方法。要实现"自己讲"，归根结底应坚持"六经注我""以中解中"的方法。所谓"以中解中"，就是"以中国哲学的核心灵魂解释中国哲学。只有这样的解释，中国哲学才不会走样，才能真

---

① 张立文：《"自己讲"、"讲自己"——中国哲学的重建与传统现代的度越》，第8页。

② 参见张立文《"自己讲"、"讲自己"——中国哲学的重建与传统现代的度越》，北京师范大学出版社2007年版。

③ 张立文：《中国哲学的"自己讲"、"讲自己"——论走出中国哲学的危机和超越合法性问题》，《中国人民大学学报》2003年第2期。

④ 参见张立文《"自己讲"、"讲自己"——中国哲学的重建与传统现代的度越》，北京师范大学出版社2007年版。

正讲述中国哲学'话题本身'"①。中国哲学的核心是指中国哲学的逻辑结构，即从整体上分析、确定中国哲学诸概念、范畴在一个时代思想或某哲学家哲学体系中的地位、功能、性质与作用。

归根结底，中国哲学"自己讲"就是以中国哲学的核心——中国哲学概念、范畴间的"哲学逻辑结构"——分析、梳理、诠释中国哲学，实现了当下"中国哲学研究范式"的创新。其一，"自己讲""讲自己"度越了中国哲学"照着讲"和"接着讲"范式。"自己讲""讲自己"不再是"照着"和"接着"西方哲学讲中国哲学，不再是围绕西方文明中心论（包括西方哲学中心论）的指挥棒转，而是在突出中国哲学研究的主体性和自觉性基础上讲述中国哲学的"话题本身"。它既坚持了中国哲学的主体性，又尊重中国哲学对哲学普遍问题的关注和分析；既坚持中国哲学固有的哲学逻辑，又阐释了中国哲学核心话题、诠释文本和人文语境的转向、转换和转移的必然性、必要性。其二，"自己讲""讲自己"从根本上遵循了哲学史上的"问题"与"个性"相统一的原则。在哲学发展史上，每一时代、每一民族、每一哲学家都会在自己对社会、人生、宇宙的思考中去发现"问题"、解决"问题"，"问题""话题"是哲学发展的动力，是哲学创新的助推剂。研究中国哲学，实际上是研究中国哲学发展史上的"问题"和"话题"，并且借鉴古人对"问题"和"话题"的思维方法来解决当下的"问题"和"话题"。只是，对"问题"和"话题"的体认与分析，不同的哲学系统、不同的哲学家又体现出差异性，即提出者、研究者间的"个性"差别。"自己讲""讲自己"的哲学研究方法正是对这一问题的深化，和合学的创构体现了张先生的"个性"哲学精神。"自己讲""讲自己"在以自己本有之"哲学逻辑结构"讲述中国哲学"话题"的过程中，在坚持中国哲学主体性的前提下，主张中西马间的交流、互动、融通，既坚持世界哲学、哲学系统的"问题"和"话题"普遍性，又兼顾民族哲学、哲学体系的"问题"意识和"话题"诠释的"个性"，创新中国哲学体系。

---

① 张立文:《"自己讲"、"讲自己"——中国哲学的重建与传统现代的度越》，第12页。

张先生"自己讲""讲自己"哲学范式的理论效果正是和合学。和合学本身是对中国传统哲学中的"和合"思想的继承与发展，是面对新的"人文语境"（和平与发展），在古已有之的"诠释文本"（《国语》）之上以"和合"作为"核心话题"而展开的哲学创新。可能有学者会认为，张先生是先明确地提出和合学，之后才有"自己讲""讲自己"的哲学研究法的系统阐释。方法是为哲学体系的创构服务的，张先生的哲学理论体系在前，哲学研究方法在后，如何解释？实际上，和合学正是在遵守"自己讲""讲自己"哲学研究法的基础上确立起来的。张先生说："《和合学概论——21世纪文化战略的构想》是1995年完成的，写完这本书我是六十岁，正好是一个甲子轮回，当时我在下卷后记中写到，到了六十岁，这个时候就是应该写自己的东西了。这就是我说的'自己讲'。"[①]《和合学概论——21世纪文化战略的构想》"后记"中讲："你看那婴儿，哭就哭，叫就叫，笑就笑，不是做给人看，也不是为讨好别人，却有了一份淳朴和天真。这淳朴和天真，就是做自己想做的，做自己喜欢做的，写自己冀望写的。既不是为讨人喜欢，又不是为应世媚俗。"[②] 和合学是张先生以其生命体悟和哲学智慧而创生的哲学新体系、新思维，是中国哲学"自己讲""讲自己"的具体实践。

当然，张先生充分实践"自己讲""讲自己"的哲学史观，还体现于他主编的《中国学术通史》和独撰的《中国哲学思潮发展史》（上、下）。据张先生自述，2001年年初，人民出版社编审方国根征求先生意见，能否担任中国新闻出版署重点课题《中国学术通史》的主编，张先生因要撰写《和合哲学论》，并未立即答应。后来，方国根编审和陈鹏鸣博士再次拜访先生，张先生才接受《中国学术通史》主编的重任，并根据中国学术发展特点将中国学术史划分为六个阶段，即先秦、秦汉、魏晋南北朝、隋唐、宋元明、清，分别聘请陆玉林、周桂钿、向世陵、祁润兴、陈其泰、张怀承为各卷的撰写者。区别于将"哲学"定义为"人对宇宙、社会、人生之道的道的体贴和名字体

---

① 刘景钊、韩进军：《和合之路：中国哲学"自己讲"的努力与贡献》，《晋阳学刊》2006年第3期。

② 张立文：《和合学概论——21世纪文化战略的构想》（下），第1162页。

系"，以及将"思想"定义为"对于宇宙（可能世界）、社会（生存世界）、人生（意义世界）的事件、生活、行为所思所想的描述与解释体系"，张先生梳理了"学术"的古今意涵，指出，"学术"在传统意义上是指学说和方法，在现代意义上是指人文社会科学领域内诸多知识系统和方法系统，以及自然科学领域中科学学说和方法论，那么，中国学术史就是直面已有（已存在）的哲学家、思想家、学问家、科学家、宗教家、文学家、史学家和经学家等已有的学说和方法系统，并借其文本和成果，通过考镜源流、分流别派，历史地呈现其学术延续的血脉和趋势。① 无论是"哲学"，还是"思想"，拟或"学术"都体现着民族性与时代性相统一、共时性与历时性相统一的特征，都体现着"哲学个性""思想个性"和"学术个性"。是故，谈中国哲学、中国思想、中国学术，都是立基于"中国"的中华文化，而不是依傍西方国外，不是"照着"西方讲，也不是"以西释中"的自我满足，而是"以中解中"的自觉和自信，是中国哲学、中国思想的主体"自己讲""讲自己"的过程，是在充分解析特定的"人文语境"的基础上，围绕特定的"诠释文本"，回答特定的"核心话题"的过程。

因此，张先生就主编中国学术史提出了五个原则。其一，整体性。即把中国学术看作一整体的相对相关的融合系统，要把每个时期学术流派尽可能地分源别派，而又探赜索隐其殊途同归、百虑一致的学术品格，从而体现学术变迁史的整体性和贯通性。其二，时代性。即充分揭示每个时代学术思潮所面临的思想危机与文化冲突，从学术思潮产生与演变的进程中，体贴时代思潮和时代精神，还原各时代各宗各派学术的本来面目，以及学者学说的本意。其三，超越性。即著学术史的学者，在"写""讲"学术史的过程中，既"入"其中，以己意解析古人，同情的体贴古人；又能"出"于其外，不能以自己当下的时代感悟和思虑体贴强加于研究对象，避免将被写、被讲的对象变为写作者、讲述人的观点的表达。讲述者只有既入又出、出入相合，才

---

① 参见张立文《学术生命与生命学术——张立文学术自述》，中国人民大学出版社 2016 年版。

能发挥两者之长、避免两者之短，转生为新学术思潮。其四，真实性。凡史学著作，都要求真，即符合历史的真实和史料文本的真实，而不能伪造或任意解释、演义和戏说。研究者和撰写者首先要做到"无我"，不要持有成见、囿见、前见，不掺杂情绪情感进行研究；同时又要"有我"，即在真实引用、参照被研究者文献资料的基础上，创造性地提出自己的独立见解，当发前人之所未发。其五，和合性。"和合"意味着多元事物的并存共处，"万物并育而不相害，道并行而不相悖"，它既是世间万事万物生生变化的动力源泉，也是事物生成过程性的真实体现，更是对事物生生之道本质特性的理性总结。学术史的撰写与相应研究结论的凝练，体现的是和合方法的体贴与运用，不是要以某种观点结论战胜、打倒另外的观点和结论，而是承认不同学术、学说及其方法的本来意义和本有存在价值，期求多元多样的方法、观点与结论的共育共存、共生共显。①

张先生在《中国哲学思潮发展史》中更加明确地区分"自己讲"和"讲自己"的主旨内涵，也更坚定地以此哲学方法论钩深致远中国哲学为什么、何以可能实现自身的智能创生以及价值理念的凝聚传承，格致求索中国哲学如何实践理论创新、哲学观点创新以及方法创新的内在逻辑与演进理路。所谓"思潮"，"是一社会某一段时期中所共有的思想，蔚为风气，个人被其影响而不自觉，所有凡称思潮的思想，便成为一个社会现象，能支配各个人的行为。思潮不是少数人的思想，而是社会共有的思想"②。那么，"中国哲学思潮"便是中国哲学发展进程中体现时代特色、成就时代之下的中国哲学智者普遍遵循和共同持守的思辨逻辑、哲学方法和价值信念。基于中国哲学自身"主体"的演进，中国哲学思潮经历了一个系统的、有序的和逻辑的历程，先秦思议"道德之意"的核心话题，目的是追求一个没有杀戮的和平安定的生存世界；两汉思议"天人相应"的话题，宗旨是追究人之所以生存的根源根据，回应人何以生存而受制于天的天人感应与相互制约问题；魏晋思议"有无

---

① 参见张立文主编，陈其泰、李廷勇著《中国学术通史·清代卷》，人民出版社2004年版，"总序"。

② 转引自贺麟《当代中国哲学》，胜利出版社1947年版，第67—68页。

之境"的话题，要旨是探究人为什么活着、人活着的意义、人究竟以何样的方式实现人生价值与社会价值问题；隋唐思议"性情之源"的话题，追究人生从哪来、死到哪去，人的肉体如何安顿灵魂、人生在世行善积德、惩恶扬善，终究归宿何在的问题；宋元明清思议"理气心性"的话题，宗旨是建构人格理想的超凡入圣，社会理想的为万世开太平的安身立命、精神家园问题。而当代则是思议人类共同面临的人与自然、社会、人际、心灵、文明之间的冲突带来的生态、社会、道德、精神、价值五大危机，如何化解此危机以建构一个和生、和处、和立、和达、和爱的和合生存世界、和合意义世界和和合可能世界的问题。① 和合学正是中国哲学思潮发展史的第六个阶段，是中国哲学"自己讲""讲自己"的创新成果。

张先生说："人生就在于奋进，生命就在于创造，只要认定了目标，就要不断地追求，以达真、善、美的境界。"② 奋进蕴含着艰难和险阻。然而，逆水行舟，终究有达至理想彼岸的希望。张先生的学术创新诸方面，整体贯通、相互联系，首从《周易》研究入手，奠定了学术创新的基础。一通百通，《周易》通则宋明理学诸家、诸派思想皆通。从文本上讲，《周易》是宋明理学的基础；从人物上讲，朱熹是宋明理学最重要的代表。朱熹既是宋代理学的集大成者，又是宋代以后理学创新的起点，是宋明理学研究的重心和中心。故而，不懂朱熹，前不能评论周、程、张，后不能论说陆、王、刘。《周易》研究和朱熹研究是张先生哲学史研究的奠基之作，亦是发现问题和解决问题的出发点。正因为朱熹研究的卓越贡献和开创意义，张先生在偶然之中走进朝鲜李退溪研究，成为宋明理学研究的必然步骤。亦是因为朱熹研究，张先生的宋明理学诸家、诸派思想研究和宋明理学发展史的研究占据学术界"领军"的地位。更由于朱熹研究，张先生构造了中国哲学研究的基本方法——"中国哲学逻辑结构论"，从此而展开"传统学"研究和新人学研究。"中国哲学逻辑结构论"坚守了中国哲学的合法性，"传统学"研究捍卫了

---

① 参见张立文《中国哲学思潮发展史》（上），人民出版社 2014 年版，"绪论"。

② 转引自中国社会科学院哲学研究所编《中国哲学界学者简介·张立文》，载《中国哲学年鉴 1985》，中国大百科全书出版社 1985 年版，第 315 页。

中国文化的可塑性，新人学研究坚持了哲学文化的人本性。张先生入手哲学史研究，钩玄提要，沉思体悟，发现了中国哲学创新的标志，加之前三论的铺垫，独具匠心，创造了当代中国哲学的创新体系——和合哲学。和合学既是对纵向中国哲学发展历程的回应，又是横向"自己讲""讲自己"哲学研究范式的真切把握。张先生既在逆水中行舟，又能在顺水中努力奋进。学术的生命时期，生命无限砥砺，学术为之增色；生命的学术历程，学术不断创新，生命得以添彩。学术与生命的融通，体现出张先生的和合学问人生。

第二章　和合学创新论

在当代中国哲学的发展历程中，张立文先生以史论哲、由哲入史，在体贴中国传统文化精髓——和合——的基础上建构了和合哲学体系。和合哲学是对传统哲学批判、继承与发展的智慧结晶，为中国文化发展路径的具体落实提供了理论支持和方法资源，是以中国哲学思维注释马克思主义并具体实践马克思主义基本精神的典范，得到社会各界的认同和实践。和合哲学将思想传承与理论创新紧密相连，重视运用史学的研究方法梳理中国哲学的发展脉络与逻辑结构，同时观照当下社会危机、人文危机、精神危机等现实问题，表现为文化理性的回归。和合哲学既是创构者张先生个人生命体悟的思想凝结，又是优秀传统文化精髓的精神传递，更是和合方法与和合境界的新探索。

第一节　和合学与哲学创新

和合学是对中国传统的思想文化发展规律的"自家体贴"，是张先生"自己讲""讲自己"哲学史观的智慧结晶，以其独特的诠释文本，直面时代人文语境，以"和合"作为核心话题，实现了当代中国哲学的创新。

一　和合学是"自己讲""讲自己"哲学史观的智慧结晶

任何民族的哲学与文化皆是民族性与时代性、共时性与历时性相统一的，具有二重属性。首先，每一民族的哲学与文化都是这个民族或者民族的共同体在长期的历史演化中形成的具有稳定性的价值观念和思想体系，体现出特殊性；其次，每一民族的哲学与文化都在参与人类共同的哲学与文化的共建，不自觉中体现出共同的问题意识，体现出普遍性。因此，哲学既是多元的，又是个别的。那么，写作和研究中国哲学就应该有属于中国哲学的范式，也就是"中国式"的哲学史写作方法和思维模式。自"哲学"概念引进中国以来，中国哲学写作范式从"照着讲"到"接着讲"进路转变，但几乎都是非中国哲学话语精神主导下的写作范式。写作方法不创新，新的哲学体系就难以建构，诚如张先生所说："研究方法的创新，标志着某一学科的创新；某一理论学科的成就，是以其研究方法的完善为先导的。基于此，必须着力于方法论的探索。"① 因此，张先生在多年的中国哲学教学与科研中创构了"自己讲""讲自己"的哲学史观，实现了中国哲学写作范式的创新，和合学正是这一写作范式的智慧结晶，从而实现了当代中国哲学的体系创新。

20 世纪以来，在中国哲学界大概有四种哲学的定义。以九流、六艺定义哲学，以谢无量《中国哲学史》（中华书局 1916 年版）为标志；以实用主义思想定义哲学，以胡适的《中国哲学史大纲》（商务印书馆 1919 年版）为标志；以西洋哲学定义中国哲学，以冯友兰的《中国哲学史》为标志；以辩证法和唯物论定义哲学，以贺麟的《当代中国哲学》、李石岑的《中国哲学十讲》（世界书局 1935 年版）、范寿康《中国哲学史通论》（开明书店 1936 年版）为标志。② 此时中国哲学写作范式大体处于"照着讲"和"接着讲"层面。"照着讲"是指照着西方哲学讲述中国哲学，"接着讲"是既要说明前人对于某哲学问题的说法，又要说明自己对于某哲学问题的想法。张先生依据 20 世纪中国哲学发展的趋势，特别是八九十年代中国哲学的价值导向，预测中国哲学"不再是中国'王道'的政治概念、'内圣外王'的思维模式、'天理'的伦理赋值和'良知'的道德范式"，而有可能是"通过对效用历史和价值式能的超越，将中国传统哲学的文明资源与马克思主义哲学、西方哲

---

① 张立文：《超越与创新——20 世纪朱子学研究的回顾与展望》，《中华文化论坛》2001 年第 1 期。
② 参见张立文《中国语境下的中国哲学形式》，《深圳大学学报》（人文社会科学版）2007 年第 2 期。

学的精华互动会通起来，以激活和转生中华新思维、新理论、新哲学"①。这个实现"激活和转生中华新思维、新理论、新哲学"的新的中国哲学写作范式就是"自己讲""讲自己"。

"自己讲""讲自己"的哲学史观是以中国哲学自身讲述哲学问题。所谓"自己讲""讲自己"，首先，根据中国哲学的实际存在面貌讲中国自己的哲学；其次，讲述中国哲学自己对"话题本身"的重新发现、对时代冲突的艺术化解、对时代危机的义理解决以及对"形而上者之谓道"的赤诚追求；最后，以"海纳百川"的心态在汇聚千家之思想基础上融突和合为新"中国哲学"。② 中国哲学"自己讲"的主体无疑是"自己"，即中国哲学自身。自己讲自己的哲学，走自己的中国哲学之路，建构中国哲学自己的哲学理论体系，才能在世界多元哲学中确立中国哲学的价值和地位。中国哲学"自己讲"的方式体现了"哲学"的二重性：一方面，"从对象和范围看，中国哲学在基本上是与世界上别的国家的哲学是一致的"③；另一方面，"如果中华民族的思想、学术观念、理念、哲学都照着西方讲、做西方的注脚，而无中华民族自己的个性、独特性、主体性，那么中华民族就会在世界思想、学术观念、理论、哲学之林中被排除出去，或被边缘化，犹如光辉灿烂的巨星坠落，而丧失其应有的地位和价值"④。所以，讲中国哲学不能忽视中国这一哲学主体，在中国哲学主体之上实现不同哲学体系间的综合与融贯，否则，讲出的中国哲学将是缺失主体性的"附庸"哲学。

"自我定义""自立标准"是张先生哲学史观的理论前提。张先生重新定义"哲学"："哲学是指人对宇宙、社会、人生之道的道的体贴和名字体系。"⑤ 所谓"体贴"，"有体悟、反思、反省的意思，名指概念，字义是指对概念、范畴的解释。道的道是指一种道理、原理的所当然的

① 张立文：《中国哲学：从"照着讲"、"接着讲"到"自己讲"》，《中国人民大学学报》2000 年第 2 期。
② 参见张立文《中国哲学"讲自己"的中国方式》，《文史哲》2005 年第 3 期。
③ 张岱年：《张岱年全集》第 5 卷，河北人民出版社 1996 年版，第 122 页。
④ 张立文：《致思和合学的心路历程》，《河北大学学报》（哲学社会科学版）2005 年第 5 期。
⑤ 张立文：《朱陆之辨——朱熹与陆九渊哲学比较研究·序》，人民出版社 2002 年版。

所以然之故"①。这个中国的"哲学"定义是对中国哲学基本特征的概括，是张先生自己的"体贴"，体现着"个性"的哲学。"体贴"是对中国哲学发展史固有问题意识的反思，是创造性地、逻辑地再现历史之本来面目的过程。伽达默尔在《真理与方法》中说："文本的意义超越它的作者，这并不只是暂时的，而是永远如此的，因为理解就不只是一种复制的行为，而始终是一种创造的行为。"② 在这样的"逻辑的还原"中"体贴"中国哲学的本有规律，无疑是哲学的创新行为。"自我体贴"是研究哲学、实现学术创新的"客观法则"，程颢"吾学虽有所受，天理二字却是自家体贴出来"(《河南程氏外书》卷十二) 早就证明了这一点。一方面，研究者要自身体贴、体悟研究对象；另一方面，研究者要从研究对象里面体悟出属于自己的观念和思想。孔子讲"人能弘道，非道弘人"(《论语·卫灵公》)，张先生"以诚明合一之心踏上'弘道'征途，冲破原有价值观念编织的天罗地网，饱经理论思维创造阵痛的磨炼和洗礼之后，才有可能豁然贯通，恍然大悟，用自家的生命热情体贴出她的真实存在和本来面目"③，"发现"了和合的价值并将之哲学化、体系化，从而自觉实践"体贴"这一"客观法则"。

"六经注我""以中解中"是张先生新哲学史观的诠释方法。一方面，"以中解中"就是以中国哲学的核心解释中国哲学，以汉语作为中国哲学的载体和工具，以"中魂汉话"重建中国哲学的形式。④ 中国文化的精髓、中国哲学的核心灵魂是和合，张先生有详尽论述⑤，国家领导人也有近似的论断。如 2009 年 2 月，温家宝同志在剑桥大学的演讲《用发展的眼光看中国》中指出"'和'在中国古代历史上被奉为最高

---

① 张立文：《中国语境下的中国哲学形式》，《深圳大学学报》(人文社会科学版) 2007 年第 2 期。

② [德] 伽达默尔：《真理与方法》，洪汉鼎译，上海译文出版社 1992 年版，第 380 页。

③ 祁润兴：《化解价值冲突的和合学——和合学的创立者张立文教授访谈录》，《社会科学家》1998 年第 3 期。

④ 参见张立文《中国语境下的中国哲学形式》，《深圳大学学报》(人文社会科学版) 2007 年第 2 期。

⑤ 参见张立文《中国文化的精髓——和合学源流的考察》，《中国哲学史》1996 年第 1—2 期。

价值，是中华文化的精髓"①；习近平总书记在 2005 年也指出"我们的祖先曾创造了无与伦比的文化，而'和合'文化正是这其中的精髓之一"②。从本质上言，和、和谐、和合本质相同，都表示多元、多样要素并存且相互影响、相互作用而打造成就为新事物。③ 可以说，"和合"思想已然得到主流意识形态领域的认同。另一方面，讲中国哲学，"自己"必须认真了解、研究西方的哲学，要把中西马这三者的融突和合落实下来、安顿下来。中国哲学"自己讲""讲自己"，不仅仅是"知己"，更是"知彼"，在知己知彼的互动中化彼为己，在比较中讲述中国哲学"话题本身"。④

张先生依据"自己讲""讲自己"哲学史观预测中国哲学将是"通过对效用历史和价值式能的超越，将中国传统哲学的文明资源与马克思主义哲学、西方哲学的精华互动会通起来，以激活和转生中华新思维、新理论、新哲学"⑤。这个"激活和转生中华新思维、新理论、新哲学"的新体系就是和合学。在和合学中，"和"是指和谐、和平、祥和；"合"即合作、合好、融合；"和合"是指自然、社会、人际、心灵，不同文明间诸多文化要素互相冲突融合，与在冲突融合的动态过程中诸多文化要素相和合的新生命、新事物、新结构的总和。习近平总书记也有相似论断："'和'指的是和谐、和平、中和等，'合'指的是汇合、融合、联合等。'和合'，就是指对立面的相互渗透和统一，而且，这种统一是处于最佳状态的统一，对立的双方没有离开对方而突出自己。"⑥

和合不是自然法则，也不是客观规律，而是人文精神，是哲学智慧，是人世间的普遍现象。建立在和合文化基础上的和合学，指研究在自然、社会、人际、人自身心灵及不同文明中存在的和合现象，并以和

---

① 《温家宝谈教育》，人民出版社 2014 年版，第 153 页。

② 习近平：《干在实处　走在前列——推进浙江新发展的思考与实践》，第 295 页。

③ 参见张立文《和合、和谐与现代意义》，《江汉论坛》2007 年第 2 期。

④ 参见张立文《中国语境下的中国哲学形式》，《深圳大学学报》（人文社会科学版）2007 年第 2 期。

⑤ 张立文：《中国哲学：从"照着讲"、"接着讲"到"自己讲"》，《中国人民大学学报》2000 年第 2 期。

⑥ 习近平：《干在实处　走在前列——推进浙江新发展的思考与实践》，第 295—296 页。

合的义理为依归，是既涵摄又超越冲突融合的学问。和合学既是民族精神生命智慧"转生"的"转生者"，又是中国文化整体性、结构性、有机性"转生"的载体。这正是和合学的本质所在。如果不能体会"和合"之"冲突融合而后转生"的精神，自然就不会理解和合学构架中中西马多哲学系统交融与互动的本质所在。

二　和合学是中国文化发展路径的具体落实

和合学是在批判旧哲学中实现的哲学创新。面对人类所共同面临的冲突和危机，以及中国的现代化问题，张先生体认、批判和总结中国传统的哲学智慧，撰写了《中国哲学范畴发展史（天道篇）》《中国哲学范畴发展史（人道篇）》，全面系统地梳理了中国哲学的概念，认为"和合"概念是解决此问题的最有魅力的概念。张先生相信，"哲学的精神就是批判的精神"，因为"只有批判，才能超越；只有超越，才能创新；只有创新，才能发展"。[①] 同时，张先生亦指出："'和合学'是对中国哲学智慧思维的体认。"[②] 这表明，和合学既根源于传统又超越传统。和合学本身是对中国传统哲学中的"和合"思想的继承与发展，是面对新的"人文语境"（和平与发展），在古已有之的"诠释文本"（《国语》）之上以"和合"作为"核心话题"而展开的哲学创新。和合学不仅没有丢掉传统，而且恰恰是在"挖掘传统文化中的软实力"[③]，并把中西马的融突与创新安顿在"和合"这个核心话题上，以为当代社会服务。和合学是中国传统哲学精华的和合"转生"。

众所周知，中国哲学与文化的发展具有阶段性和周期性特征。从先秦百家之学到两汉经学、魏晋玄学、隋唐佛学、宋明理学，各阶段的哲学形态、文化理念既相互独立，又相续相继；既具时代特征，又具中国人文精神的一贯性，张先生借用佛教的"轮回转生说"，以"中国文化的死亡与转生"来比喻这一本质过程，并指出，中国文化、哲学理论思

---

① 张立文：《超越与创新——答李存山先生》，《学术月刊》1999 年第 10 期。

② 张立文：《中国语境下的中国哲学形式》，《深圳大学学报》（人文社会科学版）2007年第 2 期。

③ 张立文：《挖掘传统文化中的软实力之源》，《人民论坛》2007 年 10B · 11A 合刊。

维形态的"转生"是在特定人文语境的催生下，作为表达时代精华和思潮的哲学核心范畴的改变，亦是依其诠释的经典文本的改变。这种比喻和概括是对中国文化、哲学发展史做出的合理性分析，是哲学观观照下的哲学史观。此外，张先生讲"中华文化从死亡到转生大体上是 300 多年到 500 年间"是根据"纵横互补律"① 对中国文化、哲学每次转型大致时间推理的结果，是为当代中国哲学创新和中国文化现代化的必然性、必要性提供理论支持，以增强当代学人创新哲学体系的信心。

和合学是这样的哲学创新体系，任何哲学家都可以创造出属于他自己生命体悟的哲学体系。不可否认，当代中国正处于转型期，这就意味着当代中国哲学要不断创新。2004 年，中共中央《关于进一步繁荣发展哲学社会科学的意见》指出，"要坚持解放思想、实事求是、与时俱进，积极推进理论创新"。2016 年，习近平总书记《在哲学社会科学工作座谈会上的讲话》中也深刻地指出："要按照立足中国、借鉴国外，挖掘历史、把握当代，关怀人类、面向未来的思路，着力构建中国特色哲学社会科学，在指导思想、学科体系、学术体系、话语体系等方面充分体现中国特色、中国风格、中国气派。"② 而且，习近平总书记还总结指出，中国特色的哲学社会科学，必然体现着民族性与继承性相统一、原创性与时代性相统一、系统性与专业性相统一的特征。因此，构建中国特色的哲学社会科学是张显中国文化软实力、增强中国特色社会主义文化自信、提升中华文化认同感的必然选题。

作为创新的哲学体系，和合学为中国文化发展路径的具体落实提供了理论支持和方法资源。首先，和合学认为和合是实现文化发展的途径，涵盖四个方面。第一，和合是诸多异质因素、要素的对待统一。和合承认多元的、多样的事物的存在，因此，要实现文化发展就要承让文化多元并存。第二，和合是诸多优质因素、要素的融合。当然，文化发展不是先确定文化的"体与用"，或先确定文化的"精华与糟粕"，而是在文化实践中逐渐摸索和总结。第三，和合是有机的、

---

① 张立文：《传统学引论——中国传统文化的多维反思》，第 56—58 页。
② 《习近平谈治国理政》第 2 卷，外文出版社 2017 年版，第 338 页。

有序的。和合既不是机械的切割，也不是机械的拼凑，而是各要素的自我协调、自我组织、自我规范、自我适应，因此，文化发展是个"生态化"的过程。第四，和合是动态分析的理论结构。达致和合的各因素、要素自身都不是被凝固的、定型的，因为各因素、要素自身也是由各因素、要素所结合的和合体。因此，文化发展是一个连续的、反复的、不断的进程，文化和合体始终处在完整、协调、和谐的过程之中。这就意味着中国未来文化发展必然是多元文化体系既交流又碰撞，既有引进又有输出，终究是要构建基于中国自身民族文化的多文化要素融贯的和合体。

其次，和合学认为和合是实现文化发展的方法。[①] 科学的思维方法是实现中国文化现代化的有力保障。和合学在对中西思维方法的比较和分析中创造性地提出"和合方法论"作为实现文化发展的基本方法。第一，"和合生生法"。所谓"生生"，即新生命、新事物不断化生。"和合生生法"认为，文化发展不应追求一个唯一的、绝对的、至极的价值目标，也不应追求一个否定多样、多极的"中心"或实体的统一性，而是多样、多元要素的和谐通融。和合方法追求的是让人"安身立命""各得其所"的和合精神家园和能适应有限生命"终极关切"的和合自由境界。第二，"和合创新法"。和合不是一方消灭一方、一方打倒一方的单一法、唯一法，而是"万物并育而不相害，道并行而不相悖"（《中庸》）的互补法、双赢法。文化发展就是实现各要素间"并育并行、不害不悖"的圆融无碍。第三，"和合意境法"。人创造了文化，文化亦创造了人。和合是人文观念创造之物，而非自然实在之物。义化和合的实现不是单个人的意识冲动，而是人类全体的价值创造。因此，中国文化现代化就应该实践和合方法，以开放的、平等的、自由的、真诚的、理解的心态接纳各种文化与哲学，既不以强势文化、哲学的普适性来压抑弱势文化、哲学的特殊性，也不以弱势文化，哲学的地域性、特殊性来拒斥强势文化、哲学的普适性，而是在古今中外文化与哲学，特别是在中西马的互动与对话中实现融突和合，获取中国文化的新"转

①　张立文：《和合哲学论》，第47—58页。

生"，从而建设有中国特色的社会主义文化模式。这就是温家宝同志在剑桥大学演讲中讲道的："中国将永远坚持开放兼容的方针，既珍视传统，又博采众长，用文明的方式、和谐的方式实现经济繁荣和社会进步。"①

再次，和合学构想了中国文化和合载体的内容。《和合学概论——21 世纪文化战略的构想》从文化战略层面创造性地提出了化解人类当代冲突和危机的五大原理，即和生、和处、和立、和达、和爱，并构想了中国文化和合载体的八个方面，即形上和合与和合自然哲学、道德和合与和合伦理学、人文和合与和合人类学、工具和合与和合技术科学、形下和合与和合经济学、艺术和合与和合美学、社会和合与和合管理学、目标和合与和合决策学。《和合哲学论》则从哲学理论思维道体维度诠释构成和合精神家园的和合生存世界、和合意义世界和和合可能世界以及和合历史哲学、和合语言哲学、和合价值哲学和和合艺术哲学。和合学八维四偶生生原理和三界六层立体结构是我们文化建设的目标模式。

和合学作为创新的哲学体系得到学界的认同和高度评价。《和合学概论——21 世纪文化战略的构想》第 1 版出版之际，张岱年先生发表书评："和合学作为 21 世纪文化战略的构想，是当前最系统、最全面、最有创见和学术价值的佳作，特此向读者推荐。"②《和合学概论——21 世纪文化战略的构想》再版，由中国人民大学党委宣传部、中国人民大学出版社共同主办"'和合与和谐社会建设'暨《和合学》出版座谈会"，与会专家学者给以高度评价。③ 和合学的创构是张先生心怀天下，基于自己的生命体验和对中国哲学智慧思维的体认，在思考如何化解各种冲突与危机、如何回应西方文化的挑战和怎样实现中国文化创造性转化与创新性发展的基础上，自然而然推理出来的，其创新的勇气、创新的成

---

① 《温家宝谈教育》，人民出版社 2014 年版，第 154 页。

② 张岱年：《理论价值和超前预见——推荐〈和合学概论——21 世纪文化战略构想〉》，《中国图书评论》1998 年第 6 期。

③ 参见王磊、曹皓《"'和合与和谐社会建设'暨〈和合学〉出版座谈会"纪要》，《教学与研究》2006 年第 12 期。

就，无疑是值得任何一位从事学术研究的人所尊重和敬仰的。

三 和合学是中国哲学思维与马克思主义的融通

和合学是以马克思主义基本精神为指导而创新的新思维。习近平总书记指出："创新是引领发展的第一动力，我们必须解放思想、实事求是、与时俱进，坚定不移推进理论创新、实践创新、制度创新以及其他各方面创新，让党和国家事业始终充满创造活力、不断打开创新局面。"[1] 解放思想、实事求是，不断推进理论创新，是马克思主义的基本精神和重要品质。和合学不仅以中国哲学思维注释了马克思主义的观点，而且还具体贯彻了马克思主义的基本精神，和合学是中国合学思维与马克思主义的融通。

一方面，和合学以中国话语注释了马克思主义的"辩证矛盾观"。和合学认为，和合这一过程经历三个阶段：冲突、融合、新生。和合既是冲突，又是融合，更是新生。和合学不仅承认矛盾，而且以"差分"[2] 米论说事物发展过程中个同要素间既冲突又发展的过程。在和合学看来，有冲突才有发展的可能性，有融合才有发展的现实性。在一个和合体中，发展就是矛盾双方的融合。张岱年先生说："对立面斗争的结果有三种可能，一是一方消灭了另一方；二是两方同归于尽；三是归于和解。情况是复杂的，但和解不失为一种较好的可能。"[3] 矛盾双方实现"和解"，也就是转化为新的事物。新的事物或者是进步的，或者是落后的，和合学期盼的是进步的"新事物"。因此说，和合学立足矛盾的对立性和同一性，以"和合"语言融通创新出和合矛盾观。

另一方面，和合学是打破传统"斗争"哲学思维的新思维。长期以来，西方哲学二元对立话语、斗争话语一直主导着中国大陆的哲学语境。矛盾是事物发展的动力，任何事物都是由相互差异的双方、多方要素共同构成的绝对"对立"的相对"统一体"。"对立""差异"的绝对性和"统一"的相对性是统一在一起的，但谈"对立""斗争"并不都

---

① 《习近平谈治国理政》第 2 卷，第 54 页。
② 张立文：《中国和合文化导论》，中共中央党校出版社 2001 年版，第 27—29 页。
③ 张岱年：《漫谈和合》，《中华文化论坛》1997 年第 3 期。

是"你死我活"的流血冲突，强调"差异"和重视差异，本身也是对"斗争"的尊重与实践。只是，"差异""对立"的要素不能仅仅停留于二者之间、多元之间的"差异"和"对立"，应当实现它们的融合创生，要能够打造"新"的关系体、成就"新"的存在状态，也就是成长为"新事物"。冲突的"斗争哲学"，一味地强调差异、对抗，显然不利于调动社会各方面的积极性，给人类及其社会文明的发展带来了障碍和损失。而和合学思维方式，强调诸多异质要素、不同事物在对立统一、相互依存的和合体中求同存异，期求多元要素总体的平衡、和谐、合作以及新事物的新生。

当今时代的核心话题、人文语境是和平、合作、发展、共赢。胡锦涛同志《在纪念党的十一届三中全会召开 30 周年大会上的讲话》就明确指出，"发展"是"党执政兴国的第一要务"，"在当前国际形势深刻变化特别是国际金融危机不断扩散和蔓延的情况下，我们要更加自觉、更加坚定地牢牢扭住经济建设这个中心，继续聚精会神搞建设、一心一意谋发展，坚持走生产发展、生活富裕、生态良好的文明发展道路"。这就要"深入贯彻落实科学发展观，坚持第一要义是发展、核心是以人为本、基本要求是全面协调可持续、根本方法是统筹兼顾"。① 科学发展是人、社会、自然间的全面、协调、可持续的发展，是社会、经济、政治、文化诸要素和合共生、相互促进、共同发展。和合学关于文化发展的战略构想正与"科学发展观"相一致。因此，时代主题要求在理论思维在和合转换中深化和创新，这就是《中共中央关于进一步繁荣发展哲学社会科学的意见》所强调的："要自觉地把思想认识从那些不合时宜的观念、做法和体制的束缚中解放出来，从对马克思主义的错误的和教条式的理解中解放出来，从主观主义和形上学的桎梏中解放出来。贴近实际、贴近生活、贴近群众，立足当代又继承民族优秀文化传统，立足本国又充分吸收世界文化优秀成果，准确把握当今世界的发展趋势，深刻认识当代中国经济社会发展的规律，努力建设哲学社会科学理论创新

---

① 《胡锦涛文选》第 3 卷，人民出版社 2016 年版，第 175 页。

体系，积极推动学术观点创新、学科体系创新和科研方法创新。"① 和合学思维符合这样的创新精神，是自觉实践"解放思想"的典范。

和合学对解决各种现实的矛盾和民生问题有根本助益。自和合学创建以来，已得到社会各界不自觉的认同与实践，意识形态领域亦认同了"和合"精神。比如，2000 年 11 月 9 日，李瑞环同志在会见香港各界知名人士时特别指出："当今中国要发展、要振兴，必须继续弘扬中华民族的优良传统，特别要提倡'和合'，强调团结……唯团结才能稳定"；2005 年 7 月 12 日上午，中国台湾"新党主席郁慕明先生中国人民大学演讲会"上，一幅由徐悲鸿之子、徐悲鸿艺术学院院长徐庆平先生作画、张立文先生题字的"和合图"，作为人民大学的礼物现场由两位教授赠给郁慕明先生，预示着大陆与中国台湾走进新的合作、共赢的局面②；2008 年 5 月 10—13 日，由中国社会科学院世界宗教研究所、浙江省社会科学界联合会、中共台州市委宣传部、天台县委县政府联合主办的"寒山子暨和合文化国际学术研讨会"在浙江天台召开。③ 胡锦涛同志《在纪念党的十一届三中全会召开 30 周年大会上的讲话》里指出："在 30 年的创造性实践中，我们经过艰辛探索，积累了宝贵经验。概括起来说，就是党的十七大阐明的'十个结合'。"④ "结合"正是"合"思想的运用与体现。胡锦涛同志《讲话》的"十个结合"体现的是不同要素间的融合与新生，体现了"和合"精神。

新时代习近平总书记反复向世界阐释中华"和"文化，郑重表达中国"和平""和谐""合作"的外交准则。2014 年，他《在中国国际友好大会暨中国人民对外友好协会成立 60 周年纪念活动上的讲话》指出："中华民族历来是爱好和平的民族。中华文化崇尚和谐，中国'和'文化源远流长，蕴含着天人合一的宇宙观、协和万邦的国际观、和而不同的社会观、人心和善的道德观。在 5000 多年的文明发展中，中华民族

① 《十六大以来重要文献选编（上）》，中央文献出版社 2005 年版，第 687 页。
② 段文明：《解读思想者张立文》，《社会科学评论》2006 年第 4 期。
③ 参见何善蒙《寒山子暨和合文化国际学术研讨会综述》，《世界宗教研究》2008 年第 3 期。
④ 胡锦涛：《在纪念党的十一届三中全会召开 30 周年大会上的讲话》，人民出版社 2008 年版，第 13—14 页。

一直追求和传承着和平、和睦、和谐的坚定理念。以和为贵，与人为善，己所不欲、勿施于人等理念在中国代代相传，深深植根于中国人的精神中，深深体现在中国人的行为上。"① 因此，他以"和合"价值观，倡导和平发展、和谐相处、合作共赢的国际观。在他看来，中国人民崇尚"己所不欲，勿施于人"，并不认同"国强必霸论"，中国人的血脉中并没有称王称霸、穷兵黩武的基因，中国将坚定不移沿着和平发展道路走下去，中国人民将始终"同世界各国人民和睦相处、和谐发展，共谋和平、共护和平、共享和平"②。

习近平总书记关于"推动构建人类命运共同体"的重要论述也深刻体现了"和合"哲学思维。他在第七十界联合国大会一般性辩论时的讲话《携手构建合作共赢新伙伴　同心打造人类命运共同体》即指出："建立平等相待、互商互谅的伙伴关系"，"营造公道正义、共建共享的安全格局"，"谋求开放创新、包容互惠的发展前景"，"促进和而不同、兼收并蓄的文明交流"，"构筑尊崇自然、绿色发展的生态体系"③；在党的十九大报告中指出："构建人类命运共同体，建设持久和平、普遍安全、共同繁荣、开放包容、清洁美丽的世界。"④ 人类从产生伊始就是社会性存在，这就决定了人与人之间的合作性，最终也必然体现为"共同体"的存在。马克思曾指出"人是最名副其实的政治动物，不仅是一种合群的动物，而且是只有在社会中才能独立的动物"⑤，人作为社会性存在不同于动物的社会存在，因为人能够从事社会实践活动和智能创造，人一生下来就是属于社会的人，而且人也不断通过后天的成长，完善作为社会性存在的诸种元素。正是由于此种特性，人便有了合作性，人与人之间相互依存、相互

---

① 习近平：《在中国国际友好大会暨中国人民对外友好协会成立 60 年纪念活动上的讲话》，《人民日报》2014 年 5 月 16 日。

② 习近平：《在中国国际友好大会暨中国人民对外友好协会成立 60 周年纪念活动上的讲话》，《人民日报》2014 年 5 月 16 日。

③ 习近平：《携手构建合作共赢新伙伴　同心打造人类命运共同体》，《人民日报》2015 年 9 月 29 日。

④ 习近平：《决胜全面建成小康社会　夺取新时代中国特色社会主义伟大胜利——在中国共产党第十九次全国代表大会上的报告》，人民出版社 2017 年版，第 58—59 页。

⑤ 《马克思恩格斯文集》第 8 卷，人民出版社 2009 年版，第 6 页。

作用，在社会交往中相互合作："人的力量来自于人的合作。"合作使人取长补短，合作后的整体力量大于单个的力量总和。[①] 从大处着眼，当今世界，人类虽生活在不同文化、种族、肤色、宗教和不同社会制度所组成的世界里，但各国人民已然形成了你中有我、我中有你的命运共同体格局。这意味着，在这样的共同体境域中，人与人、人与社会、人与自然、文明与文明之间，必然要奉行双赢、多赢、共赢的新理念，做到相互尊重、合作共处、平等相待。这内在地体现着"和合"思想。

第二节　和合学的哲学性格

学术研究是研究者个体生命智慧的觉解，是学思心路的体悟。张立文先生以太史公"究天人之际，通古今之变，成一家之言"的意志砥砺自己，以董仲舒"三年不窥园"的精神鞭策自己，在体贴中国传统哲学精髓的基础上创构了和合学哲学体系。和合学将思想传承与理论创新实践紧密相连，重视运用史学的研究方法梳理中国哲学的发展脉络与逻辑结构，同时观照当下社会危机、人文危机、精神危机等现实问题，从而将中国古代"和合"思想"转生"为现代哲学架构，表现为文化理性的回归。和合学既是张先生个人生命体悟的思想凝结，又是优秀传统文化精髓的思想传递，更是和合方法与和合境界的新探索。和合学的逻辑进路既是创构者的精神信仰，又是一种价值追求，更是一种哲学性格。

一　和合学的创构历程

和合学的创构建立在张立文先生人生阅历积累和学术积累的基础之上。幼年时的张立文先生生活于一个贫困的时代，他在罗山及瓯海的学习生活也不宽裕，但艰苦的生活环境却能"转生"为对知识的无限渴求，困苦的生活环境更利于磨砺人的坚强意志，张先生在苦累中培养了乐观的心态和求学的兴趣。人格心理学的研究也表明，人的个性追求往

---

① 袁贵仁:《马克思主义人学理论研究》，北京师范大学出版社 2017 年版，第 61 页。

往在童年的兴趣选择中就已形成①，年少时期求真务实、脚踏实地的生活经验积累成为张先生个性培养的第一次积累。14 年后，中华人民共和国建立，面临新中国成立之初政局的动荡和土改的工作需要，15 岁的张立文先生被迫放弃学业投身"社会主义革命事业"。正是因为革命工作的经历与生活磨难，使得张先生对生活有了重新的思考与感触，这也为其日后的思想成熟与理论创新奠定了良好的心理基础。

机遇总是关爱有准备的头脑。1956 年年末，经历了"泰顺土改""镇反对象"与"三大改造"后，张先生以杭州区第一名的成绩考入中国人民大学中国革命史专业。早在 1947 年在瓯海中学读书时，张先生就对中国史学与传统文化多有感悟，适逢中国人民大学良好的学术氛围，使得他对中国传统文化有了更深的体会，并培养了学术研究的兴趣。5 年后，张先生大学毕业分配到中国人民大学哲学教研室工作，开始了正式的学术研究。从 1960 年 10 月至 1965 年年末，张先生共撰写学术论文 11 篇，探讨了孔子的哲学思想、哲学史方法论、唯物主义辩证法以及谭嗣同仁学等问题。他初入中国哲学殿堂，虽哲学研究范式尚拘泥于唯物、唯心二分法，但已然彰显出学术研究的热情和信心。尤其注意的是，张先生在 1962 年至 1963 年，从哲学的角度研究《周易》思想，撰著《周易思想研究》，并于"文化大革命"后由湖南人民出版社出版，该书是"文化大革命"后出版的第一部系统研究《周易》义理思想的专著，和合学关于天、地、人三界的思想就在《周易思想研究》一书中最早提出。不过，正当张先生对中国哲学做出新的思考时，"文化大革命"来了，尤其是 1970 年 3 月至 1973 年 9 月，各种政治运动更是风起云涌，耽误了先生大量的学术研究时间。直到 1976 年 9 月，"文化大革命"结束，张先生才可以不弃本心之志，展开求真务实的学术研究。大致可言，从毕业留校到"文化大革命"结束这段时间，可看作张立文先生的第二次积累，而此时的积累已然衍生为"敢为天下先"学术精神的学术积累。

"文化大革命"之后，中国哲学界迎来学术研究和探索求知的春天，张立文先生的学术研究也进一步焕发青青，实现第三次积累。在这一阶

① 参见许燕主编《人格心理学》，北京师范大学出版社 2009 年版。

段，和合学的立论始基的"中国哲学逻辑结构论""传统学引论"和"新人学导论"相继推出。须注意，完成于"文化大革命"，出版于1981年的《朱熹思想研究》，这部"散发着浓郁的中国芬芳的著作，在中国哲学史、思想史重点人物的研究中，开拓了新的蹊径"①，其中的"中国哲学逻辑结构论"成为后来张先生撰著《中国哲学逻辑结构论》的先声。所谓"中国哲学逻辑结构"是指"研究中国哲学范畴的逻辑发展及诸范畴间的内在联系，是中国哲学范畴在一定社会经济、政治、思维结构背景下所构筑的相对稳定的逻辑理论形态"②。这一理论创造性地建构了中国哲学研究的"范畴解释学"范式，从具体、义理、真实三层次的句法、语义、网状、时代、历史、统一六层面诠释和揭示哲学范畴的本意、义理蕴涵和整体本质，从而为后来梳理"和合"辞源演变逻辑提供了方法指导。

"中国哲学逻辑结构论"讲概念范畴发展的历史，研究的对象是古代的东西，是传统性的东西；又因20世纪80年代开始的传统文化和现代化的争论，启发了张先生思考如何对待传统文化的问题，因而提出了"传统学"概念，并于1989年出版《传统学引论——中国传统文化的多维反思》。他在修订版"自序"中明确地指出："传统学的宗旨是体认传统、继承传统、度越传统、创造传统。使传统重新焕发生命智慧，以适应现代化的合理性需要，化解传统与现代的冲突。"③ 这为赋予传统"和合"概念创新性意涵、实现古代哲学理念的现代"转生"，提供了理论支撑。当然，"传统学"根本上是"人"的问题，"人"是传统的前提和基础，又是哲学的前提和基础，传统学归根结底是人学，故而，"不把人搞清楚，那么其他就都是空的，你建构一个学术，就等于是建在了一个空中楼阁上了，你的基础就不扎实了，所以我必须对人有一个重新的思考"④。因此，在张先生撰著并于1989年出版的《新人学导论——中国传统人学的省察》中，将"人"规定为"会自我创造的动

① 非闻：《中年学者在大陆崛起——访〈朱熹思想研究〉作者张立文》，《镜报》1983年第7期。
② 张立文：《中国哲学逻辑结构论》（修订本），第5页。
③ 张立文：《传统学七讲》（修订本），"自序"。
④ 康香阁：《著名哲学家张立文先生访谈录》，《邯郸学院学报》2009年第2期。

物"。① 之后，他将这一规定修改为"人是会自我创造的和合存在"②，即人是会调节人与社会、人与人、人与自然、人的心灵中的冲突，是真正走进和合之境的人。因此，新人学成为和合学的第一次理论实践。

承接新人学之"人是会自我创造的和合存在"，张先生撰著并于1996 年正式出版《和合学概论——21 世纪文化战略的构想》，和合学体系得以初创。他从文化战略层面创造性地提出了化解人类当代冲突和危机的五大原理，即和生、和处、和立、和达、和爱，并构造中国文化和合载体的八个方面，即形上和合与和合自然哲学、道德和合与和合伦理学、人文和合与和合人类学、工具和合与和合技术科学、形下和合与和合经济学、艺术和合与和合美学、社会和合与和合管理学、目标和合与和合决策学。所谓"形上和合"，是指对生存世界、意义世界、可能世界整体的阐释结果；"道德和合"，是指人与自然、社会、人际关系中合理的、公正的原则与行为规范体系；"人文和合"，是指人的交往活动的方式及其人文精神凝结；"工具和合"，是指以科技化解人类的各种问题的经验与效用；"经济和合"，也叫"形下和合"，人作为经济性的存在和合体，人的经济活动是人类生存发展最基本、最活跃的表现方式，现代经济运行正在呈现"和合"的趋势；"艺术和合"，是人对存在世界之精神把握的文化活动方式，是满足人的特殊精神需要的审美文化活动；"社会和合"，是指通过和合的方法解决社会冲突与社会矛盾的决心与努力；"目标和合"，是以和合学化解人与自然、人与社会、人与人以及身与心的冲突之后的圆满姿态。2004 年推出的《和合哲学论》则从哲学理论思维道体维度诠释构成和合精神家园的和合生存世界、和合意义世界和和合可能世界以及和合历史哲学、和合语言哲学、和合价值哲学和和合艺术哲学。当然，为了建构完善的和合学体系，张先生先后发表多篇论文，挖掘中国古代"和合"思想的历史渊源及演进历程，还撰写《中国和合文化导论》，并主编"和合与东亚意识"丛书，使得和合学体系得以构建。

---

① 张立文：《新人学导论——中国传统人学的省察》，第 18 页。
② 张立文：《和合历史哲学论》，《首都师范大学学报》（社会科学版）2003 年第 1 期。

和合学的创构历程体现出张先生做学问的精神境界和人生智慧。张先生的人生阅历、学术积累与理念创新，为和合学的构架和完善奠定了良好的理论基础与人文铺垫，诚如他所言："为什么提出和合学，其实也是我自己人生心路历程的体验。1949 年以后的历次政治运动我都参加了。经历许多人生波折、磨难之后，我有了些感触和体认，结合自己当时的学科方向慢慢体贴出'和合学'。20 世纪 90 年代初我在日本、韩国、新加坡、美国讲过和合学，后来又在国内给我的博士生讲。"① 和合学是生活的升华、生命的感悟、传统的"转生"和境界的培育，是张先生对中国哲学的杰出贡献。同时，和合学是"自己讲""讲自己"的学问，它讲中华民族自己的哲学，是适应中华民族文化与时代精神的智慧结晶。

二 和合学的现实表现与"个性"

和合学力求为全人类谋福祉。张立文先生言："和合学立足全人类的生命福祉，以全球意识面向 21 世纪的现实生活，面向 21 世纪人类所共同面临的严峻冲突和危机，面向人类未来发展。"② 他对人文价值时间、生存活动空间与人文精神逻辑的思辨根源，展开和合解构和建构，通过剖析中国传统哲学创新的三大标志，即核心话题的转向、人文语境的转移与诠释文本的转换，利用"和合起来"的历史哲学为先导，建构和合学的逻辑结构与价值理性，积极观照现实人类社会的危机和冲突，重构人类精神信仰的和合家园。在张先生看来，和合精神家园可赋予人"安身立命"之所，可使人的灵魂不至于成为游魂野鬼，漂泊无宿；和合精神家园可为人提供一种和谐、友爱、平等、互助、自由的温馨家园。③ 和合精神家园不仅是人的肉体的温馨的家，更主要的是人的灵魂的温馨的家，是人区别于动物最主要的标志，也是人主体精神自觉的最重要的特征。

和合学既是方法建构，又是境界培育，终究是以和生之道为价值追求的人生意义世界的新探索。和合作为人文精神，是哲学智慧，是人世

---

① 张立文：《张立文的"和合"世界》，《中国社会科学报》2009 年 12 月 17 日。
② 张立文：《中国近代新学的展开》，台北：东大图书公司 1991 年版，第 288 页。
③ 参见张立文《和合哲学论》，人民出版社 2004 年版，"前言"。

间的普遍现象。建立在和合文化基础上的和合学，指研究在自然、社会、人际、人自身心灵及不同文明中存在的和合现象，并以和合的义理为依规，是既涵摄又超越冲突融合的学问。① 和合学既是民族精神生命智慧"转生"的承接者，又是中国文化整体性、结构性、有机性"转生"的载体，即此可视为和合学的本质所在。② 具体言之，和合学体现出四方面的"个性"特征。

首先，和合学既是对现世当下的客观反映，又是对主体个性的理性表达。张先生曾这样定义"哲学"："哲学是指人对宇宙、社会、人生之道的道的体贴和名字体系。"③ 通过"以中解中"的方式，他构建中国哲学的和合学体系，和合学是对现世的反映，也是对人类文明发展历程的个性表达。事实上，定义哲学与构建和合学体系已然使得哲学本身不再是高高在上的玄虚之物，而是能够走进普通人的日常生活，让人可以不受拘束的感受之美。在这里，和合学为我们的社会生活带来了清醒的变革，一个双向的改变，即当一种思维与另一思维交汇融合时，和合学的现实作用便自然呈现其中。和合学的心灵境界与现实生活正是这样的双向互动关系，和合学是中国哲学的外在表征，本身没有功利性可言，而我们可以通过各种自己喜欢的方式去理解它、阐释它。故，我们对于和合学当有更深层次的理解：当哲学脱离了功利追求的束缚之后，我们是否能够注意到和合学中仍旧保留下来的东西，这实际上也是在哲学规律作用下的必然结果。

其次，和合学展现出的多维人性，是时代精神的"转生"。不论是对于中国哲学本身还是和合学而言，和合学都十分注重作为生活主体的人在哲学发展过程中的作用，尤其是当"中国哲学合法性论争"与"反对中国哲学的运动"滥觞于世时，和合学把握了二者的相互关系而非单纯地割裂二者的联系。所以，作为生活主体的人更应成为二

---

① 参见张立文《和合学——21 世纪文化战略的构想》（修订本，上），中国人民大学出版社 2006 年版，第 71 页。

② 参见罗安宪主编《和合之思——张立文教授八十华诞纪念文集》，河北大学出版社 2014 年版。

③ 张立文：《朱陆之辩——朱熹陆九渊哲学比较研究》，人民出版社 2002 年版，"序"第 7 页。

者沟通的桥梁与纽带，和合学既体认生活中潜在的哲学反思，又深入把握中国哲学内在的元价值。所以，从侧面看，不论是和合学还是世界哲学，我们都不应将其简单地归为一处，而理应视其为哲学本身的分化与聚合。这样的辩证过程，主要表现为两方面内容：一是要符合社会历史发展的逻辑；二是要掌握哲学内在的变革规律。和合学"转生"传统天、地、人三才之道，其所开出的新生面，正从哲学创新的时代诉求出发，探讨中华哲学理论思维形态的创新，为实现中华哲学理论思维形态的创新"转生"开道。① 这不仅是和合学合规律性与合目的性的内在表征，而且也承接了多维人性与时代精神的自为自转。和合学是研究自然、社会、文明、人际等和合现象既冲突又融合的学问，具有内在的规定性，尤其对于人性与时代的分析更是遵循中华文明的内在精神与逻辑脉络。对于人性的探讨，和合学表现出一种冲突融合的变异过程，每个人都是一个独立的个体，是多种和合元素的集合，因此对待世界会有不同的行为方式与态度。因此，和合学追求的是人的审美精神与心灵境界。通过和合元素的交汇融合，"转生"出对多维人性的理性思索。同时，和合学将时代融入生活，利用和生、和处、和立、和达、和爱五大原理回应时代所面临的各种危机与挑战，从而展现和合学的生命智慧与精神境界。

再次，和合学既是思维方式，又是精神理念。我们在日常生活中所感受到的和合思维，其实质表现为一种具有现代性的人文关怀，是一种主观作用于客观的结果，这其中既有理性判断，也有感性融合。和合学既体现为一种思维方式，又表现为一种精神理念。事实上，日常生活意境中的和合学极具自主性与自由性，也许每个人感知世界的方式各有不同，但传递正能量、内含真善美的事物与行为，总是大众所喜闻乐见的东西。因此，谈及和合学的现实表现，至少有三方面内容需要特殊说明：其一，注意区分具体的感性哲学与和合学的不同之处，不能将感性的反思艺术简单地定义为哲学思维，而应着重了解二者的内在区别与联系；其二，注重哲学规

---

① 参见张立文《和合学三界的建构》，《华南师范大学学报》（社会科学版）2012 年第 2 期。

律的作用，避免哲学的符号化、功利化的倾向，重视发掘生活中潜在的哲学问题；其三，注重和合的践行与再生产的互动过程，力图在追求和谐体验的同时更加关注和合学现实性的表现形式。其实，和合学本身所提供的理性愉悦，不是感性的迷狂和欣悦，而是追求内在于本我的反思与对真、善、美的渴望，是自觉地远离世俗化的束缚与干扰，摒弃群体文化中的那种"盲从"姿态，而将"反思快乐"作为评判是非的原则。所以，和合学所要传递的是文化"转生"后的精神意蕴，是要引领人们追本溯源，走出生存困境。

最后，和合学是文化发展的必然进路。和合学本身承载了文化发展的内容，充当了文化进步的载体。和合学为中国文化发展路径的具体落实提供了理论支持和方法资源。张先生在《和合学——21 世纪文化战略的构想》一书中视和合学为"新的哲学原则"，深刻地体现出和合学在当下文化战略的影响下所产生的新的价值取向与特点。简单来说，和合学是以一种主流的传播方式内化并普及日常生活中已经定义过的哲学问题，以更好地诠释日常生活中的哲学现象。对于和合学的传播而言，我们首先需要的是一种融合理念、一种新型思维模式的转向。因此，在强化和合学实践性的过程中，需要拉近哲学与生活的关系，尽可能展示和合学的融合之美，从而使得和合学的发展成为当代中国哲学传承与创新的理论增长点。和合学致力于探究中国传统思想的理论建构，对于当下的文化建设极具开拓性，可以说，和合学所建构的思维体系是文化发展的必然进路。

事实上，和合学的"个性"是张立文先生"学术的生命"与"生命的学术"的体现，又是其隐忍炼狱般的煎熬之后，将哲学的"个性"内化为生命智慧的理性反思。和合学是他对现实世界的理性体贴，是基于时代反思的体现哲学"个性"的理论思维形态。因此，和合学是顺应中国文化传统的生命智慧，是在化解文明冲突的基础之上，实现中国哲学现代"转生"的理论尝试。

三 和合学的精神境界与人文价值

和合学是张立文先生心怀天下，基于自己的生命体验和对中国哲学智慧思维的体认，思考"如何化解人类所面临的五大冲突和危机？如何回应西方文化的挑战？怎样实现向现代化的转型？"[①] 的必然结果。和合学的和合生生之理，重在强调逻辑建构的重要性，其主观动机不是沉溺于烦琐的思辨体系，而是将关注的焦点置身于对人类文明的指导意义之中，从而彰显了哲学本身的"哲学性格"问题。和合学在精神层面上讲求和生意境，强调历史与哲学交融建构的多元性，对待文明与历史更需采取敬畏的态度，尤其当利益与道德发生冲突时，应固守道德本身的感召力。因此，在张先生看来，人的精神要有自己的品性与个性，要学会懂得品味历史、体认生命。所以，和合学的构造是一种对和乐境界的追求，是对生命意义和价值的探讨，更是张先生个体精神家园的构架。

和合学是"真学术"。所谓"真学术"，是学术研究者基于自身的生命感悟、心得体悟和学思勘悟而达至的研究结果。无论是自然科学还是人文社会科学的学术研究，研究者在客观地、逻辑地还原自然、历史、思想原貌时，必然有研究者的主观创造。唯此"主观创造"，使学术研究深深地打上"人为"烙印。尤其是对于人文社会科学研究领域而言，学术研究更需要人为因素。比如，学术研究者的研究兴趣、求知欲是开展学术研究活动的动力，研究志向与恒心是学术活动持续开展的保障，学者的学术素养、反思精神和研究视界是实现学术创新的催化剂。真学术是研究者个体能力、实力、毅力和心力的统合效果：能力意味着学术研究主体积极性的发挥和学术研究主动性的展开，实力意味着学术研究主体知识素养的培育和研究方法的丰富，毅力意味着学术研究主体持之以恒的精神和知难而进的志趣，心力则意味着学术研究主体人生阅历的品鉴与自我生命价值的勘悟。能力与实力是缔造真学术的硬件，毅力和心力则是软件，唯软硬兼施，方有真学术的生生不息。是故，真学术是研究主体能力、实力、毅力和心力"四位一体"的过程。张先生创构和合学，正是这样的"真学术"，而其所求者四：一者和合三界之境，二者四维化生之理，三者通融载物之变，四者和乐大道之途。张先生数十载而致于学，究其智乐仁义之善，文如其人，人因文显，他以主体创

---

① 张立文：《论和合的必要性和合理性》，《传统文化与现代化》2002 年第 4 期。

造能力和学术实力不懈追求着人文价值的升华，而其治学毅力与为道心力进一步彰显着他的精神境界和价值追求，将属于自身生命的"个性""转生"为和合学的"个性"，创造出"个性的哲学"。

因而可以说，张立文先生的精神境界是与和合学融通交汇的。张先生为学并非教人只知奋勇直前而不顾脚下的根基，而是要适时后退，回归本我。因此，他在追求辩证化的思维过程中，更加侧重精神性的把握与分析，因为哲学思维内在的无限性可以延伸到社会与人生的无限。或者说，正是由于哲学主体的思维逻辑的变革，才体现为社会历史发展如何可能的问题。从义理层面讲，把握哲学的内在逻辑与发展规律，可使主体与客体在义理中找到平衡点。此外，哲学话语的表达也是历史文化的展现，有其自身的发展与演进规律。史学的研究方法非单一的化生过程，而是一种对历史哲学合理性的分析，和合学作为一种历史哲学的范式、方法，就是要消解对中国哲学的各种偏见与顾虑，将中国哲学还原到历史本来传统中。张立文先生曾说："研究方法的创新，标志着某一学科的创新；某一理论学科的成就，是以其研究方法的完善为先导的。基于此，必须着力于方法论的探索。"[1] 因此，张先生由史论哲，基于"和合"思想的文化史的梳理，创构和合学体系。这样的治学方法和治学理路，是张先生治学弘道的独特之处，也必然与先生个体的思想发展相得益彰。正是张先生的情感投入与求知精神，激发了当代哲学发展过程中最具情感性的哲学探讨与最虔诚的文化追求，以此看作张先生精神境界与人文价值的集中体现。

在中国当代学者中，张立文先生占据重要地位。不过，自和合学创构伊始，便并存着对和合学的批评和质疑。当然，一个客观事实在于，当质疑者不能对中国哲学做出全面而细致的梳理，不能全面合理地把握"传统学"本身的时候，自然便不能深入理解和合学所依据的"自己讲""讲自己"哲学方法论，也不能有效体会张先生创构和合学体系的学术必然性。质疑者看上去好像是在寻找不同于和合学的创新哲学体系

---

[1]　张立文：《超越与创新——20 世纪朱子学研究的回顾与展望》，《中华文化论坛》2001年第 1 期。

的构架路径，实则脱离具体的和合学学术范畴，他们所关注的焦点就已经超出了问题本身的研究，而是沉溺于一些细枝末节的烦琐思辨。赞成与否定始终处于同一种矛盾运动中，正是因为商榷与探讨，彰显出和合学理论的独特价值。改变心理学的研究表明：当人总是在表达"不"的时候，无非是基于两方面的考虑：一是对终极真理的不懈追求，二是对自我意见的极力表达。① 所以，和合学虽不能尽乎极致，但这门学问做到了通融醇正，明生生之理、弃末世之流弊，践其说于当世，于自我修养、社会治理、国际交往，皆提升思悟水平，凸显智慧能力。喜之者，大道近焉，以和合"转生"之精，见张氏之道之粹；论之者，由浅入深，轻迁腐浮夸之事，重脚踏实地之实，温柔敦厚，峻洁明朗。因此，对于寻求真理的客观性而言，古往今来的任何理论建构都有其常见的合理化与不合理化两种存在方式，尤其是对创新性的理论而言，更有其不断发展、不断完善的过程。

习近平总书记在 2014 年 2 月主持中央政治局集体学习时强调指出："要认真汲取中华优秀传统文化的思想精华和道德精髓，大力弘扬以爱国主义为核心的民族精神和以改革创新为核心的时代精神，深入挖掘和阐发中华优秀传统文化讲仁爱、重民本、守诚信、崇正义、尚和合、求大同的时代价值，使中华优秀传统文化成为涵养社会主义核心价值观的重要源泉。"② 因此，要讲清中华优秀文化的独特价值，就需要在挖掘时代精神与民族精神的同时，大力弘扬"尚和合、求大同"的时代价值。通过对传统和合思想观念的补充与弘扬，在一定程度上加快了中国文化理性回归的步伐。事实上，和合学中尊重自然、尊重社会、尊重自我三者是辩证统一的。一方面，人类需要在自然的状态下行为，在社会的环境中工作，在人与自我心灵的调节中生活，所以把握并合理运用和合思想资源的内在规律，才能更好地实现国家的繁荣与个人的发展。另一方面，自然的和谐发展也为人类的发展提供了平台与技术支持，让人类可以在物质利益充分满足的情况下，追求更高的精神享受以及个人自身的

---

① 参见［美］霍克《改变心理学的 40 项研究》，白学军等译，人民邮电出版社 2010年版。

② 习近平：《习近平谈治国理政》第 1 卷，外文出版社 2018 年版，第 164 页。

全面发展。因此，中国在面对当下的国际政治、经济关系、环境问题以及治国理念方面的问题时，都需要树立一种和谐共生的价值观，将国与国、国与人的共同利益作为社会发展的最高追求与价值目标。所以，中国特色社会主义事业的进步与发展必须以"遵循规律，敬畏自然，重视责任，理性实践"为理论原则，传承中国传统文化、重塑民族精神与时代精神、弘扬社会主义核心价值观。

总之，和合学既是中国传统文化精髓的"转生"，又是张立文先生学术生命的自在表征。张先生的为学体验不仅寻觅和合意象的精神表达，而且也创造性地发掘出中国哲学固有的创新方式，影响着当代中国哲学的理论建构。和合学观照现世当下，张扬主体个性；展示多维人性，"转生"时代精神；既是思维方式，又是精神理念；化解心灵危机，开拓和合文化路向。如此可以说，张先生对哲学元理论的挚爱与哲学人文价值的觉醒落脚于和合精神境界的追求和和合学体系的建构，而和合学以其独具特色的哲学性格又熔铸了张立文先生的学术个性，个体的生命性格"转生"为学术的个性，因此和合学的时代价值将进一步凸显。

第三章　和合学方法论

　　"自己讲""讲自己"是张立文先生基于自己多年中国哲学史研究心得而系统提出和阐释的中国哲学研究方法，其理论内涵包括"讲"中国哲学的"核心话题"，"讲"中国哲学家对宇宙、社会、人生之道的道的体贴；以中国哲学的核心灵魂讲中国哲学自身；其具体落实是和合学哲学体系的创构。"自己讲""讲自己"度越了中国哲学"照着讲"和"接着讲"范式，实现了当下中国哲学研究范式的创新。人物研究是中国哲学史研究的重要步骤。哲学史人物研究就是将被研究者"客观还原"，在一定程度上实现被研究者哲学生命、精神生命和学术生命的"重生"。没有任何"一种"哲学方法能够做到这一点，但几种方法的"和合"会在一定意义上达到这样的研究效果。这个"和合"过程就是哲学史人物研究的"四位一体"法，即哲学史与思想史相统一、时间发展与空间拓展相统一、文本与话题相统一、主动创造性与客观逻辑性相统一。

第一节　"自己讲""讲自己"：中国哲学研究范式的创新

　　众所周知，尽管中国哲学界对"中国哲学合法性问题"有过较长时间的争论，但终究没有对"哲学"达致学者们所普遍接受的标准概念，"哲学"一词依然"仁者见仁，智者见智"。至于"中国哲学"的定义要不要、应不应该在西方哲学话语霸权下而生存，显然已经没有再争论的必要了。虽然"中国哲学的合法性问题"退出学术讨论的舞台，但由此而生的一个不争的事实是：研究中国哲学，不能因为外国人说中国有哲学，中国就有哲学；也不能因为外国人说中国没有哲学，中国就没有哲学。"中国哲学"是一自然存在、自在存在。不仅"中国哲学"如此，中国文化、中国思想、中国宗教同样如此。因此，当前中国哲学的研究重心不再是探讨中国有无"哲学"问题，而是探讨中国哲学的研究"范式"问题。这自然绕不开张立文先生所提出的"自己讲""讲自己"的中国哲学研究法。

一　"讲自己"

"自己讲""讲自己"是张先生于 2000 年明确提出来的。在他看来，中国哲学的未来走向必须像王阳明那样"自己讲"。百年来中国哲学具备了"自己讲"的内外因缘，只有自己讲自己的哲学，走自己的中国哲学之路，建构中国自己的哲学理论体系，才能在世界多元哲学中有自己的价值和地位。进而，张先生明确表达了融突而和合的"中国哲学研究范式"的宗旨："自己讲自己的哲学，走自己的中国哲学之路，建构中国自己的哲学理论体系。"① "自己讲""讲自己"正是从全球哲学与民族和合学，从"哲学的个性"与"个性的哲学"的冲突融合中观照中国和合学、探索中国和合学本原与规律的尝试。

怎样才算是中国哲学的"自己讲""讲自己"？首先要明晰"讲"的对象——"自己"——的所指。所谓"讲自己"，就是通过中国哲学自身的发展逻辑来讲述中国哲学的"话题本身"。那么，中国哲学的"话题本身"是什么？如何确定？张先生以"纵横互补律"② 观照中国哲学文化的"转生"，认为，中国文化经线性的、历时性的历史长卷，可展现为纬线性的、共时性的万象纷呈的复杂画面，中国文化、中国哲学理论思维形态的"转生"呈现阶段性和周期性，并且每一次"转生"不仅是作为表达时代精华和思潮的哲学核心范畴的改变，而且依以诠释的经典文本亦变。当然，中国文化、哲学理论思维形态的"转生"是在特定人文语境的催生下进行的。在张先生看来，人文语境的转移、核心

---

① 张立文：《"自己讲"、"讲自己"——中国哲学的重建与传统现代的度越》，第 8 页。
② 参见张立文《传统学七讲》（修订本），长春出版社 2008 年版。

话题的转向和诠释文本的转换构成为中国哲学不断创新的内在根据和演替脉络。① 中国哲学的话题就是在中国哲学发展史上,在特定人文语境之中,依傍特定诠释文本而形成的某些核心话题。实际上,核心话题与人文语境、诠释文本紧密相连,三者构成有机统一体。

但是,"讲自己"并不是"闭关自守"。张先生说:"在全球化、网络化的今天,任何思想、哲学、文化都不能闭门造车,闭门苦思冥想的时代已经过去了,只有开放大门、敞开思维才能创新知识,创造新的中国哲学理论体系。"② 因此,中国哲学"讲自己",不仅仅是"知己",更是"知彼",在知己知彼的互动中化彼为己,在比较中讲述中国哲学"话题本身"。

当然,讲中国哲学"自己"而了解、研究西方的哲学,必须改变过去"我注六经"的方式,确立"六经注我"的方式。③ 换言之,在中西哲学之关系上应颠倒"我注六经"为"六经注我"。以往中国哲学"照着"或"接着"西方哲学讲,基本上是以中国哲学注西方哲学,中国哲学成为西方哲学的注脚。中国哲学的"自己讲""讲自己"就是反其道而行之,以西方哲学注中国哲学,发展中国哲学。实际上,在西方理性启蒙时代,西方知识分子研究西方哲学就遵循了以中国哲学注西方哲学的形式。④ 因此,"以西注中""六经注我"是中国哲学研究方法创新的必然举措。

不过,中国哲学的"自己讲""讲自己"有个理论前提,即"自我定义""自立标准"。⑤ 这也就是说,尽管讲"中国哲学"是要超越中国哲学的合法性危机,但没有一个必要的"哲学"定义则会在讲"中国哲学"的过程中失去方向,不能"更好地探索中国哲学灵魂(精神)价

---

① 参见张立文主编《中国哲学史新编》,中国人民大学出版社 2007 年版。

② 张立文:《中国哲学:从"照着讲"、"接着讲"到"自己讲"》,《中国人民大学学报》2000 年第 2 期。

③ 参见张立文《"自己讲"、"讲自己"——中国哲学的重建与传统现代的度越》,北京师范大学出版社 2007 年版。

④ 参见张允熠《哲学的困境和黑格尔的幽灵——关于"中国无哲学"的反思》,《文史哲》2005 年第 3 期。

⑤ 参见张立文《中国哲学的"自己讲"、"讲自己"——论走出中国哲学的危机和超越合法性问题》,《中国人民大学学报》2003 年第 2 期。

值以及开发中国哲学创新能力"①。因此，张先生主张应该给中国哲学之
"哲学"一个明晰的定义。

定义中国哲学之"哲学"，必须坚持哲学的普遍性与特殊性相统一
的原则。②但考虑到"如果中华民族的思想、学术观念、理念、哲学都
照着西方讲、做西方的注脚，而无中华民族自己的个性、独特性、主体
性，那么中华民族就会在世界思想、学术观念、理论、哲学之林中被排
除出去，或被边缘化犹如光辉灿烂的巨星坠落，而丧失其应有的地位和
价值"③。所以，定义中国哲学，必须坚持"中国"这一哲学主体，在
中国哲学主体之上实现不同哲学体系间的综合与融贯，否则，讲出的中
国哲学将是缺失主体性的"附庸"哲学。这是对"哲学的个性"的充
分实践与展开。但是，20世纪以来，中国哲学界的几种哲学定义都未做
到这一点。从谢无量到胡适，从冯友兰到李石岑、范寿康，以至于牟宗
三，他们的哲学定义要么过度强调中国哲学的主体性而看不到哲学的普
遍性意义，要么忽视中国哲学的主体性而走向依傍西方哲学④，都不能
较好地将哲学的普遍意义与特殊性结合起来。

张先生从中西哲学的特征和定义"哲学"的原则出发，给出的"中国
哲学"定义是："哲学是指人对宇宙、社会、人生之道的道的体贴和名字体
系。"⑤这个中国哲学的定义是张先生自己的"体贴"。"体贴"是对中国哲
学发展史固有问题意识的反思，是创造性地、逻辑地再现历史之本来面目的
过程。也是研究哲学、实现学术创新的"客观法则"，程颢"吾学虽有所
受，天理二字却是自家体贴出来"正是如此。因此，进行中国哲学研究，
一方面，研究者要自身体贴、体悟研究对象；另一方面，研究者要从研究对
象里面体悟出属于自己的观念和思想。正是张先生的自我体贴，才推陈出
新，给予中国哲学定义的创新阐释，亦才有当代中国哲学新的创新体系！

① 张立文：《致思和合学的心路历程》，《河北大学学报》（哲学社会科学版）2005年第5期。
② 参见张岱年《张岱年全集》第5卷，河北人民出版社1996年版。
③ 张立文：《致思和合学的心路历程》，《河北大学学报》（哲学社会科学版）2005年第5期。
④ 参见张立文《中国语境下的中国哲学形式》，《深圳大学学报》（人文社会科学版）2007年第2期。
⑤ 张立文：《"自己讲"、"讲自己"——中国哲学的重建与传统现代的度越》，第36页。

二 "自己讲"

"讲自己"是讲中国哲学的"话题本身",那么,"自己讲"则是实现"讲自己"的方法。要实现"自己讲",归根结底应坚持"六经注我""以中解中"的方法。

为什么要"以中解中"?在张先生看来,长期以来,中国哲学界习惯地按自然观、认识论、方法论、伦理观、历史观等方面对哲学家的思想进行"分门别类"的整理和研究,虽是研究工作的基础,既是必要的,也是重要的,而且还取得了不菲成绩。但仅仅停留在这个简单的划分水平上是不够的,因为哲学家哲学体系的各个方面及其基本范畴之间紧密联系,构成整体,"分门别类"的研究往往对整个哲学体系内的逻辑联系注意不够,而"只有深入揭示某一哲学范畴体系的内在的哲学逻辑结构,才能如实地反映该哲学体系的本来面目"[①]。所以,张先生因不满西学的研究方法越来越不能适应中国哲学的研究需要,故主张讲述中国哲学自己的故事、创新中国哲学自己的学术体系,从根本上"坚持中国哲学的精神、价值和方法",做到"以中解中"。

所谓"以中解中",就是"以中国哲学的核心灵魂解释中国哲学。只有这样的解释,中国哲学才不会走样,才能真正讲述中国哲学'话题本身'"[②]。在张先生的哲学方法世界里,中国哲学的核心灵魂是"中国哲学逻辑结构"。在他看来,中华民族的理论思维、各个时代的哲学思潮、每个哲学家的哲学体系都是通过一系列的哲学概念、范畴来表达的,是由诸多相互联系、相互作用的哲学概念、范畴间的逻辑顺序构成的。这便是哲学诸观念、范畴相互交融、通贯的"逻辑结构"。"逻辑结构"是"客观存在的结构、结构层次关系以及结构'同时态'与'历时态'整体的表现,是事物内在诸要素运动形式以及各要素之间相对稳定的排列顺序或结合方式的反映。它是哲学逻辑结构内各个层次、要素、部分之间互相联系、互相作用总和的表现形式,是事物内部各部

---

① 参见张立文《朱熹思想研究》(修订本),中国社会科学出版社 1994 年版,"前言"。

② 张立文:《"自己讲"、"讲自己"——中国哲学的重建与传统现代的度越》,第 12 页。

分、要素联结成统一整体的整体思维形式"①。按照哲学"逻辑结构"，从整体上分析、确定中国哲学诸概念、范畴在一个时代思想或某哲学家哲学体系中的地位、功能、性质与作用的方法就是"中国哲学逻辑结构"，因此，"中国哲学逻辑结构不是从现成的原则、原理出发，也不承袭西方的分门别类，更不把中国哲学削足适履地去符合现成的原则、原理，而是从中国哲学的实际出发，试图梳理和总结出中国哲学固有的原则、原理、规律和方法"②。这一方法，是"研究中国哲学范畴的理解发展及诸概念间的内在联系，是中国哲学范畴在一定社会经济、政治、思维结构背景下所构筑的相对稳定的逻辑理论形态"③。为了体贴中国哲学概念、范畴间的"逻辑结构"，丰富和完善"中国哲学逻辑结构论"，张先生进一步提出了关于概念、范畴的"和合诠释学"④，即句法层面和语义层面的表层结构的具体诠释、网状层面和时代层面的深层结构的义理诠释、历史层面和统一层面的整体结构的真实诠释。

归根结底，中国哲学"自己讲"就是以中国哲学的核心灵魂——中国哲学概念、范畴间的"哲学逻辑结构"——分析、梳理、诠释中国哲学。通过中国哲学逻辑结构可以探索中国哲学的内在世界，从中国传统哲学范畴在一定社会经济、政治、文化、思维结构条件下的结合方式和人类认识发展史的角度探索其逻辑结构的演变和发展，揭示中国哲学范畴横向联结和纵向承接的关系，使哲学范畴的研究不停留在静态上，而是在动态中求索。这样的方法植根于中国哲学范畴逻辑结构的分析，又在思维中再现范畴逻辑结构的具体形态⑤，从而进一步揭示中国哲学逻

---

① 张立文：《中国哲学逻辑结构论》（修订本），第12页。
② 张立文：《中国哲学逻辑结构论》（修订本），"前言"。
③ 张立文：《中国哲学逻辑结构论》（修订本），第5页。
④ 张立文：《中国哲学逻辑结构论》（修订本），第73—96页。
⑤ 张先生说："《中国哲学逻辑结构论》扎根于源远流长的中国思想哲学的沃土，既依傍又改造《北溪字义》《孟子字义疏证》等中国哲学概念（范畴）专著的传统，并根据现代对哲学范畴的诠释，建构了中国哲学逻辑结构系统网络。"［《中国哲学逻辑结构论》（修订本），"序"第11页］张先生在"中国哲学逻辑结构论"方法指导下开展范畴研究，撰写《中国哲学范畴发展史（天道篇）》和《中国哲学范畴发展史（人道篇）》，并主编"中国哲学范畴精粹丛书"的《道》《理》《气》《性》《天》《变》等，在国内外产生重要影响，或被翻译成韩文、越南文，或被作为教学必备的参考书。

辑的结构，更深刻地讲述中国哲学。

总而言之，中国哲学"要'自己讲'就要解决一个怎么可能的问题。首先你必须对哲学为什么会"转生"的规律或者说'游戏规则'有个体认；然后是你对哲学要有一个新的定义；再就是你必须有一套自己的理论架构。没有这三点，你说'自己讲'就是吹牛①。所以，中国哲学的"自己讲""讲自己"，是既"讲"中国哲学的实际存在面貌，即中国哲学的核心话题、人文语境和诠释文本，又要"讲"中国哲学家对宇宙、社会、人生之道的道的体贴，并且是以"中国哲学逻辑结构"讲中国哲学自身。

张先生以"自己讲""讲自己"的中国哲学研究法讲出了自己多年研究中国哲学的心得体会，建构了新哲学体系——和合学。和合学并不是简单地对中国传统哲学中的"和合"思想的继承与发展，而是面对新的"人文语境"（和平、发展、合作、共赢），在古已有之的"诠释文本"（《国语》）之上，以"和合"作为"核心话题"而展开的哲学创新，从基础上，把中西马的融突创新安顿在"和合"这个核心话题上，以为当代社会服务的哲学体系体现着中华优秀传统文化的自信和自觉以及当代中国哲学社会科学工作者创构有中国特色哲学社会科学体系的理论自觉与理论自信。

社会学是指研究在自然、社会、人际、人自身心灵及不同文明中存在的和合现象，并以和合的义理为依归，是既涵摄又超越冲突融合的学问。和合学既是民族精神生命智慧"转生"的"转生者"，又是中国文化整体性、结构性、有机性"转生"的载体。和合学以其化解人类冲突和危机的五大原理（和生、和处、和立、和达、和爱）以及中国文化社会载体的八个方面（形上和合与和合自然哲学、道德和合与和合伦理学、人文和合与和合人类学、工具和合与和合技术科学、形下和合与和合经济学、艺术和合与和合美学、社会和合与和合管理学、目标和合与和合决策学）、和合三界（和合生存世界、和合意义世界和和合可能世

---

① 刘景钊、韩进军：《和合之路：中国哲学"自己讲"的努力与贡献》，《晋阳学刊》2006年第3期。

界），充分体现着中国哲学的实践精神和社会担当意识。劳思光先生说："中国哲学的基本旨趣，不在于思辨，而在于实践。说得明确些，中国哲学是以自我境界为主题的引导性哲学"；"从社会实践的层面看，我们必须清楚我们所处的现代世界的面貌；适足地了解现代性，方能在这个已存在的现代世界中对于哲学文化的发展，有所作为"。① 那么，和合学的精神正是中国哲学精神的当代阐扬，是当代中国哲学创新的典范。

三 "自己讲""讲自己"是当下中国哲学研究范式的创新

"自己讲""讲自己"研究范式是基于自己中国哲学的人文语境，依据中国哲学自身的诠释文本，讲述中国哲学自己的核心话题，是中国智者贤能自己"体贴"的"道的道"的开显，体现着哲学讲述者的主体性和自在性。

其一，"自己讲""讲自己"度越了中国哲学"照着讲"和"接着讲"的范式。张先生曾说："照着讲、接着讲在每个人的学术道路上都会经历过，如能进而自己讲，便能达到更高境界。尽管接着讲也有自己讲的东西，它是从照着讲到自己讲的中介。自己讲就是自己心里怎样想，就怎样讲，是哲学的创造活动，它是对于照着讲和接着讲的超越，这就如禅宗的自作主宰的精神和超越佛祖的气概。"② "自己讲""讲自己"不再是"照着"和"接着"西方哲学讲中国哲学，不再是围绕西方文明中心论的指挥棒转，而是在突出中国哲学研究的主体性和自觉性的基础上"讲述中国哲学自己对'话题本身'的重新发现，讲述中国哲学自己对时代冲突的艺术化解，讲述中国哲学自己对时代危机的义理解决，讲述中国哲学自己对形而上者之谓道的赤诚追求，等等"③。"自己讲""讲自己"的哲学方法，不同于胡适用实验主义方法解释中国哲学，冯友兰用新实在论方法解释中国哲学，牟宗三用康德主义方法解释宋明理学，或用唯心唯物两个

① 劳思光：《关于"中国哲学研究"的几点意见》，载刘笑敢主编《中国哲学与文化》第一辑，广西师范大学出版社 2007 年版，第 7 页。
② 张立文：《理学的演变与理学的超越》，载陈岱孙、季羡林、张岱年等《冯友兰先生纪念文集》，北京大学出版社 1993 年版，第 196 页。
③ 张立文：《中国哲学的"自己讲"、"讲自己"——论走出中国哲学的危机和超越合法性问题》，《中国人民大学学报》2003 年第 2 期。

概念解释中国哲学，或用现代西方哲学的各种思潮如现象学、诠释学、分析哲学解释中国哲学等讲法，这一方法既坚持了中国哲学的主体性，又尊重中国哲学对哲学普遍问题的关注和分析；既坚持中国哲学固有的哲学逻辑，又阐释了中国哲学核心话题、诠释文本和人文语境的转向、转换和转移的必然性、必要性，并创构和合哲学体系，实现"自己讲""讲自己"方法论与哲学体系创新的有机结合。

其二，"自己讲""讲自己"从根本上遵循了哲学史上的"问题"与"个性"相统一的原则。哲学发展史是对哲学史上各种"问题""话题"反思和化解的历史。在哲学发展史上，每一个时代、每一个民族、每一个哲学家都会在自己对社会、人生、宇宙的思考中去发现"问题"、解决"问题"，结果却是"问题"越来越多，而想去解决"问题"的哲学家也越来越多。"问题""话题"是哲学发展的动力，是哲学创新的助推剂。研究中国哲学，实际上是研究中国哲学发展史上的"问题"和"话题"，并且借鉴古人对"问题"和"话题"的思维方法来解决当下的"问题"和"话题"。只是，对"问题"和"话题"的体认与分析，不同的哲学系统、不同的哲学家又体现出"个性"差别。德国哲学家文德尔班（Windelband）曾说，哲学历史的发展"不是单独依靠'人类'或者甚至'宇宙精神'的思维，而同样也依靠从事哲学思维的个人的思考、理智和感情的需要、未来先知的灵感，以及悠忽的机智的闪光"[1]。这说明，哲学不仅仅有人类的普遍的"宇宙精神"思维，更有哲学家的体认、理解和表达，从而体现出哲学的"个性"。张先生说："哲学的灵魂就是'个性'精神。"[2] 从世界哲学与民族哲学的视阈观照，"个性"精神哲学所体现的就是民族哲学。正因为世界哲学发展史上有"个性"精神的存在，正因为某一民族哲学发展史上不同学派、不同哲学家"个性"精神的存在，哲学才显现出多元性、丰富性。"自己讲""讲自己"的哲学研究方法正是对这一问题的深化，和合学的创构体现了张先生的"个性"哲学精神。

---

① ［德］文德尔班：《哲学史教程》（上），罗达仁译，商务印书馆1987年版，第20页。
② 张立文：《"自己讲"、"讲自己"——中国哲学的重建与传统现代的度越》，第14页。

其三,"自己讲""讲自己"体现了和合诠释精神。张先生的和合学在对中西思维方法的比较和分析中创造性地提出"和合诠释方法"①,"自己讲""讲自己"的精神正与之相符。第一,"自己讲""讲自己"体现了和合生生精神。所谓"生生",即新生命、新事物不断化生。"和合生生法"认为,哲学发展不追求唯一的、绝对的、至极的价值目标,也不追求否定多样、多极的"中心"或实体的统一性,而是多样、多元要素的和谐融通。"自己讲""讲自己"的目标是中国哲学创新,但不排斥外国哲学的存在及其在中国的发展。第二,"自己讲""讲自己"体现了和合创新精神。和合不是一方消灭一方、一方打倒一方的单一法、唯一法,而是"万物并育而不相害,道并行而不相悖"的互补法、双赢法。哲学发展就是实现各要素间"并育并行、不害不悖"的圆融无碍。"自己讲""讲自己"在以自己本有之"哲学逻辑结构"讲述中国哲学"话题"的过程中,在坚持中国哲学主体性的前提下,主张中西马间的交流、互动、融通,既坚持世界哲学、哲学系统的"问题"和"话题"普遍性,又兼顾民族哲学、哲学体系的"问题"意识和"话题"诠释的"个性",创新中国哲学体系。

总之,"自己讲""讲自己"就是要讲中国哲学的"核心话题",以中国哲学的实际特性定义中国哲学,运用中国哲学的逻辑结构,在与外来哲学的交流与互动中创新中国哲学体系。"自己讲""讲自己"具体落实在和合学哲学体系的创构上,不仅实现了当代中国哲学的体系创新,而且度越了"照着讲"和"接着讲"范式,实现了当代中国哲学研究范式的创新。中国哲学研究方法须不断创新,中国哲学体系亦须不断创新。创新之路充满无限生机,"自己讲""讲自己"正代表了中国哲学创新的生生不息精神!

第二节 中国哲学史人物研究的"四位一体"法

当我们去探寻中国哲学史人物研究方法的时候,脑海中肯定会浮想

---

① 张立文:《和合方法的诠释》,《中国人民大学学报》2002 年第 3 期。

出这样那样的方法，如比较研究法、诠释学方法、文献研究法、唯物辩证法、社会思想史研究法、社会学研究法、范畴法、反向格义法，等等。但是，无论使用什么样的方法研究人物，有时总会感觉到我们所研究的人物缺少些"灵气"，被研究者是一个冷冰冰的"僵尸"。究竟什么样的方法会将故去的、死的东西"转生"为当下的、活的东西呢？实际上，没有任何"一种"方法会做到这一点，也没有任何一种"可能"使"死"的变成"活"的。但是，却有一种"合力"能够将过去东西的"精神生命"在描述中实现"重生"。即是说，在某几种方法的"合力"的作用下，我们可以将哲学史上的作为"点"的哲学家构造成哲学发展史"面"上的哲学家形象，以我们研究者的眼光从远处来观察由他和他的思想时代所构成的那个立体的"哲学史画面"。这样，那个过去的人便活灵活现起来，他、他的思想、他和他的时代的思想，将一同进入我们的视野，我们去认识他的时代，去认识由他参与的思想时代。这样的思想的立体的"风景画"成为我们研究的对象。笔者将这个"合力"看作中国哲学史人物研究的"四位一体"法，即哲学史与思想史相统一、时间发展与空间拓展相统一、文本与话题相统一、主动创造性与客观逻辑性相统一。"四位一体"法有利于整体地、立体地再现被研究对象的哲学思想，从而最大可能地重塑他们的哲学生命和精神生命。

一　哲学史与思想史相统一

在中国古代哲学家那里，所谓的"哲学"并不是西方那种"philosophy"，中国的哲学自有其独特性。中国的哲学并不是纯粹思辨性的，而是兼思想的形上与生命体悟、社会关怀、伦理规范和道德修养为一体的。朱熹、吕祖谦所编的《近思录》逐篇纲目为：一道体，二为学大要，三格物穷理，四存养，五改达迁善、克己复礼，六齐家之道，七出处进退辞受之义，八治国平天下之道，九制度，十君子处事之方，十一教学之道，十二改过及人心疵病，十三异端之学，十四圣贤气象，这就把中国哲学的研究对象表露无余。显然，西方所谓的"philosophy"只是中国哲学的一部分。我们无须再去谈什么"中国哲学的合法性"问题，我们只要尊重了"哲学"的个性原则和"约定俗成"的原则，我们所开展的中国哲学研究和中国哲学史人物研究就一定具有历史意义、时代价值和文化内涵。徐复观先生就深刻地指出："在中国文化主流中，对人生道德问题的探索，及其所得的结论，当然也可以称为'哲学'。"① 不论是人生问题的思考与解决，还是自然问题、社会问题的思考与解决，皆可以看作中国哲学问题的解决，皆是对"philosophy"问题的消解。

由此，我们便进入了哲学史与思想史的对接问题。讲思想史，它可以是哲学思想史、政治思想史、伦理思想史，等等，思想是个宽泛的概念，而哲学与思想的统合正是说明：哲学对宇宙、社会、人生的思考和体贴、体悟总是在宇宙的、社会的、人生的具体的生活历程中进行的。哲学本质上就是一个反思和体悟的过程。哲学就是哲学史，就是人的思想史。人在认识和反思思想的过程中开显了哲学思辨。思想是千变万化的，但总是会开显出一定的具有时代特色的哲学思辨。反之，哲学思辨的不断成熟完善，又根本离不开思想的无限思想过程。思想既是哲学创生的基础，又是哲学思辨畅游无限的试验场。每一场哲学变革都是渊源于社会的、人生的、自然的深刻的思想的萌动，而变革的哲学思辨恰恰又解放了思想，思想与哲学总是"和合"在一起，不可两离的。

人是文化的产物，人创造了文化，文化造就了人。人在生活中构成了文化的载体，达致特定的文化风气，造就了一个时代的文风、世风、学风，各种"风"以思想的形式影响了人的生活，人在"风"中体悟和反思人生与社会，探寻价值和意义，人类的思想发展和历史演变便与哲学的体悟与思想交织在一起。在这样的思想史与哲学史统一的背景下，我们去看哲学史人物，就要从两个方面入手。

第一，对哲学史人物生存时代文化氛围和思想脉络的把握与理解。中国哲学家不是书斋内"闭门造车"之主，而是关心时事、读书明理，寓修身养性于齐家、治国、平天下的致功之中。哲学家思想的提出，必然有对那个时代人物风貌的关注。每个时代，当政者的政治管理理念、经济安邦方略、文化统治政策，皆有时代性、特殊性。政治管理上的宽

① 徐复观：《中国人性论史·先秦篇》，华东师范大学出版社 2005 年版，"序"。

松与严谨、经济发展上的安稳与动荡、文化统治上的自由与专制,自然会通过是时世人的思想观念加以体现,哲学家的思想论域亦必然有浓厚的时代特色,必然反映是时民众的精神特征和思想觉悟。研究哲学史人物的哲学思想,必须对他们生存的文化氛围和思想脉络有清晰的理解,方可明晰哲学家提出特定哲学思想观念的必然性和必要性。

第二,对哲学史人物家庭背景的分析。尽管不可说家庭对哲学家个体哲学思想的建构具有决定意义,但至少须承认,一定的家庭教育背景、家庭生活环境对个人的成功起一定的制约作用。哲学是有"个性"的,它内含了哲学创构者的个性精神,而这个"个性精神"最先便是通过家庭来熏陶、培育的。家庭之中父母对子女的教导与训示、兄弟姐妹之间的交流与督促,往往会推动子女的健康成长,而且,家庭成员之间的交流、学习与相互影响,对人物个性的培育自然起到潜移默化的作用。研究哲学家的思想,分析他的家庭环境、生活背景,在一定程度上会深入体会哲学家新思想、新观念提出的自然性和独特性。

二 时间发展与空间拓展相统一

每一个哲学史人物都不存在于真空中。既然称之为"人物",既然进入我们研究的视野,他一定是在哲学发展史上具有一定的价值和意义,一定是在哲学思想演变历程中具有一定的影响。作为研究者,在研究被研究者时,被研究者自身本质上也是一个研究者。也就是说,过去的、历史上的哲学史人物,他们一方面从自己的窗子里看人,另一方面则与窗子、小屋及周围的世界构成被人认识、欣赏的风景。那个人透过窗子看了世界,看了周围的思想与文化,形成了自己的文化底蕴,架构了"个性"的哲学理论系统。"风景画"里的人与物,也就是哲学家个体、哲学家时空之下的思想面貌、时代的问题意识、哲学家群体,一并进入被研究的视阈,那个以某一哲学家为中心的立体画面自然呈现于研究者面前。

哲学史上的每一个人物,基于过去的、传统的认知和体验,在他所生存的那幅文化的、历史的、思想的、哲学的"风景画"里面,体贴文化和历史,反思哲学与思想,建构理论和方法,从而与同时代人的思想和言论产生交流与碰撞。人是文化的人，人与文化"和合"共存，人在文化的学习和积累中创新、架构自己的生活体验和理论观念。从哲学角度讲，这个哲学家学习前人、学习历史、学习哲学发展史，必将所学与自己的文化反思相联系，从而建构自己的哲学理论系统。总而言之，哲学史人物的哲学系统是对前人观念的批判、继承与发展。但是，不论这个人物究竟怎样对待前人，对待前哲学、前思想，他总是与前人相联系起来，这个人物的哲学与思想总是哲学思想发展史链条上的一个环节，总是历史地、过程地存在着。这个人物在历史地认识前人的同时，亦意味着后人对他的历史的认识。哲学就是历史的存在，每一个哲学史人物都是时间线索上的结。

哲学家不仅是时间上的结，还是空间上的结，是某一时代下，相互联系、相互影响的哲学家全体、哲学思想和观念全体中的结。人不是孤立存在的单一要素，人站在窗户边去欣赏别人，人、窗户就实现了某种联系；人那种不经意或者不想引人注意的"欣赏"，殊不知又成为别人所欣赏的对象。人根本上是多元要素的"和合存在"[1]，在这个存在系统之中，多元的思想相互交织，人唯有从中反思和体会属于自己的思想主线，才能张扬自己的思想特色。每个哲学史人物，在大致相当的时间段内，在他活动的区域范围内，总是存在着这样或那样的学术交流、学术辩争，抑或是与同时代未曾谋面的哲学家、思想家思想的"神交"。不同的人对同样的问题或许有相同的认识，但是，认识过程却总会千差万别，相同的认识结果背后不见得总是有相同的哲学思辨逻辑和思想体悟历程，正是它们彰显了哲学人物的个性精神。正因为哲学史人物之间的交流、论辩，"个性"哲学体系才是多元存在。哲学史人物不是孤立的存在个体，而是在空间中与他人多元存在的复合体，是哲学思想观念体系发展史上的多元存在和多元联系的纽结。

既然哲学人物是时间历程上的个性人物与空间拓展上的多元复合存在，那么，对他们的分析就应注意方法和步骤。

第一，对哲学史人物的哲学观念做时间层面的分析，即对哲学观念

---

[1]　张立文：《和合历史哲学论》，《首都师范大学学报》（社会科学版）2003 年第 1 期。

做阶段分析和方面分析。每一个哲学人物的哲学体系总会应用几个核心的概念来阐发己见。一般来讲，哲学概念总会有其历史演进历程，故须对之做简单的梳理，即对哲学概念做阶段分析。每一个哲学概念在其总的历史演进历程中，在每一个阶段上都会呈现出不同的时代内涵。由于社会经济结构和政治结构的变化，自然科学知识和社会科学知识的积累，哲学概念都体现出时代性。① 既然哲学概念具有时代特征和相对意义，那么，作为研究对象的哲学家涉及这样的概念，必然有其独特性。因此，须对他所诠释、建构的这些核心概念进一步厘清，与使用相同概念的其他哲学史人物做一定程度上的比较分析。

在特定的哲学家那里，哲学概念的应用是分层面展开的。也就是说，每一个哲学概念并不是单层次、单方面的，而是多层次、多层面的。概念本身是个系统，内含多方面含义，从而显示着哲学概念的提出者、诠释者对概念的认识深度和广大以及理论思维的缜密与完善。而且，哲学概念之间又存在相互联系，并在哲学家哲学系统中体现出不同的地位、功能与价值。对概念做多层次、多层面的分析的过程就是方面分析，② 其目的是揭示概念的确定性，以表明同一概念在不同哲学家那里的确定意义，从而张显哲学的差异性和系统性。

第二，对哲学史人物之哲学观念做空间层面的分析。这主要是指对哲学史人物的哲学概念做横向比较研究。既然哲学史人物总是与其他同时代人物相联系而存在，那么，他们之间可能有相似的对相同概念的解释方式和方法，或者应用不同的解释方法诠释不同的哲学概念，结果却获得了相同的诠释效果。即是说，不同的哲学家对概念的解释所得效果大体有"名同质异""名异质同""名同质同"三种。对哲学史人物哲学概念的横向比较研究就是比较他们所达成可能认识的必然缘由、可能路径、心得体悟和思辨逻辑。透视"名同质异"的概念可能诠释，反映出不同哲学家对不同哲学问题的个性认识；透视"名异质同"的概念可能诠释，厘清概念的作者赋予概念如此意义的原因，展示他认识问题的

① 参见张立文《中国哲学逻辑结构论》（修订本），中国社会科学出版社2002年版。

② 参见张立文《中国哲学逻辑结构论》（修订本），中国社会科学出版社2002年版。

角度与思路；透视"名同质同"的概念可能诠释，探索哲学史人物是出于相同的认识角度来认识问题还是从不同角度所得出的相同结论，从而就他们的研究进路、思想和方法做出比较和鉴别，以此说明某一概念发展的趋势和必然性。

三　文本与话题相统一

哲学家挺立一定的思想观念总要依托某本或某几本特定的经典典籍，由对这些经典文本中特定语句、词汇、概念的创造性诠释而架设自己的哲学思想。文本既是哲学家阐释思想的文献基础和资料根据，又是体现他独特思想的载体，是哲学家阐发自己的思想、对原典文本加工、创造之后，加以自己的生命体贴和思想反思而创造出的新的，对后世有重要影响的经典文献。哲学史上每个人物总是有一部或几部这样的代表性的著作"文本"，是研究他们思想的切入点。研究这样的文本，在较大程度上就了解了哲学家的思想。

文本既是哲学家哲学思想创新的基础，又是囊括自己创新的哲学观点的经典典籍，自然蕴含着特定的语义和核心问题意识，即"话题"。一般来讲，哲学家选择文本，总是有所依据，总是要说明某些问题。哲学家创造文本，撰著经典文献，成就体系框架，总是围绕某问题而展开。哲学研究便是以发现问题、解决问题为前提和基础的。哲学不是"无病呻吟"，哲学总是对时代问题进行反思，是时代精神、风貌的体悟。哲学史之研究、哲学史人物之厘清和分析正是"有感而发"，"感"之根据就是对文本之"话题"的重现。"话题"是哲学家在思索时代思想语境、社会演进历程及自我生活阅历感悟的基础上创生出来的，既是对时代问题的发现，又是哲学问题的解决之道。因此，"话题"是哲学史人物成就思想观念、明辨问题解决之道的核心。

文本是哲学家哲学思想的文献依据，"话"题是问题的发现和解决历程；文本就意味着"话题"的提出和解决，"话题"便自然内蕴于文本之中。故而，研究哲学史人物离不开文本分析，对文本分析的过程就是对"话题"反思和诠释的过程，亦是对哲学家生活时代之时代人文语境的重现过程。要实现文本的新诠和话题的重现，应注意两方面的内容。

第一，对文本做句法分析。所谓句法分析，就是对文本，尤其是经典文本和传世文本、哲学家自己撰著的个性化文本做史料的、文献性质的分析。中国古代典籍，或因年代久远而散佚，或因传抄而讹漏，或因锓版缺损而谬误，其语法字句之意不易被理解，故须对之校勘字句、梳理语法，以求资料、文本的切实可靠。① 另外，哲学家所传世的经典文本，尤其是宋代以来哲学家的著作，因印刷革命而得以纸质流芳，但亦因此印刷、刻本问题而版本有差异，甚至不同版本之间有互相抵牾之处。这就要对相关文本做版本源流的考察，以分析文本前后出版内容的差异。对文本做句法分析，便能够对经典文本的传演历程进行整体的认识，体会文本在不同时代的哲学家群体那里，在同时代哲学家群体之中不同哲学家个体那里的意义和价值。

第二，对文本做语义分析。所谓语义分析，就是对文本之话题的发现、重塑与再诠。尽管哲学家的经典文本的撰著方式各异，但凸显话题的目的却是相同的。哲学家平生或著作较多，或唯有一册，但在他的著述论说中，在与他同时代之人的言语论评中，哲学家哪本著作较有影响、较为重要，是完全能够体会出来的。之所以说它重要，关键在于这个文本最能系统代表哲学家的哲学思想及其核心主旨，最为完备地提出了"话题"的解决之道，最为鲜明地表达了哲学家的学术价值立场。对文本进行语义分析，首先便是探索这个文本对于被研究者的重要性，其路径便是创造文本的哲学家自己的言论以及同时代其他人物对此文本的论说；其次，根据相关文献资料，厘清哲学家撰著文本的前因后果和思想历程，结合哲学家的时代背景、人文语境，归纳总结文本所涉及的"话题"；再次，探索文本对"话题"的解决之道，总结文本问题解决之道的特点，列举哲学家诠释此核心"话题"、问题解决之道的主要步骤和具体方面，并在一定程度上，与同时代的相关人物的相关思想比较，以此凸显被研究对象"话题"诠释的特点。"话题"不是凭空杜撰的，而是结合文献资料在比较和诠释中开显出来的。一旦"话题"被发现，"话题"提出者的思想便能够重现。

---

① 参见张立文《中国哲学逻辑结构论》（修订本），中国社会科学出版社 2002 年版。

四 主动创造性与客观逻辑性相统一

历史总是过去的。面对过去的历史，我们要重现它，自然不可避免要发挥主体的创造性，从而创造出一个属人的"历史"。历史本不可重现，而研究历史的人可以重现某种意义的"历史"。再现历史的过程，就有了"本来的历史"和"写作的历史"之分别。去写作历史、再现历史，并不是捏造历史、胡编历史，而是客观地理解历史和讲述历史。哲学史人物研究亦遵循同样的法则。

哲学史人物的存在、思想的存在总是客观的、历史的，而研究者基于特定的形式与方法，可以逻辑地再现历史人物的哲学思想和观念。在这个逻辑地再现历史的过程中，研究者不能按照现代思想去理解古代文本，而是尽可能地融入哲学史人物的思想世界。这就是说，古代哲学家存在于特定的语境和话题之下，自有其成系统的学说和理念，后人研究他们的思想和学说，首先是进入他们的思想系统，同情地理解、真切地感悟，而不是以当代人的眼光和心态审视古人、妄下评判。用当代语言、思想阐释出来的"古人"并不是那个"古人"，而是被包装了的"今人"，是研究者自己在"自言自语""自编自导"。哲学史人物研究可以有主动创造，但绝不是用现代语言、思维去创造一个"自己的化身"，而是创造性地、逻辑地展现古人。

主动地创造根本上就是以自己的理解和推理再现本来的历史；客观地、逻辑地还原就是以古人的语言材料和论断来描述哲学史人物的思想。为实现推理的合理性和阐释的正确性，研究者应该从哲学史人物原典资料中寻找突破口，探索研究进路的切入点。探讨这个切入点的过程就是发挥主动创造性的过程；在入手处的指引下，在问题的刺激下，以哲学家的原典材料架设结构框架，就是客观地、逻辑地理解。过去的总归是要过去，研究者只要探寻到问题的入手处，只要发现了问题，厘清了哲学家哲学思想的核心话题，就一定可以利用和组织材料，对问题、话题展开论述。

以材料澄明问题，"以事实来说话"，具体可操作的步骤有三个。第一，从通读年谱入手。哲学家成长的历程便是其思想由萌芽而完善、成熟、定型的过程。哲学家个体性格前后会有差异，其思想观念在前后期亦有所差别。故而，在研究哲学史人物时，最初的亦是最优的进路，便是从被研究者的年谱进入，通过年谱，可以厘清这个人前后思想的变化，可以发现影响此人的其他人物，为逻辑地再现被研究者的思想观念和哲学理论提供了时间线索和人物关系图。时间线索是为了分析被研究者的思想分期和晚年定论；人物关系图是为了分析被研究者的学术交往、学术影响。如果被研究的哲学史人物没有年谱，那么，研究者恰好在阅读被研究者资料的基础上，根据被研究者自身的论述和同时代其他学者的言论而编写被研究者的年谱。编纂年谱便是对被研究者思想演进历程的厘清。当研究古人时，古人实际上已经成为古人研究的对象，参考研究古人的研究成果，实现对古人的进一步诠释，以全新的面貌、不同的论域将古人展现于现代人面前。

第二，哲学家前后期资料的分类与整理。之所以要如此作为，根本上是要将哲学家的思想看作一个"过程"，而不是"一成不变"的结果。哲学家思想前后有变化，前后的著述论说并不见得相同，前后期思想的主旨亦会有较多差别。在一定意义上说，哲学家后期思想都存在着对前期思想的自我修正现象，甚至是后期思想批判前期思想，实现思想自我演变进程中的"自我批判"。当按照时间线索将被研究的哲学家文献划分为前后期资料，或思想萌芽期、成熟期、定型期等不同时期资料时，当对哲学家所探讨的某一问题展开论述时，自然能够梳理清楚这一思想的演变历程，以此彰显哲学家的生命精神。

第三，明晰诠释话语权的方向。当研究者发挥了主动创造性，厘清了被研究哲学家思想演变的逻辑历程，那么，该得到什么样的结论呢？或者说，所要得到的结论是"预设"的，还是古人"自己"的？这就涉及诠释"话语权"问题。须明白，研究哲学史，研究哲学家，是要"客观地逻辑地还原"历史，而不是"臆造"历史。故而，在哲学史人物研究过程中，研究古人，我们的作用是通过收集资料、整理资料而推理出合理结论，而不是预设某种理论、结论，将古人的资料拿来填我们所设计好的"图"。不可否认，研究者发挥主动创造性，必然有一定的"当代"意识、"先入未见"，只是，应该将这样的"先入未见"置于古人资料之"下"，而不是之"上"。就后者言，研究者的"先入未见"是推理的"前提"，古人的资料是"说明工具"；就前者言，研究者的"先入未见"是推理的"结论"，古人的资料是"入手""基础"。"以事实来说话"便是按照分类和整理的古人资料，梳理出古人要说明的"话题"，探寻古人说明"话题"的步骤与方略。研究哲学家所得的结论不是某一固定的"点"，而是对古人哲学思想演变历程的梳理，是对事实的描述。若说结论，那便是对这个"事实描述"的整体认识和感悟反思。然而，这个"结论"必须建立在材料推理之"下"。在这里，研究者的分析思维要从"上"向"下"实现"方向"转变，否则，研究的结论将不是"古人"的，而是"今人"的。

宋代大词人苏轼《题西林壁》诗中云："横看成岭侧成峰，远近高低各不同。不识庐山真面目，只缘身在此山中。"当代大诗人卞之琳《断章》中有言："你站在桥上看风景，看风景的人在楼上看你。明月装饰了你的窗子，你装饰了别人的梦。"人的存在就是一个相互影响和照应的过程，只有在立体的、多元要素并存的境域中体悟，一个人的意义和价值才会明白清晰起来。倘若一个人仅仅是自我看到"自我"的存在而体会不到"他我"存在的必然和实然，那么，这样的人的思维境地一定是狭隘有限的。同理，当一个看似"置身于外"的"他我"去探求那个"置身其中"的"自我"的存在时，必然要给予全方位、立体式的考察。因此，要出入其中，逻辑切入，客观还原。就中国哲学史人物研究而言，没有客观合理、立体全面的研究方式和方法，便不能真切地、逻辑地还原哲学家本来的面目。可以说，中国哲学史人物研究是中国哲学研究的重要步骤，是探索中国哲学特性的基础和前提。没有相对客观的、理性的研究方法就不会有公正的、逻辑的结论。哲学史人物虽然成为历史，但在"四位一体"原则之下，研究者能够在一定程度上将他们的精神生命、哲学生命和学术生命"重生"，既实现历史人物哲学思想的客观、逻辑地还原，又体现研究者的主动性和创造性，并在一定意义上实现哲学史人物研究和哲学方法探索的圆融统合。

第四章　和合学价值论

　　和合哲学的提出不是书斋里的自娱自乐，而是现实问题的解决之道。自古以来，社会生活的诸领域都体现着和合思想。如先秦儒家孔子、孟子、荀子的哲学思想中就蕴含了丰富的和合管理思想，包括了主体自我的"身心和合"、主体间的"人际和合"、人的生命历程的"群己和合"，以君子人格理想为管理目标，以搭建和合的人际关系为管理场域。

　　又如，中国传统的民俗也体现着民俗与德治和法治的融契和合关系。作为表现民众知识以及民间智慧的规范化行为模式的"民俗"，自其端始，便以"集体性""模式性"和"规范性"功能成为人类共同体生活的基本法则，调整着人与人之间的关系、传递着人世间的道德教化和规范约束，天然地与法和道德相融契。

　　和合哲学还是当下构建社会主义和谐社会、和谐世界和人类命运共同体的哲学基础，因为和谐社会、和谐世界和人类命运共同体所寻求的人与人、人与社会、人与自然、文明与文明之间的自由发展、平等交流、和谐共处，恰恰是和合哲学的思想旨归与核心要义。

　　和合学为培育中国共产党人的党性修养提供思想借鉴。作为中国传统人文精神和哲学智慧的和合思想，以及和合学的和生、和处、和立、和达、和爱五大原理，有助于党员干部处理好党群关系、干群关系和上下级关系，有助于培育和合型"党性人格"。

第一节　先秦儒家和合管理思想

　　社会有机体的正常运作通过群分协同的管理方式得以实现。尽管百年来对"管理"尚无"统一"的定义，但从最为普遍的意义而言，所谓"管理"，就是管理者有计划、有组织、有指挥地规范和控制人与物，以期实现组织目标、个人发展和社会责任的活动过程。① 当前，管理对经济社会发展具有越来越重要的推动作用，创新有中国特色的管理学便成为具有重大历史意义和学术意义的课题，"和合管理"理论应运而生。② 不过，"和合管理"并非仅仅是中国传统"和合"理念在现代管理中的简单运用，而是管理本身所应达至的高超的艺术境界，是管理主体自身的身心和合、管理过程的人际和合以及管理目标的群己和合的圆融统合。先秦儒家孔子、孟子、荀子的哲学思想中蕴含了丰富的和合管理思想萌芽，可为当代和合管理哲学的建构提供思想资源和智力支持。

一　人：主体自我的"身心和合"

中国古代贤哲以管理的本质为"修己治人之学"。中国管理哲学的原则、模式和手段都是建立于"人学"基础之上的，但他们所谓的"人"，不同于西方管理哲学所主张的"工具人""经济人""社会人"，以及"决策人"，而是有理想、有智慧、有道德的"全面人"。③ "人"是中国管理哲学的出发点和落脚点，而"以人为本"的"修己治人之学"构成了中国式管理的精髓。因此，完备的、卓越的管理主体人格的培养，成为特定组织管理目标是否实现的关键。

"成人""全人"是儒家贤哲所追求的理想人格，亦是儒家学者所主张的管理应达至的理想目标和思想基础。所谓"成人""全人"，《论

---

① 参见周三多、陈传明、鲁明泓编著《管理学——原理与方法》第五版，复旦大学出版社 2012 年版。

② 如张立文先生专门撰写《社会和合与和合管理学》（载《和合学概论——21 世纪文化战略的构想》，第 1022—1068 页）、《和合管理学与人文精神》（《青岛科技大学学报》2011 年第 2 期）阐释"和合管理"；席酉民先生著有《和谐理论与战略》（贵州人民出版社 1989 年版）、《和谐管理理论》（中国人民大学出版社 2002 年版）、《和谐管理理论的意义与价值》（《管理学报》2005 年第 4 期）；黄如金先生著有《和合管理》（经济出版社 2006 年版）、《和合管理：探索具有中国特色的管理理论》（《管理学报》2007 年第 2 期）；纪光欣、张瑞涛合著《箫管备举——和合管理论》（河北人民出版社 2018 年版）；等等。这里，本书将"和谐管理"与"和合管理"视为同等意涵的学术用语，皆标示"新"管理理论系统。

③ 参见葛荣晋《中国管理哲学导论》，中国人民大学出版社 2007 年版。

语·宪问》中载："子路问'成人'。子曰：'若臧武仲之知，公绰之不欲，卞庄子之勇，冉求之艺，文之以礼乐；亦可以为成人矣！'曰：'今之成人者，何必然？见利思义，见危授命，久要不忘平生之言；亦可以为成人矣！'"朱熹《四书章句集注》中释云："成人，犹言全。……言兼此四子之长，则知足以穷理，廉足以养心，勇足以力行，艺足以泛应，而又节之以礼，和之以乐，使德成于内，而文见乎外。则材全德备。"[①] 可见，"成人""全人"是"材全德备"之人，亦即实现了身心和谐的人。

这样的人，孔子以之为"君子"，孟子以之为"大丈夫"，而荀子则以之为"圣人"。如《论语·雍也》中云："君子博学于文"；《论语·季氏》中云："君子有九思"；《论语·颜渊》中云："君子成人之美，不成人之恶"；《论语·里仁》中云："君子无终食之间违仁，造次必于是，颠沛必于是"；《论语·微子》中云："君子之仕也，行其义也"；等等。孔子所主张的君子人格就是要通过君子自身的修为，"修己以敬""修己以安人""修己以安百姓"（《论语·宪问》），这是实现和谐群己关系的基础。

孟子也讲"君子"，如："君子之于禽兽也，见其生，不忍见其死；闻其声，不忍食其肉：是以君子远庖厨也"（《孟子·梁惠王章句上》）；"君子莫大乎与人为善"（《孟子·公孙丑上》）；等等。但他对君子的追求已经系统化为"大丈夫"："居天下之广居，立天下之正位，行天下之大道；得志，与民由之，不得志，独行其道；富贵不能淫，贫贱不能移，威武不能屈，此之谓大丈夫。"（《孟子·滕文公下》）"大丈夫"道德高尚，通过"入世"参与国家管理，而展现自身价值："士之失位也，犹诸侯之失国家。"（《孟子·滕文公下》）不过，大丈夫入仕从政，"仕非为贫也，而有时乎为贫；娶妻非为养也，而有时乎为养。为贫者，辞尊居卑，辞富居贫。辞尊居卑，辞富居贫，恶乎宜乎？抱关击柝。……位卑而言高，罪也。立乎人之本朝而道不行，耻也"（《孟子·万章下》）。"大丈夫"的职责是通过维持社会公平正义，而弘扬高尚的道德

---

① （宋）朱熹：《四书章句集注》，中华书局1983年版，第152页。

情操，保持良性、和谐的社会运转。

荀子讲"圣人"。他说："学恶乎始？恶乎终？曰：其数则始乎诵经，终乎读礼；其义则始乎为士，终乎为圣人。"（《荀子·劝学》）"圣人"是超越于"士"和"君子"的最高境界之人，"好法而行，士也；笃志而体，君子也；齐明而不竭，圣人也"（《荀子·修身》）。"圣人"能够"立言""立德"和"立功"：所谓"立言"是指"圣人"要有"智识"上的优势，"圣人知心术之患，见蔽塞之祸，故无欲、无恶、无始、无终、无近、无远、无博、无浅、无古、无今，兼陈万物而中悬衡焉"（《荀子·解蔽》）；所谓"立德"是指"圣人"要有"道德"上的优势，"圣人也者，道之管也"（《荀子·儒效》）；所谓"立功"是指"圣人"要有"事功"上的优势，"修百王之法，若辨白黑；应当时之变，若数一二；行礼要节而安之，若生四枝；要时立功之巧，若诏四时；平正和民之善，亿万之众而搏若一人：如是，则可谓圣人矣"（《荀子·儒效》）。通过"立言""立德"和"立功"，"圣人"成就不朽事业。

如何使自己成为"成人""全人"呢？在儒家贤哲看来，人自身蕴含着"仁"的价值能力、"义"的价值取向和"礼"的价值规范。[①]"仁"是自觉的能力，是人之所以为人的内在规定性，正如《论语·雍也》中所说，"夫仁者，己欲立而立人，己欲达而达人。能近取譬，可谓仁之方也已"；"仁，远乎哉？我欲仁，斯仁至矣"。"仁"是一"自觉境界，不假外求，不受约制"，为"自我之主宰性"[②]，标示人自觉为善、向善的能动性。

孟子的"性善论"进一步发挥这一思想。他说："人皆有不忍人之心。……所以谓人皆有不忍人之心者：今人乍见孺子将入于井，皆有怵惕恻隐之心——非所以内交于孺子之父母也，非所以要誉于乡党朋友也，非恶其声而然也。"（《孟子·公孙丑上》）见"孺子将入于井"，自然而然有"怵惕恻隐之心"，根本上在于人有"仁"心，即"四端"："由是观之，无恻隐之心，非人也；无羞恶之心，非人也；无辞让之心，

---

① 参见张瑞涛《论先秦儒家成人之道》，《中国石油大学学报》（社会科学版）2007 年第5 期。

② 参见劳思光《新编中国哲学史》第 1 卷，广西师范大学出版社 2005 年版。

非人也；无是非之心，非人也。恻隐之心，仁之端也；羞恶之心，义之端也；辞让之心，礼之端也；是非之心，智之端也。"（《孟子·公孙丑上》）同时，"仁"乃人生而有之，"仁义礼智，非由外铄我也，我固有之也"（《孟子·告子上》）。"仁"是人的根本标志，"仁也者，人也。合而言之，道也"（《孟子·尽心下》）。

至于主张"性恶"的荀子，亦看到了"仁"的内在性和先在性。他说，人生而好利"故争夺生而辞让亡"，生而有疾恶"故残贼生而忠信亡"，生而有耳目之欲"故淫乱生而礼义文理亡"，但圣人"化性起伪，伪起而生礼义，礼义生而制法度"（《荀子·性恶篇》）。所谓"伪"，"可学而能，可事而成之在人者"（《荀子·性恶篇》）；所谓"化性起伪"，"故尚贤，使能，等贵贱，分亲疏，序长幼，此先王道也。故尚贤使能，则主尊下安；贵贱有等，则令行而不流；亲疏有分，则施行而不悖；长幼有序，则事业捷成而有所休"（《荀子·君子篇》）。因此，"伪"与"性"双向互动，"无性则伪之无所加，无伪则性不能自美。性伪合，然后成圣人之名，一天下之功于是就也"（《荀子·礼论》）。实现这一互动就是"仁者"，就是"圣人"："仁者之行道也，无为也；圣人之行道也，无强也。仁者之思也恭，圣者之思也乐。此心之道也"（《荀子·解蔽》）。"圣人"有能力、也有自觉"化性起伪"，普通人倘若感知到此"自觉"同样可以实现向"圣人"的转化："涂之人可以为禹。……然而涂之人也，皆有可以知仁义法正之质，皆有可以能仁义法正之具"（《荀子·性恶》）。显然，人有其自觉性、自我主宰性，这是对人的主体性的强调和自觉，是管理活动首先要考虑的基本原则。

人既有"仁"的自觉和能力，又有"义"的价值取向。孔子讲："见义不为，无勇也"（《论语·为政》）；"君子喻于义，小人喻于利"（《论语·里仁》）；"饭疏食饮水，曲肱而枕之，乐亦在其中矣。不义而富且贵，于我如浮云"（《论语·述而》）；等等。"义"是"正当性"或"道理性"①，是人做事和认识事物的出发点。孟子明确主张"重义

---

① 参见劳思光《新编中国哲学史》第1卷，广西师范大学出版社2005年版。

轻利"，进一步凸显"义"的正当性。他说："王何必曰利？亦有仁义而已矣。王曰：'何以利吾国？'大夫曰：'何以利吾家？'士庶人曰：'何以利吾身？'上下交征利，而国危矣！万乘之国弑其君者，必千乘之家；千乘之国，弑其君者，必百乘之家。万取千焉，千取百焉，不为不多矣；苟为后义而先利，不夺不餍。"（《孟子·梁惠王上》）正因为人有自觉向善的能力，也就自然而然具备行"义"的价值取向。荀子则深刻论证了"义"之正当性的具体内涵。正如他说："高上尊贵，不以骄人；聪明圣知，不以穷人；齐给速通，不争先人；刚毅勇敢，不以伤人；不知则问，不能则学，虽能必让，然后为德。遇君则修臣下之义，遇乡则修长幼之义，遇长则修子弟之义，遇友则修礼节辞让之义，遇贱而少者，则修告导宽容之义。"（《荀子·非十二子》）"义"之正当性就表现于高位在上却不盛气凌人、聪明圣智却不取笑别人、刚毅勇武却不无故伤人，这些要求不是有为而为的，而是无为而为的。在上者"应该""正当"不盛气凌人，聪明圣智者、刚毅勇武者也同样如此，全凭"事理"之本然而为，"应该"这样。荀子对"义"的这种正当性的论述还有很多，如"先义而后利者荣，先利而后义者辱"（《荀子·荣辱》）；"财利至，则善而不及也，必将尽辞让之义，然后受"（《荀子·仲尼》）；"少事长，贱事贵，不肖事贤，是天下之通义也"（《荀子·仲尼》）；等等。从外在讲，荀子以"义"为客观规范，是人之存在的条件限制；从内在讲，荀子以"义"为内在自觉，是人之自主性、能动性的发挥，表现为道德理性。[①] 荀子之"义"实现了客观精神与主观精神的统一。从而，"义"作为价值取向，决定了人在发挥主体性时不会违背道德理性，能够实现管理活动的健康、良性运作。

"不成规矩，无以成方圆"，因此，人的具体生活实践要循"礼"。孔子指出："恭而无礼则劳，慎而无礼则葸，勇而无礼则乱，直而无礼则绞。"（《论语·泰伯》）"仁"作为自觉的能力，会在现实生活中通过一系列的品质来表现，如智、勇、义、孝、悌、忠、恕、恭、宽、信、敏、惠、不忧、不惧等，这些"礼"之具体规范是"仁"的必要体现，

---

① 参见张瑞涛《荀子之"义"阐微》，载《经典与解释》（25），华夏出版社2008年版。

这就是"克己复礼为仁"(《论语·颜渊》)。"仁"的品质建基于对"礼"规范的自觉遵守和践履,反之,之所以建构"礼",是因为人内心有一种自然、自觉的对合理性的道德规范的需求,"人而不仁,如礼何?人而不仁,如乐何"(《论语·八佾》)。这就是"摄礼归仁"①。此外,"君子义以为质,礼以行之,逊以出之,信以成之。君子哉"(《论语·卫灵公》)。君子于事业之追求应以合宜为原则。"礼"依于"义"而立,"义"为"礼"之实质,"礼"是"义"之表现,一切制度仪文、生活秩序皆以正当性为建立之基础,即"摄礼归义"②。尽管规范看似外在,实乃人在长期的历史积累与社会发展中建立起来的具有正当性的东西,它们合"仁"、合"义",因此,《论语》全文的最后一句说"不知礼,无以立也"(《尧曰》)。"礼"成为规制人之为人并能与他人、他组织共存共融的基本手段。荀子非常重视"礼"的价值,并将"礼"与"法"并论,"礼者、法之大分,类之纲纪也"(《荀子·劝学》);"故非礼,是无法也"(《荀子·修身》);等等。礼法并行表明"礼"这一规范由内在约束走向外在约束,一切社会秩序和规则都是人作为特殊族类存在所必需的,不是根源于先验的心理或本能的道德,从而具有现实性的社会内容,内在的仁义道德必须通由这种外在的规范才有可能存在。③

孔孟荀所探讨的理想人格是实现了身心和合的人,是对人能动性、主体性的自觉认同。无论是管理者还是被管理者,管理主体自身的身心和合,将在最大可能上彰显组织、群体的积极、健康的精神面貌。

二 人与人:主体间的人际和合

管理活动需要主体人自身道德素养的完善,更需要人际关系的和谐,唯此才能围绕共同的集体利益而不懈努力、共同奋斗。

《周易》"保合太和"的和合理念关注人际和合。《周易》认为,乾坤使万物资生资始:"乾道变化,各正性命,保合太和,乃利贞"(《周

---

① 劳思光:《新编中国哲学史》第1卷,第80页。
② 劳思光:《新编中国哲学史》第1卷,第83页。
③ 参见李泽厚《中国思想史论》(上),安徽文艺出版社1999年版。

易集解·乾·象》)。"合和"即"和合"。"合"是多元要素的融突与和合，"乾，阳物也；坤，阴物也。阴阳合德，而刚柔有体，以体天地之撰，以通神明之德"（《周易集解·系辞传下》）。这表明，阴阳对待的两性必然走向和合圆融。从天地万物的阴阳而确立阴卦、阳卦，又从天地万物的刚柔属性而产生刚柔两爻，"观变于阴阳而立卦，发挥于刚柔而生爻，和顺于道德而理于义，穷理尽性以至于命"（《周易集解·说卦传》）。阴阳刚柔的和合是制定人类社会道德义理与天地万物的原理、本性、天命，从而，《周易》将天地万物、社会人生视为生生不息的和合体，人与天地、日月、四时、鬼神融突和合。"夫大人者，与天地合其德，与日月合其明，与四时合其序，与鬼神合其吉凶"（《周易集解·乾文言》）。人与天地万物、日月神明的和合体，不是自然现象，而是人参与其中的人文和合现象，追求的是均衡、和谐和流变，"天地感而万物化生，圣人感人心而天下和平"（《周易集解·咸·象》）。宇宙万物的化生是天地阴阳交感的和谐，社会的和平是圣人感化人心、使人心获得和谐、平衡。因此，宇宙自然的和谐与人类社会的和谐相通共存。[1] 那么，人与人之间、组织与组织之间便应当和谐相处，"君子以同而异"（《周易集解·睽·象》），对于领导者而言，更应该协调好与民众之间的关系，"君子以容民畜众"（《周易集解·师·象》）。无论是个体，还是组织，在相互交往过程中一定要遵循"惩忿窒欲"（《周易集解·损·象》）的原则，抱着平和的心态处理矛盾和冲突，只有这样，组织、社会、国家、世界才会处于"首出庶物，万国咸宁"（《周易集解·乾·象》）的安宁、祥和状态。[2]

儒家的"仁者爱人观"为创构和谐的人际关系提供了基本方法和基本原则。《论语·颜渊》记载："樊迟问仁。子曰：'爱人。'""爱人"之"爱"并非抽象之爱，也非博爱，更不是兼爱，而是具体之爱、有选择之爱、有差等之爱，由对父母、兄弟之爱而推及天下，又是有选择、

---

① 参见张立文《和合学——21 世纪文化战略的构想》（修订本，上），中国人民大学出版社 2006 年版。

② 参见罗美云《论〈周易〉的"和合"生态伦理观及其现实意义》，《学术研究》2007年第 2 期。

有差等，对象不同，爱之方式亦不同，故有"老者安之，朋友信之，少者怀之"（《论语·公冶长》）之论。① "爱人"是人之为人的本性使然，就具体方式而言，则必须做到"己欲立而立人，己欲达而达人"，以及"己所不欲勿施于人"："子贡问：'如有博施于民而能济众，何如？可谓仁乎？'子曰：'何事于仁'必也圣乎！尧、舜其犹病诸！夫仁者，己欲立而立人，己欲达而达人。能近取譬，可谓仁之方也已。'"（《论语·雍也》）"仲弓问仁。子曰：'出门如见大宾，使民如承大祭；己所不欲，勿施于人。'"（《论语·颜渊》）"爱人"是"仁"之总纲，而"立人""达人""勿施"所彰显的正是爱人主体对他人权利与愿望的尊重。

立人、达人、勿施的人际交往原则是"絜矩之道"。《礼记·大学》指出："所恶于上，毋以使下；所恶于下，毋以事上；所恶于前，毋以先后；所恶于后，毋以从前；所恶于右，毋以交于左；所恶于左，毋以交于右：此之谓絜矩之道。"戴震解释道："《大学》言治国平天下，不过曰'所恶于上，毋以使下，所恶于下，毋以事上'，以位之尊卑言也；'所恶于前，毋以先后，所恶于后，毋以从前'，以长于我与我长言也。'所恶于右，毋以交于左；所恶于左，毋以交于右'，曰等于我言也。曰'所不欲'，曰'所恶'，不过人之常情，不言理而理尽于此。惟以情絜情，故其于事也，非心出一意见以处之，苟舍情求理，其所谓理，无非意见也。未有任其意见而不祸斯民者。"② 在戴震看来，唯有推行"絜矩之道"才能达到平等待人、和谐共处之目的。他说："理也者，情之不爽失也；未有情不得而理得者也。凡有所施于人，反躬而静思之：'人以此施于我，能受之乎？'凡有所责于人，反躬而静思之：'人以此责于我，能尽之乎？'以我絜之人，则理明。"③ 也就是说，人当具备"换位思考"的意识，善于"反躬自省"，从而打破主体认识的主观性、片面性和武断性。否则，"好恶既形，遂己之好恶，忘人之好恶，往往

---

① 参见张立文主编、陆玉林《中国学术通史·先秦卷》，人民出版社 2004 年版。
② （清）戴震著，何文光整理：《孟子字义疏证》，中华书局 1961 年版，第 4—5 页。
③ （清）戴震著，何文光整理：《孟子字义疏证》，第 1—2 页。

贼人以逞欲"①。"絜矩之道"是一种行之有效的换位思维方法，能准确地反映主体间的平等、互助关系，求得人际关系的和谐。②

实际上，儒家的"君子论"所标示的理想人格，自我的身心和合已然内在地彰显出对他人、他物的关爱与尊重。因此，在处理人际关系时，必须遵循"和而不同"的原则。子云："君子和而不同，小人同而不和。"（《论语·子路》）"同"意味着无差别的同一，是没有异议或不同意见的同声附和，是相同事物的相济相加，没有比较，不产生新事物；而"和"则是相互差异、对立的东西互济互补，是诸多性质的不同要素、事物所构成的和合体，是事物要素间的平衡、均平和和谐，是新事物的产生。③ 每个人都是具有独立自主性的个体，都有其独特的思考问题的角度，在平等的交流与互动中，探寻思想的交集，互济互补，取长补短，以谦逊的心态和积极的行动，达至人与人之间的和合共存。

要建立良好的人际关系，孔子还提出了"重九思"的思想。"君子有九思：视思明，听思聪，色思温，貌思恭，言思忠，事思敬，疑思问，忿思难，见得思义。"（《论语·季氏》）刑昺疏有曰："君子有九种之事当用心思虑，使合礼义也。'视思明'者，目睹为视，见微为明，言君子睹视当思见微，若离娄也。'听思聪'者，耳闻为听，听远为聪，言君子耳听当思闻远，若师旷也。'色思温'者，言颜色不可严猛，当思温也。'貌思恭'者，体貌接物，不可骄亢，当思恭逊也。'言思忠'者，凡所言论，不可隐欺，当思尽其忠心也。'事思敬'者，凡人执事多惰窳，君子常思谨敬也。'疑思问'者，已有疑事，不使在躬，当思问以辨之也。'忿思难'者，谓人以非理忤己，己必忿怒。心虽忿怒，不可轻易，当思其后得无患难乎？若一朝之忿，忘其身以及其亲，是不思难者也。'见得思义'者，言若有所得，当思义然后取，不可苟

---

①　（清）戴震著，何文光整理：《孟子字义疏证》，第 2 页。

②　参见葛荣晋《中国管理哲学导论》，中国人民大学出版社 2007 年版。

③　参见张立文《和合学概论——21 世纪文化战略的构想》（上），首都师范大学出版社 1996 年版。

也。"① 作为管理者，当"视思明"，要有一定的洞察力，既可观人识人，又可观事观物；当"听思聪"，善于从下属那里聆听不同意见，做到兼听、不听和不理；当"色思温"，时刻注意自己的脸色，要体现值得信赖、不卑不亢的精神面貌，切忌冷色、骄色、谄色、令色；当"貌思恭"，注意与人交往的谦逊和顺；当"言思忠"，对人诚实守信，言行一致；当"事思敬"，要踏实认真，敬业爱岗；当"疑思问"，做到不耻下问，虚心学习；当"忿思难"，适时克制，不迁怒于他人；当"见得思义"，保持清直廉正的作风。面对属下、同事的问难，管理者"九思"，则能悉心听取不同意见，尊重他人，理性解决问题；被管理者"九思"，必能理性分析问题、自我解决问题，于平心静气中探寻问题解决之道。面对他组织、他利益集团的问难，自组织能"九思"，则可与对方既平等竞争，又互动联合，从而实现利益双赢。

孔孟荀所探讨的和合人际关系，强调对他人的关爱和尊重，重视人与人之间的和谐相处和共同努力。因此，管理过程中和谐人际关系的建立，将在最大可能上彰显个人的主体价值，为人能动性和自觉性的发挥提供自由、平等的人文环境。

三 人与社会：生命历程的群己和合

作为主体性存在，人既是个体，又与他者构成相互联系的整体。人的生命、生活便处于自我与群体的双重环绕之下。人与群体之间的这种相互影响、制约和作用的关系即可视为群己关系。管理是人的活动的展开，从顺畅的、积极的有效管理角度言，管理主体自身既要实现自身的身心和合，挺立积极、健康、优秀的主体性人格，又要为维护、实现集体利益、组织目标而做出努力。先秦儒家在阐论自我身心和合、构造理想人格、彰显主体性的同时，亦强调人的社会属性，打造群己和合的理想世界。

群己之辩发端于孔子。在他看来，人内在的同社会群体相融合：

---

① （魏）何晏注，（宋）刑昺疏：《论语注疏》，《十三经注疏》整理委员会整理，北京大学出版社 2000 年版，第 260 页。

"鸟兽不可与同群，吾非斯人之徒与而谁与"（《论语·微子》）。"斯人之徒"即社会群体，"吾"与"斯人之徒"相与，即表明了群己和合共处。不过，孔子首先是确认个体的自我价值，然后将自我价值的实现融会贯通于对群体的认同与关怀之中。① 孔子提出了"为己说"："古之学者为己，今之学者为人"（《论语·宪问》）。"为己"是自我道德人格的实现，以"为己"先于"为人"，甚至是以"为己之学"否定"为人之学"，所强调的正是个体之人不以他人的取向为依附。在个体人的道德实践过程中，主体自我遵循仁道规范而塑造自己，取决于自我的选择及自身的努力，"吾十有五而志于学，三十而立，四十而不惑，五十而知天命，六十而耳顺，七十而从心所欲不逾矩"（《论语·为政》），这是求诸己的过程。因此，"为己之学"反对求诸人："君子求诸己，小人求诸人"（《论语·卫灵公》）。不过，强调道德自我的完善，并不是要导向自我中心主义，而是要实现"己欲立而立人""己欲达而达人""己所不欲勿施于人"的和合人际关系的建立。这里，孔子进一步把自我价值的实现导入顺从社会普遍道德规范和价值约束的轨道，指向群体认同。他说："克己复礼"，"为人由己"（《论语·为政》）。"礼"是社会规范，是组织规定，"不知礼，无以立"（《论语·尧曰》）。归根结底，"礼"是人实现自我身心和合的必然路径。但是，"为己"的自我价值最终达至了社会认同，主体价值才最终实现。"子路问君子。子曰：'修己以敬。'曰：'如斯而已乎？'曰：'修己以安人。'曰：'如斯而已乎？'曰：'修己以安百姓。'"（《论语·宪问》）由此而知，个体价值与群体价值、自我实现与组织进步、社会发展相统合圆融。②

与孔子群己之辩逻辑进路相似，孟子既尊重个体主体性，又主张群己和合圆融。③ 孟子指出，"人人有贵于己者，弗思耳"（《孟子·告子上》）即表明，人人都有其主体性，都有内在价值，只是它并非为人们自觉地意识到，已然蕴含着注重主体性内在价值的要求。既然有内在主

---

① 参见陈卫平《"和而不同"：孔子的群己之辩》，《华东师范大学学报》（哲学社会科学版）1994 年第 4 期。
② 参见杨国荣《先秦儒学群己之辩的演进》，《孔子研究》1992 年第 3 期。
③ 参见杨国荣《先秦儒学群己之辩的演进》，《孔子研究》1992 年第 3 期。

体性，则人的自我完善、自我道德素养的培养，自然是无所依傍，"待文王而后兴者，凡民也，若夫豪杰之士，虽无文王犹兴"（《孟子·尽心上》）。主体道德的挺立，主要依赖于主体自身的努力，非外力使然，包括"无待文王"，不须圣人的影响，终究是自己的事。不过，孟子并未滑向自我中心主义，而是看到了己与他人、己与群的和合关系："有大人者，正己而物正者也"（《孟子·尽心上》）；"君子之守，修其身而天下平"（《孟子·尽心下》）。这表明，个体自我价值的实现，是正物平天下，是以群体组织目标的完善和实现为终极目标的。从而，孟子所主张的自我价值向群体价值的转化，凸显了群己和合的必然性和重要性。在孟子这里，"和"是人际关系和谐共处的标准，"天时不如地利，地利不如人和"（《孟子·公孙丑下》），与孔子"礼之用，和为贵"（《论语·学而》）所论一脉相承。为实现群体之和、群己和谐共处，孟子设计了"与民同乐"的为和之道："古之人与民偕乐"（《孟子·梁惠王上》）；"乐民之乐者，民亦乐其乐；忧民之忧者，民亦忧其忧。乐以天下，忧以天下，然而不王者，未之有也"（《孟子·梁惠王下》）。孟子强调群己和合圆融的最集中展示是他对"独善其身"与"兼善天下"关系的体认。他说："古之人，得志，泽加于民；不得志，修身见于世。穷则独善其身，达者兼善天下。"（《孟子·尽心上》）主体自我的道德完善无非是组织、群体完善的手段，自我身心修养是群己和合的根基。

荀子重视"群"的作用和价值，主张个体在群体之中发挥作用。他说："力不若牛，走不若马，而牛马为用，何也？曰：人能群，彼不能群也。"（《荀子·王制》）尽管人有些禀赋不如牛马，但人能够成为和合群体，在群体的作用下，就可以在较大程度上支配自然。正因为"能群"，人的作用和价值得以彰显。因此，群体超越于个体，"人之生，不能无群"（《荀子·富国》）。不过，"能群"并不是仅仅把人集合于一起，而是建基于和谐的秩序："人何以能群？曰：分。分何以能行？曰：义。故义以分则和，和则一，一则多力，多力则强，强则胜物。"（《荀子·王制》）"分"表现为等级名分，正如郭沫若所言："这里所说的'分'，有时又称为'辨'，是已经具有比较复杂的含义的。这不仅限于分工，它已经是由分工而职，而定分，在社会上是'农农、士士、工工、商商'；在家庭是'父父、子子、兄兄、弟弟'。要各人守自己的岗位，共同遵守着一定的秩序而勇力合作。"① 因为有"分"，所以有个体差异，但先王圣人通过制定礼仪规范，群己和合得以实现："故先王案为之制礼义以分之，使有贵贱之等，长幼之差，知贤愚能不能之分，皆使人载其事而各得其宜，然后使悫禄多少厚薄之称，是夫群居和一之道也。"（《荀子·荣辱》）因此，在礼仪规范下，人各负其责，各得其宜，"圣王在上，分义行乎下，则士大夫无流淫之行，百吏官人无怠慢之事，众庶百姓无奸怪之俗，无盗贼之罪，莫敢犯大上之大禁。天下晓然皆知夫盗窃之不可以为富也，皆知夫贼害之不可以为寿也，皆知夫犯上之禁不可以为安也"（《荀子·君子》），群己和合共存。

先秦儒家孔孟荀主张群己和合，但并不否定个体自我价值的体现，并主张通过个体自我道德的培育实现社群组织的完善和进步。但汉代之后，这样的群己关系理论被消解，家族、群体的重要性被强化，在个人与群体的关系上，个体更多地被要求应该具备怎样的伦理规范以适应群体的要求，对个体价值实现的关注相对萎缩。② 汉代礼乐制度的构建基础是"以孝治国"和"三纲六纪"。二者又相辅相成，"以孝治国"是核心，"三纲六纪"是"以孝治国"的具体落实。秦汉以后，统治者推崇《孝经》中"君子之事亲孝，故忠可移于君"③ 的理念，把孝亲与忠君关联一起，从而使秦汉时期"移孝作忠"观念"拟宗法化"，"拟宗法化的内容主要包括两方面：一种是非血缘的等级关系被饰以父子关系，如君民关系被饰成父子关系，天子作民父母，使森严的等级关系蒙上了一层温情脉脉的面纱，即以'亲亲'饰'尊尊'；另一种则是非血缘的平级关系被饰为兄弟关系。由此，社会上的非血缘各种关系被宗法化了"④。"移孝作忠"本质上是一种泛伦理化的政治准则，是对个人的过度要求，束缚了个体主体自我价值的实现，群己关系走向不平衡、不

---

① 郭沫若：《十批判书》，人民出版社1954年版，第19页。

② 参见蒋孝军《传统"群己之辩"的展开及其终结》，《哲学动态》2011年第9期。

③ （唐）李隆基注、（宋）邢昺疏：《孝经注疏》，《十三经注疏》整理委员会整理，北京大学出版社2000年版，第55页。

④ 季乃礼：《三纲六纪与社会整合——由〈白虎通〉看汉代社会人伦关系》，中国人民大学出版社2004年版，第26页。

协调。另一由孔子开创的"义利之辨"理念在后来的儒家学者那里又被片面诠释，致使和谐的群己关系更加不平衡。董仲舒即主张"正其谊不谋其利，明其道不计其功"（《汉书·董仲舒传》），为道可以不计个人之"利"。宋明理学家程颢更是将"义"与"利"直接对立："大凡出义则入利，出利则入义。天下之事，唯义利而已。"① 这是典型的"崇义抑利"价值取向，从本质言，并不利于和谐的群己关系的确立，不能有效彰显个体自我价值。因此，明清之际的学者对这样的群己关系理论提出批评，如李贽言："富贵利达所以厚吾天生之五官，其势然也。是故圣人顺之，顺之则安之。"② 黄宗羲亦指出："有生之初，人各自利也。"③ 王夫之亦有论："人欲之大公，则天理之至正矣。"④ 这是对忽视个体主体性的反思。由此可以说明，群己和合关系的构建，既要有个体主体自我价值的彰显和道德精神的培养，又要积极为群体组织目标的实现和完善献智献策，并且实现自我与群己目标的和合共处，任何以一方压制、弱化另一方的做法和主张都是不可取的。

在群己关系探讨的历史上，墨家和道家形成鲜明对比，属于两个极端。墨家的"兼爱"理论要求每个个体须兼顾其他社会成员的利益，而且应当为了群体而牺牲自我。而"尚同"原则则要求每个个人皆应与在上者保持一致："上之所是，必皆是之。所非，必皆非之"，"天下之百姓，皆上同于天子"（《墨子·尚同上》），这恰是对个体自我价值的忽视，是一种典型的群体主义。同时期的杨朱则主张"为我论"："杨子取为我，拔一毛而利天下，不为也"（《孟子·尽心上》），这是典型的自我中心主义，是对个体主体价值的绝对张扬，忽视了个体的社会价值和群体意义。"兼爱论"和"为我论"虽为两个极端，但可以转化，孟子即曾指出，"杨朱墨翟之言盈天下。天下之言，不归杨，则归墨"（《孟子·滕文公下》）；"逃墨必归于杨"（《孟子·尽心下》）。理想的群己关系既尊重主体价值，又彰显群体组织利益，极端社群主义和极端自我中

---

① （宋）程颐、程颢：《二程集》，中华书局1981年版，第124页。
② （明）李贽：《李贽文集》第1卷，社会科学文献出版社2000年版，第16页。
③ （清）黄宗羲：《黄宗羲全集》，浙江古籍出版社2005年版，第1册，第2页。
④ （清）王夫之：《船山全书》，岳麓书社2000年版，第7册，第170页。

心主义，皆是不可取的片面理论。

总之，先秦儒家的贤哲看到了人主体价值的重要，塑造出身心和合的理想人格，为人成其为人提供了价值方向。同时，人的主体性发挥需要良好的和合的人际环境，君子人格已然内蕴和合人际关系的探求。人不是孤立的个体存在，而是由人与人构成的群体存在，人属于组织、群体的构成元素，那么，人在挺立主体性时必然走向群己和合。先秦儒家对主体自我的身心和合、主体间的人际和合以及主体人生命历程的群己和合的探讨，蕴含了和合管理思想的萌芽，可为当代和合管理理论的建构提供思想借鉴。

第二节　民俗与德治、法治的和合融契

民俗是人类在长期发展的历史过程中、通过世代相传的形式而逐渐积淀起来的文化现象，是特定的人类共同体所达成的物质的、社会的、制度的和言语的行为模式与习惯。民俗伴随着人类的产生而来，亦随着人类生产的进步和文明程度的提高而不断变迁。不过，民俗天然具有道德教化功能与作用，并且因其规范和约束功能的完备，具有强制性和国家意志体现的法律才应运而生。民俗与道德和法律相融契，不仅仅在古代社会如此，在当代社会亦如此，要实现德治与法治社会的建构，必须充分尊重民俗的意义和作用，从而为构建社会主义和谐社会探寻合理的文化资源。

一　民俗的基本内涵

人类产生之始是民俗产生之时，民俗是随着人类生活的开端而开端的。民俗根源于人类群体生活的各种需要，无论是物质的，还是精神的、心理的，以至于社会管理方式的，特定民族、特定时代和地域中的人们在长期的交往活动中自觉或不自觉地形成共同遵守的制度与规范，民俗从此而生。民俗一旦形成，自然而然成为约束人们行为、语言和心理的基本力量，亦成为人们传承和积累文化的重要手段。

在中国，"民俗"一词很早就出现了。如《礼记·缁衣》中说，"故

君民者，章好以示民俗，慎恶以御民之淫，则民不惑矣"；《韩非子·解老》曰，"府仓虚则国贫，国贫而民俗淫侈"；《史记·孙叔敖传》曰，"楚民俗，好痹车"；《汉书·董仲舒传》曰，"变民风，化民俗"；《管子·正世》曰，"料事务，察民俗"，这些文献资料证明，"民俗"已然成为社会生活中的重要组成部分，不论是上层统治阶级，还是下层百姓，人们无不生活在特定的民俗之中。民俗作为规范、习惯，无处不在、无时不在。

从辞源意义上讲，"民俗"一词大致经历了由"风"而"俗"、由"风俗"而"民俗"的演变过程。① "风俗"一词最早见于《尚书大传》："见诸侯，问百年，命太师陈诗，以观民风俗。"② 于时，"古有采诗之官，王者所以观风俗，知得失，自考证也"。为何上层统治者要"观民风俗"？《毛诗序》以这种行为为"美教化，移风俗"③ 的有效方式。《毛诗序》还指出："上以风化下，下以风刺上，主文而谲谏，言之者无罪，闻之者以戒。"以"风"作为纲常伦理来匡正社会风气："风，风也，教也；风以动之，教以化之"；"故正得失，动天地，感鬼神，莫近于诗。先王以是经夫妇，成孝敬，厚人伦，美教化，移风俗"。"风俗"被看作整治国家、安顿百姓、规范社会的有效手段。

之后，"风俗"逐渐由动词变为名词。《荀子·强国》中言，"入境，观其风俗，其百姓朴，其声乐不流污"；《周礼》曰，"俗者，习也，上所化曰风，下所习曰俗"，"上行下效谓之风，众心安定谓之俗"。从中可以看出，"风"是上层统治者所提倡的风尚，"俗"是下层百姓共同遵守的习惯和法则。到班固《汉书·地理志》，"风俗"已然成为百姓日用常行的生活显示和行为规范："凡民函五常之性，而其刚柔缓急，音声不同，系水土之风气，故谓之风；好恶取舍，动静亡常，随君上之情欲，故谓之俗。"刘昼《刘子校释》卷九《风俗章》中亦云："风者气也，俗者习也。土地水泉，气有缓急，声有高下，谓之风焉；

① 参见林继富、王丹《解释民俗学》，华中师范大学出版社 2006 年版。
② 参见《尚书大传》卷一《尧典》所引《白虎通·巡狩篇》。
③ 《毛诗序》，载郭绍虞主编《中国历代文论选》，上海古籍出版社 1979 年版，第 1 册，第 63 页。

人居此地，习以成性，谓之俗焉。""风俗"可看作"风气""习气""习俗"的代名词。至汉代应劭，则以"风俗"为题写下我国第一部关于风俗的著作《风俗通义》，将风俗视为一定自然条件、地理环境和社会氛围下的人们普遍遵守的交往方式、思维活动、生活法则和制度规范："风者，天气有寒暖，地形有险易，水泉有美恶，草木有刚柔也。俗者，含血之类，像之而生。故言语歌讴易声，鼓舞动作殊形，或直或邪，或善或淫也。圣人作而均齐之，咸归于正；圣人废，则还其本俗。"从"风俗"的演变史可以看出，"风"与"俗"本是并列结构，是相对独立的词素，拥有各自独立的文化意义。一般来说，因自然条件不同而形成的风尚，谓之风；因社会条件不同而形成的习尚，谓之俗。① 实际上，"风俗"存在于统治阶层和下层民众生活之中，是人民群众在社会生活中世代传承、沿袭的生活模式，是一个社会群体在语言、行为和心理上的集体习惯。即便是统治阶级中的成员，也有公务活动与私人生活之别，在公务活动中须遵循官方的定制，而在个人生活中除保存有上层社会的某些生活习惯外，基本上也与民族共有的习惯采取一致的态度。②

"民俗"，最通俗的解释是"民间风俗"，即直接创造物质财富和精神财富的广大中下层民众所创造、享用和传承的生活文化。③ 民俗起源于人类社会群体生活的需要，是在特定的民族、时代和地域中不断形成、扩展和演变并为民众的日常生活服务。与风俗相比，民俗突出了"俗"的主体地位，"俗"不仅仅是生活的存在，还是生活的过程④，是民众传承的文化和民间传承的文化。归根结底，民俗是民族的中下层民间文化的一部分，是民间文化中带有集体性、传承性、模式性的现象，是规范人们的行为、语言和心理的基本力量。民俗以口耳相传、行为示范和心理影响的方式扩展与传承，其主体部分形成于过去，属于民族的传统文化，但其根脉一直延伸到当今社会生活的各个领域，伴随国家或民族民众的生活继续向前发展和变化。尽管民俗事项纷繁复杂，但从社

---

① 参见林继富、王丹《解释民俗学》，华中师范大学出版社 2006 年版。
② 参见钟敬文主编《民俗学概论》，上海文艺出版社 1998 年版。
③ 参见钟敬文主编《民俗学概论》，上海文艺出版社 1998 年版。
④ 参见林继富、王丹《解释民俗学》，华中师范大学出版社 2006 年版。

会基础的经济活动到相应的社会关系，再到上层建筑的各种制度和意识形态，大都附有一定的民俗行为和相关的心理活动。

总体说来，民俗可以大略分为四大类别。物质民俗，指人们在创造和消费物质财富的过程中所不断重复、带有模式性的活动，以及由此种活动所产生的带有类型性的产品形式。它分为两个方面：物质生产民俗和物质生活民俗。物质生产民俗是一个国家、民族的特定地区、社会群体中的大众，在一定生态环境中所创造、享用和传承的物质文化事项，包括农业民俗，狩猎、游牧和渔业民俗，工匠民俗，商业和交通民俗等。物质生活民俗则包括饮食、服饰、居住、建筑及器用等方面的民俗。物质生活民俗最初是由于自然条件的差异而无意识中形成以满足人的生理需要为目的的生活模式，但随社会的发展和社会分工的复杂化，以及社会政治的变革、精神信仰的变迁、审美情趣的转型、社会心理的变异，民族的生活民俗逐渐走向多元化和复杂化，由基本的生存需要走向精神的、自我价值体现的深层需要。

社会民俗，指社会组织及制度民俗，是人们在特定条件下所结成的社会关系的惯例，关涉从个人到家庭、家族、乡里、民族、国家乃至国际社会在结合、交往过程中使用并传承的集体行为方式。它主要包括生活组织民俗（如血缘组织、地缘组织、业缘组织等）、社会制度民俗（如习惯法、人生礼仪等）、岁时民俗以及民间娱乐习俗等。[1]

精神民俗，指在物质文化和制度文化基础上形成的有关意识形态的民俗。它是人们在认识和改造自然与社会的过程中形成的心理经验，是集体的心理习惯，并表现为特定的行为方式而世代传承。精神民俗主要包括民间信仰、民间巫术、民间哲学伦理观念以及民间艺术等。

语言民俗，指人们在使用语言的过程中，在特定的文化环境下，通过口语约定俗成、集体传承的口头习用语汇和文学，及其与之紧密相连的具有艺术性的表达习惯和行为方式。[2] 它包括两部分：民俗语言和民间文学。语言是一种文化载体，各个民族、各个地区都有特定的语言，

---

① 参见钟敬文主编《民俗学概论》，上海文艺出版社1998年版。

② 这几方面特征主要参见林继富、王丹《解释民俗学》，华中师范大学出版社2006年版。

即民族语言和方言，是广义的民俗语言。狭义的民俗语言是指在一个民族或地区中流行的那些具有特定含义并反复出现的套语，如体现在日常生活中的民间俗语、谚语、谜语、歇后语、街头流行语，体现在特殊场合和仪式中的咒语、吉祥语、禁忌语、委婉语、神谕、誓言、黑话、酒令，以及具有民俗文化内涵的语音、语法、修辞等。民间文学是由人民集体创作和流传的口头文学，主要包括以神话、民间传说、民间故事为主体的口头叙事文学，以民间歌谣、民间叙事诗和史诗为主体的口头韵语文学，以及以民间说唱和民间小戏为主体的道具说唱文学等。

二　民俗的思想特征

每个民族都有属于自己民族的民俗，每个时代都有属于那个时代的民俗。时代在变化，民俗在不断创新，但民俗一旦创生，它们就会在民众中间不断传播。民俗作为特定时代、特定民众群体所创生的特定生活方式、行为规范和心理诉求，体现出五个方面的个性特征。①

其一，多元性与复合性。民俗的多元性是指民俗的地域差异性和族群差异性的多样性。中国是个多民族的国家，即便是同一民族，由于不同地域的差异，必然造成某一特定族群、民众生活共同体有属于自己团体的民俗习性，从而造成民俗的差异性和多元性。在中华各民族的不断融合中，民族习俗、地域民俗构成中华文化体系的重要组成部分。俗语说"十里不同风，百里不同俗"，《晏子春秋·内篇问上》曰"古者百里而异习，千里而异俗"，《西游记》第十五回"正是离家三里远，别是一乡风"就是证明。正是由于民俗的多元性特征，每个时代、每一民众生活的共同体，甚至每一个民族，都没有纯粹的单一的民俗，所有的民俗都是多民族、多地域、多时空共同创造和延续的，同一民俗名目之下却有不同的民俗内容，体现出民俗的复合性。比如食俗，我国民间有"南甜、北咸、东辣、西酸"的说法，体现中华民族著名菜点风味的食谱习俗，如京式菜点、广式菜点、川式菜点、闽式菜点、鲁菜系、沪菜

---

① 参见林继富、王丹《解释民俗学》，华中师范大学出版社 2006 年版；钟敬文《民俗文化学：梗概与兴起》，中华书局 1996 年版；钟敬文主编《民俗学概论》，上海文艺出版社 1998 年版。

系等，以及城镇名食，如北京东来顺涮羊肉、天津狗不理包子、沈阳老边家饺子、老那家坛肉、四平李连贵大饼熏肉等，这些差异性的民俗皆是从地方饮食中发展而成为体现族群整体意志的规范和准则，充分说明饮食民俗的多元性和复杂性。再如狗拉爬犁的出行方式不会出现在江南水乡，而只会为白山黑水间的居民所独有；龙舟竞渡只会在南方水乡出现，绝不会出现于尘沙漫天的西域大漠；"阿注婚"是泸沽湖畔纳西族的独特婚姻形式；喝青稞酒、住碉楼则是藏族的传统风俗；银衣绣饰是苗族人民的独特打扮……正由于民俗的多元性及其浓郁的乡土气息，民俗志成为地方志的重要内容。我国自古以来方志学的建立，正与历代各地方民俗的搜集、研究密切联系。

其二，集体性与模式性。民俗是民众集体创作，经长期的历史淘汰和社会选择留存下来的文化。这种文化是民众生活的范本，是民众精神的寄托，具有稳定的结构和模式。民俗作为民众集体的共同规范，总是为特定的民众社会集团所享用和传承，成为集体的共同的文化财产。但是，民俗的集体性之中蕴含模式性特征。所谓民俗的模式性是指民俗文化事项的内容和形式方面彼此有类似的性质，是群众在共同需要、心理的基础上不断陶冶而成的。作为模式化的民俗与上层文化的重视个性与独创性是不同的。如文学史，没有哪位伟大作家的作品是没有个性的。从屈原、李白、杜甫到辛弃疾、李清照，个性化成为衡量文人作品的标准。但民俗文化则不然，它们不是个性的，而是类型化、模式化的，由于时代、生活、心理及传统背景的不同，民俗在内容或形式上是大同小异的。如民间故事中的《牛郎织女》《白蛇传》《孟姜女》《梁山伯与祝英台》四大传说，老虎外婆的故事、巧媳妇的故事以及傻女婿的故事等，无论由谁来讲，在哪儿讲，基本情节和某些语言都是相近相同，以致反复出现的。即使不是相同类型的故事，它们的母题却往往是相同或相近的。总之，民俗文化作为民众自发的创造物，且为同一社会民众所享用和传播，故表现为类型性、模式性。

其三，传承性与扩布性。民俗在时间上传承，在空间上扩布。民俗在社会中一旦形成，就会成为一个自控的独立系统而代代相传。好的习俗以其合理性赢得广泛的承认，从而不断地继承下来；恶习陋俗也往往以其因袭保守的习惯势力传之后世。比如岁时节日习俗，农历正月十五的元宵灯会和吃元宵，三月清明节的祭祖扫墓与踏青郊游，五月初五端午节的菖蒲艾叶、赛龙舟及吃粽子、饮雄黄酒，八月十五的中秋节赏月和吃月饼，除夕辞岁的年祭和吃团圆饭等，都是传袭了千年以上的岁时习俗。不论各代各地有多少差异，标志该节日的主要内容和形式被承袭下来。又如我国的婚姻习俗，其繁杂的程序及操办方式一直被传沿，不仅在旧社会不断因袭，在现代社会依然有不同程度的继承与沿用；丧葬习俗亦如此，某些充满了迷信色彩的形式和手段，经几千年传沿至今，仍在城乡各地广为传扬。而民俗的扩布性，一方面，从扩布性自身的规律看，那些发生时间早，社会功能较宽泛的民俗，扩布地域会相对较广大些；发生时间较晚，又与一般民众生活关系较少的民俗，扩布的地域就相对狭小。另一方面，从扩布性研究趋势看，不仅应注意地域民俗的共同点和同源性，还应注意地域、民族文化间的差异性。民俗文化在横向上不断扩布，表现为某一地域、特定群体对异域、异族文化价值取向的判断、吸收、拒绝、消化和加工。因此，民俗文化的整体扩布表现为正常和非正常两种方式。正常的扩布是在和平的环境之下自然进行的，指异民族、异地域民俗文化间的相互交流、影响和吸收。非正常的扩布是在特殊情况下发生的，如战争、灾荒、瘟疫等突发事件，造成大规模的民众迁徙，民俗文化随之转移，有些会与当地民俗文化相结合，为全体民众所共同遵守；有些则被迁徙人口独立保存和流传。民俗的传承性和扩布性为探讨民俗文化产生、发展、演变、流传及在同一地域分布的规律有重要资料价值。

其四，稳定性与变异性。民俗是民众集体意志的体现，因其传承的特殊性，在日常生活中具有相对稳定性。但民俗亦会随社会、政治、经济的变迁而不断变异。只要社会稳定，人们的生产方式和生活方式不发生剧烈的变革，民俗文化的稳定性就越强。中国是经历了几千年的农业社会，虽然发生了几十次大规模王朝更迭的战争，但农业社会的基础并未动摇，几千年一以贯之的农业宗法社会性质没有发生根本的改变，围绕农耕社会所形成的民俗文化得以稳定传承。如家族观念的稳定性、节俗传统的稳定性、人生礼仪习俗的稳定性等。但是，民俗文化的稳定性是相对的，稳定之中随时包含可变因素，从而使民俗发生变异。民俗的变异性是指民俗在传承和扩布过程中引起的自发和渐进的变化。民俗的变异性与民俗文化的多元性相关联，同类民俗在不同时代、不同地区都会有各自的特点。如从新中国成立前清明祭祖上坟发展为新中国成立后不仅祭祖而且祭扫烈士墓，清明节日传承中表现出变异；清代满族的旗袍演变为现代服装的旗袍，服饰民俗发生变异；古代婚礼用五谷杂粮撒向新娘，做驱邪祝吉仪式，而今用五彩纸屑撒向新娘以致庆贺，古代信仰、礼仪、婚俗在传承中变异；等等。随着时代条件、地方生活、民族传统的不同，民俗在流传中产生变异是很自然的。当然，人们亦会有意识地改革民俗，使民俗发生变异。如古代六朝时，太原地区寒食节冷食习俗长达百日以上，造成疾病伤亡，危害严重，皇帝下令革除，改禁火三日；侗族山寨为革除旧婚俗六礼的繁缛，曾于 20 世纪中叶拟定乡约，刻石树碑，予以改革；汉族盛行的近亲婚，因新婚姻法而禁止近亲配偶，用科学方法与法制规范破掉恶俗；等等。只要人为的变异是从民俗中有意引导出来，符合社会前进方向和民心所向，民俗不仅不会被消灭，反而会进一步促进民众凝聚力的提升和精神信仰的稳固。

其五，规范性与服务性。民俗是人们在长期的生产实践和社会实践中创造的语言和行为模式，是民众共同创造和遵守的行为规则，有强烈的稳定性和约定俗成性，具有不成文法的强制力和约束力，迫使民众在一定的道德和习惯规范中行事，以实现心理和环境的协调与平衡，表现出规范性和服务性特征。民俗的规范性是指民俗文化对民众行为和心理所具有的制约性。每个时代都有属于那个时代的民俗规范，每一地域、每一民族亦有属于其自身的民俗规范。民俗规范的形成，无疑受到人们经验和观念的支配，经验与概念变为规范的过程就是民俗约定俗成的权威的确立过程。如原始社会，生产资料归氏族所有，氏族成员共同劳动、共同消费，自然形成人们的原始共产主义观念，表现于日常生活是生产中的"共耕制"和分配中的"共享制"。在社会生活中，没有规范就不能统一意志，民众就不能自由行动。家族中有家教、家规、家法；村落中有村规、村约；婚姻丧葬有一定程序和规范；等等。人们为了协调生活，随时都在调整自己的观念和行为，用规范化的民俗构成大家行为的准则。正是由于民俗的规范性，民俗才被民众创造和传沿，归根结底，民俗是要为民众服务。首先，民俗文化的创造是服务于社会的。民俗作为社会规范，可以使人们的社会行为有一个相对统一的模式，以此协调社会的发展。如尊老爱幼的习俗不仅表现在家庭中，而且表现在社会上，成为上下共同遵守的礼仪规范。其次，民俗文化服务于生产和生活实践。民俗文化的积累形成了自己的知识系统，反过来，这个知识系统又服务于自己的生产与生活。如天文观测和农业生产经验相结合形成农业生产习俗，一年中二十四节气的制定，主要服务于农事活动，信仰习俗与农事活动及民间艺术形式相结合而产生一系列的岁时节日。最后，民俗文化协调民众心理，满足民众的审美需要。人不仅仅生活在物质环境之中，更生存于精神世界里面。民俗作为人民物质生产、生活和精神生产与生活的产物，自然而然为人们的精神生活服务，满足人们的审美需求。如岁时节日民俗中的春节贴门神、窗花和年画，门神是趋吉避凶的，由最早的桃符演化为今天的木板雕刻神像，包括神荼、郁垒；尉迟、秦琼；天官赐福；文门神、武门神等。窗花和年画中的寓意更是深刻有趣：莲（连）年有鱼（余）、莲（连）笙（生）贵子、金鱼（金玉）满堂、五蝠（福）捧寿、龙凤呈祥等。这些习俗，巧妙地利用了汉语谐音方式，配合符号图画（鱼、莲、笙、蝙蝠、龙、凤等），构成民俗文化中的吉祥物系列，给人以美的享受，体现了民众的审美意识和创造智慧。

总之，民俗作为特定人类群体共同的生活模式和文化积淀，体现出个体性和差异性，但因其传承性和变异性，必能为社会进步和文明发展，提供可资借鉴的文化资源和智力支持。

三　从民俗的功能看德治、法治与民俗的融契

民俗作为表现民众知识以及民间智慧的规范化行为模式，自其端始，便以其"集体性""模式性"和"规范性"功能，成为人类共同体生活的基本法则，调整着人与人之间的关系、传递着人世间的道德教化和规范约束。民俗天然地与法和道德相融契。因此，当代中国的法治建设和德治社会的完善，离不开民俗这一有效的文化资源。

其一，民俗的集体性功能与道德和法具有融通性。民俗非个体行为，而是群体行为，是群体生活所达成的实践合理性效果，由此可以说，民俗具有集体性功能。法国社会学家涂尔干（Durkheim）指出，人有两种意识：一是个人从直接经验中取得而具有个性特征的意识；二是特定社会集体所共有的意识，是社会中多数人所共有的信仰和情感，是为"集体意识"。① 人区别于其他动物的一个重要特性是群居而创造性劳动。在这个群居劳动的过程中，必然形成一些大家普遍遵守的信念和规范，体现着群体、集体的聪明智慧。这就是"集体意识""集体观念"，民俗、习惯正是这种意识的体现。道德、法律亦是一定群体所共同遵守的"集体意识"。不过，民俗作为"集体意识"是最为自由和普遍的；道德的"集体意识"是一种自觉，体现着善恶价值观念；而法律所体现的"集体意识"则是一种"强制力"，是"必须""必然如此"。从作为"集体意识"的体现来讲，民俗、道德与法律具有相通性。恰是这种"集体性"，民俗之中自然蕴含着道德教化，甚至在一定程度上还体现着法的强制力。

比如，古代婚姻习俗中"父母之命"本身便融民俗与道德和法律为一身。中国古代婚姻讲"父母之命，媒妁之言"。"父母之命"即指在男女婚姻关系的确立上以父母的意见，尤其是以父亲的意见为转移的父母包办儿女婚姻的现象。《诗经·齐风·南山》中曰："芝麻如之何？衡从其庙；娶妻如之何？必告父母。"《诗经·郑风·将仲子》描述了一位少女因畏父母、诸兄及社会舆论而不能与意中人相爱的相思之痛："将仲子兮，无逾我里，无折我树杞。岂敢爱之？畏我父母。仲可怀也，父母之言亦可畏也。""父母之命"不敢违，亦不可违，根本在于"不待父母之命，媒妁之言，钻穴隙相窥，逾墙相从，则父母国人贱之"（《孟子·滕文公下》）。为什么要严格遵守"父母之命"？是因为某些联姻原则已经成为一种牢固的民族潜意识、集体意识。所谓联姻原则是指，男女是否能够定亲的标准。尽管标准有很多，其中最为突出、带有禁忌性色彩的标准是自古即被提倡的"同姓不婚，恶不殖也"（《国语·晋

---

① 参见谢立中《西方社会学名著提要》，江西人民出版社 1998 年版。

语》），"男女同姓，其生不蕃"（《左传·僖公二十三年》）。"同姓不婚"是在西周以来重要的通婚原则，是封建法律。北魏时甚至规定，同姓为婚者将处以腰斩极刑；唐朝亦规定，同姓为婚者各徒两年；金元时还规定，同姓为婚，"杖离之"。一些地区的家谱中亦明确规定"同姓不婚"原则。如江西《刘氏重修族谱·家规》中说："婚姻者，上承宗祀，下以启后世也，同姓不可为也"；江西《黄氏大成宗谱·附录·荆门州庠生侄晓十条并示诫喻》第三条规定："重同姓不可婚。凡系共祖者，若以姑孙姊妹为偶者，真夷狄禽兽也……吾族当重惩之。子孙若犯之者，必非吾族，定行除姓，决不少贷"；江南宁国府太平县《馆田李氏宗谱》载："同姓为婚者，削不入谱"；江苏淮阴《曹氏宗谱·家法》甚至规定："同宗联姻"不仅仅除姓，更要除族。① 可见，"同姓不婚"不仅仅是道德原则，还是法治规范。

当然，主婚"父母之命"的"父母"是广义的，不一定必须是父母，父母之外的其他尊亲长者都可以主婚，如祖父祖母、同宗叔伯、长兄及其他家族族长等都可代"父母之命"主婚，官僚集团中高一级长官可以为下级长官主婚，老师可以为学生主婚，等等。封建统治者的赐婚、选婚、罚婚和指婚是"父母之命"、包办婚姻的典型的变异形态。只是，这些主婚实质上是形式的或仪式的主婚，但不管是纯粹的、实质的"父母之命"，还是形式的"父母之命"，只有有了"主婚人"，男女婚姻才算是合乎礼法，否则，婚姻当事人是不可自言婚嫁问题的。

以"父母之命"为主要内容的传统婚姻，重视的是家庭乃至家族的利益。不过，儿女的婚事虽必须顺从"父母之命"，一般情况下，父母亦会考虑儿女的终身幸福而尊重儿女自己的选择。如冯梦龙《情史》卷三《情私类》中记梁意娘故事：

> 五季周时，潇湘梁公女名意娘，与李生有姑表亲。李往来甚熟。因中秋玩月，与意娘潜通，恋恋不去。久之事露。舅怒逐之，由是阻隔三霜。时遇秋日，意娘寄歌曰："花花叶叶落纷纷，终日

---

① 参见吴存浩《中国民俗通志·婚嫁卷》，山东教育出版社2005年版。

思君不见君。肠欲断兮肠欲断，泪珠痕上更添痕。我有一寸心，无人共我说。愿风吹散云，诉与天边月。携琴上高楼，楼高月华满。相思弹未终，泪滴琴弦断。人道湘江深，未抵相思半。江深终有底，相思无边岸。君在湘江头，妾在湘江尾。相思不相见，同饮湘江水。梦魂飞不到，所欠惟一死。入我相思门，知我相思苦。长相思兮长相思，短相思兮无尽极。早知如此挂人心，悔不当初莫相识。"李生得歌，悲咽。因托人进公曰："令爱才华，贤甥文藻，天生佳偶，幸未议婚，公不若妻之，以塞外议。"公乃许焉。①

五代时潇湘梁公有女梁意娘，与表哥李生自幼青梅竹马，日久生情。然其父梁公大怒，认为非经"父母之命，媒妁之言"而产生私情乃有违礼教，便将李生逐出家门。梁意娘的诗和梁意娘与李生的真情打动了梁公，二人终成眷属。

既然古代婚姻必须听从"父母之命"，父母尊亲主婚，那么，主婚的父母或其他尊长就要对婚姻负法律责任。唐代《唐律疏义·户婚律》就规定："诸嫁娶违律，祖父母、父母主婚者，独坐主婚。若期亲尊长主婚者，主婚为首，男女为从。余亲（其他旁亲）主婚者，事由主婚，主婚为首，男女为从；事由男女，男女为首，主婚为从。其男女被迫，若年十八以下及在室之女，亦主婚独坐。"婚姻决定权不在当事人，而在于"父母之命"，所以当婚姻违律有罪时，只能罪其主婚的父母或其他尊长，而婚姻当事人无罪。只有在其他比较远的旁支亲属或师友学长主婚时，在"事由男女"，婚姻当事人自己做主的特定情况下，论罪时才以"男女为首，主婚为从"。其他情况下都是独坐主婚人之罪。在明清两代刑律中也有同样的规定：违律嫁娶，如果由祖父母、父母、伯叔母、姑、姨、兄姐以及外祖父母主婚者，都独坐主婚之罪，而婚姻当事人"男女不坐"。因为上述这些亲属主婚，都是婚姻当事人的尊亲长辈，由他们主婚，属于卑幼晚辈的婚姻当事人不能不听从。②

---

① （明）冯梦龙：《情史》，载魏同贤主编《冯梦龙全集》卷七，凤凰出版社 2007 年版，第 92—93 页。

② 参见郭兴文《中国传统婚姻风俗》，陕西人民出版社 2002 年版。

"父母之命"作为古代婚姻的前提，充分体现了道德规范与法律约束的有机统一。儿女们的婚姻受制于"父母之命"，遵守这一原则就是道德的、合礼法的，否则就是不道德、不合礼法的。既然父母尊亲享受了约束、制约儿女婚姻自主权的"父母之命"，又必须承担相应的法律责任。

其二，民俗的模式性功能与道德和法具有融通性。民俗是特定的群体按照普遍接受的模式而固定下来的行为习惯，自其开始，便规定了人们应该做什么、不应该做什么。民俗是特定的文化模式。我们常说"居住习俗""婚姻习俗""信仰习俗""饮食习俗"，等等，正是指人们在这些方面的行为定式而言的，是指具有一定规范化的居住模式、婚姻模式、信仰模式和饮食模式等。这些模式不仅是前人行为的总结、堆积而"约定俗成"了的，而且是今人必须遵守的行为规范。① 文化学者本尼迪克特（Benedict Cumberbatch）曾说："个体生活历史首先是适应由他的社区代代相传下来的生活模式和标准。从他出生之时起，他生于其中的风俗就在塑造他的经验与行为。到他能说话时，他就成了自己文化的小小创造物，而当他长大成人并能参与这种文化的活动时，其文化的习惯就是他的习惯，其文化的信仰就是他的信仰，其文化的不可能性就是他的不可能性。"② 人是文化的产物，民俗是重要的文化现象，每个人离不开民俗，人的生产、生活和精神追求总是要受到民俗的规范和约束。民俗习惯深深地扎根于民族的精神观念和社会生活之中，通过代代传承，作为人类生活共同体的"文化模式"，体现着这一群体的心理、智力与情感。弗洛伊德（Sigmund Freud）曾指出文化模式对人格的影响。他说："在一个集体中，个人的特殊的后天习性会被抹杀，因此，他们的个性也会消失。种族的无意识东西会冒出来，同质的东西淹没了异质的东西。"③ 一方面，在一定程度上，集体的、模式化的意识和习惯会影

---

① 参见杨正文《论民俗的社会管理功能》，《民俗研究》1989 年第 1 期。

② ［美］露丝·本尼迪克特：《文化模式》，何锡章、黄欢译，华夏出版社 1987 年版，第 2 页。

③ ［奥］西格蒙德·弗洛伊德：《弗洛伊德后期著作选》，林尘等译，上海译文出版社 1986 年版，第 78 页。

响个性的无限发展；另一方面，个体会在模式化的文化氛围中挺立集体性，凸显作为模式化的集体的文化个性、民俗个性。

民俗是特定群体的共同行为模式，必然有其特殊性。就某一民俗来看，它可能由一个民族或者多民族共同遵守，民俗相对于特定的群体具有模式化。比如"春节"习俗，成为我国 39 个民族的共同节日，其中 31 个民族普遍过春节，另外 8 个民族中部分群众过春节。春节不仅仅是中国最普遍的节日，常常也是许多民族最重要的节日。① 就民俗成为特定群体的行为模式讲，人们必然自觉遵从和实践它。从一定意义上说，是否遵从和实践这样的一种民俗，成为判断某人民族性、集体性的标志。

民俗一旦以模式的形式固定下来，往往会代代沿传，成为人们生活世界的重要组成部分，在一定意义上起到道德教化作用，而对于违反一定民俗的行为，可能会受到"法"的制裁。

如中华民族的色彩民俗，便具有"惩恶扬善"的道德教化功能。② 民间有"绿帽子"之贬，对"绿色"有一定禁忌。这在中国古代社会长期流行，直至现代社会，依然有此忌讳。据明人郎瑛考证，此俗起源于春秋时期："唐史李封为延陵令，吏人有罪，不加杖罚，但令裹碧绿巾以辱之，随所犯轻重以定日数，吴人遂以着此服为耻意。今吴人骂人妻有淫行者曰'绿头巾'，及乐人朝制以碧绿之巾裹头，皆此意从来。但又思当时李封何必欲用绿巾？及见春秋时有货妻女求食者，谓之娼夫，以绿巾裹头，以别贵贱。然后知其由来已远，李封亦因是以辱之，今则深于乐人耳。"（《七修类稿》卷二十八）明太祖朱元璋登基后，于洪武三年（1370）下诏："教坊习乐艺，青字顶巾，系红线裕膊。乐伎，明角冠、皂褙子，不许与民妻同"；同时还规定，"教坊司伶人常服绿色巾，以别士庶之服"；又规定，娼妓家的男子必须"头戴绿巾，腰系红

---

① 参见陈连山《春节民俗的社会功能、文化意义与当前文化政策》，《民间文化论坛》2004 年第 5 期。

② 参见杨健吾《惩恶扬善：中华民族色彩民俗的特殊功能》，《文史杂志》2005 年第 2 期。

裸膊，足穿带毛猪皮靴，不许街道中走，只许街道左右行"。① 清人翟颢
《通俗编》引《直言补证》说："娼妓有不隶于官，家居卖奸者，谓之
土妓，俗谓之'私窠子'。又以妻之外淫者，目其夫为乌龟，盖龟不能
性交，纵牝者与蛇交也。"直到中华民国初年，尚有将犯人的头巾涂成
绿色，以示惩罚的。至今，民间对其妻与他人通奸者，还有用"戴绿帽
子"来讥讽贬损。

另如，流行于东北地区的皮影和木偶戏民俗，传递的正是道德价值
评判，"历史上的忠良奸佞，江湖上的游侠好汉，生活中的纯朴善良，
传统伦理道德上的正反榜样，轮流在小小的影窗中亮相"②，观众从中受
益良多。民俗反映着道德评判，这样的实例不胜枚举。

民俗不仅与道德教化和善恶评价相融贯，而且与法相融通。从辞源
学角度讲，法是在民俗基础上产生的，是民俗模式化功能的具体化和系
统化。"法"字的象形字（"灋"）是水边的一块地方和一个两角动物及
一个人。钟敬文先生认为，"法"是对古代的判案习俗的直接描绘。古
时遇有纠纷，往往采取神判法。其中一种是将被告带到氏族的圣地，由
部族的神兽（往往是某种带有图腾性质的动物），以角相触，被触者有
罪。"法"字的象形，正是对此种风俗的描绘。③ 恩格斯在《论住宅问
题》中曾说："在社会发展某个很早的阶段，产生了这样的一种需要：
把每天重复着的生产、分配和交换产品的行为用一个共同规则概括起
来，设法使个人服从生产和交换的一般条件。这个规则首先表现为习
惯，后来便成了法律。"④ 恩格斯所说的"习惯"就是原始的民俗。

在中国古代，违背了民俗的规定，则可能会受到制裁。而这样的制
裁，便以法的形式出现。比如古人对"灰"的规定和约束。《史记·李
斯列传》中载："商君之法，刑弃灰于道者。夫弃灰，薄罪也。而被刑，
重罚也。"《新序》曰："今卫鞅内刻刀锯之刑，外深钺之诛，步过六尺
者有刑，弃灰于道者被刑。"《汉书·五行志下》中曰："秦连相坐之

---

① 参见王立新《漫话乌龟》，《文史知识》1992 年第 11 期。
② 余志超：《细说中国民俗》，光明日报出版社 2006 年版，第 43 页。
③ 参见钟敬文主编《民俗学概论》，上海文艺出版社 1998 年版。
④ 《马克思恩格斯选集》第 2 卷，人民出版社 1972 年版，第 538—539 页。

法，弃灰于道者，鲸。"① 为什么要"刑弃灰于道者?"有人认为，灰可复燃，有妨安全；有人认为，道路有灰就会迷人眼睛，引起争斗；有人认为，灰可作肥料，弃灰于道，是破坏生产。但是，从民俗学角度来看，火是避灾驱邪之物，娶妻时，令新妇跳火盆；出殡时，门前燃火，户外撒灰，驱赶家鬼。火后之灰亦有此功能。弃灰于道，是以邪术害人，降灾于路人，必引起路人与当地人的争斗，故禁之。②

其三，民俗的规范性功能与道德和法具有融通性。民俗作为集体意识，具有社会规范功能，能够调整一定范围内的人际关系。任何社会都有全体成员共同认可和执行的行为准则，如法令、契约、纪律、戒律、禁忌，等等，而民俗是产生最早、约束面最广的一种深层行为规范。它以习惯的力量，像一只看不见的手，暗中支配着人们的行为，从吃穿住行到心理活动，从行为到言语，人们无不自觉地遵从着民俗的命令，并对此毫无觉察。③ 与法律、道德规范相比，民俗规范具有自发性，道德规范具有自觉性，法律规范具有强制性。但从规范角度讲，民俗与道德、法律皆是调整人与人间的关系，以期实现社会的稳定与和谐的重要手段。民俗作为集体的共同体认知识，在规范人该做什么、不该做什么时，既是道德的说教，又是法律的强制，它所彰显出来的"软"控制能力，是法律调节的有力补充，尤其在国家法鞭长莫及的地方，民俗的规范功能更为凸显，如"乡约"。

"乡约"即"乡规民约"，是在特定的乡村社区，乡村居民实现自我管理、自我服务、自我约束而共同商量、共同讨论、共同制定出来，乡村居民普遍遵守和执行的行为规范。自春秋战国、秦汉时，乡约便已初露端倪，但成文的乡规民约则发轫于宋、流行于明清，清末民初亦曾在一些地区盛极一时。北宋中期陕西蓝田吕大钧、吕大忠、吕大防、吕大临兄弟制定的《吕氏乡约》（又称"蓝田吕氏乡约"），是中国历史上第一部成文的乡规民约。南宋理学家朱熹非常看重这部乡约，并对其丰富和完善，使之成为南宋以后中国封建教育的正统教材。明代学者王守

---

① 武树臣：《中国法律思想史》，法律出版社 2004 年版，第 19 页。
② 参见辛志成、王扬《论民俗与法律的关系》，《云南行政学院学报》2007 年第 6 期。
③ 参见陈建宪《试论民俗的功能》，《民俗研究》1993 年第 2 期。

仁（1472—1529 年）在南昌为官时，曾仿《吕氏乡约》颁布《南赣乡约》，以教化乡民。明末清初，民间发展乡约运动，后来随着朝廷的认可和推崇，历代皇帝开始为子民制定行为规范而成为"圣谕"，如明太祖的《六谕》的《木铎训词》（包括孝顺父母，尊敬长上，和睦乡里，教训子孙，各安生理，毋作非为）、清康熙圣祖《圣谕十六条》（包括敦孝弟以重人伦，笃宗族以昭雍睦，和乡党以息争讼，明礼让以厚风俗，隆学校以端士习，黜异端以崇正学，训子弟以禁非为，重农桑以重衣食，尚节俭以惜财用，务本业以定民志，讲法律以儆愚顽，息诬告以全善良，诫窝逃以免株连，完钱粮以省催科，联保甲以弭盗贼，解雠忿以重身命）等。[1] 乡约即以"圣谕"为核心，附之以家法或禁约而成为人们共同遵守的行为规范和讲乡约的蓝本。至清乾隆年间，村规民约已相当普及，而且涉及的内容更广泛具体。

就乡规民约的内容而言，大体上可以划分为宗族的族规家法、森林保护规约、宗族族产和坟墓禁约、议事合同、会社规约、禁赌公约、兴办学校和教育公约以及和息文约等。从形式上看，乡约又可分为告知性乡规民约、禁止性乡规民约、奖励类乡规民约、惩戒类乡规民约和议事类乡规民约等类型。而就乡规民约的载体而论，则可依次分为纸质乡规民约、石质类乡规民约，如各种乡规民约的碑刻和木质类乡规民约如宗族祠堂中的粉牌等。[2] 在云南省剑川县东岭乡的新仁里村白族村落里，就有写有"乡约"的木板，被挂在村中的寺庙里，其内容主要涉及"家常""丧事""喜事""急难""赌博""夜行""抢妇""争讼""山林"等。

乡约所起的作用中最主要的有两个，即道德教化和法治约束。一方面，乡约以"惩恶扬善"为价值取向。乡约由乡村、宗族、会社和特定组织等制定，其"合约""规约""禁约""公约"等主要内容的实质旨在惩恶扬善，强调道德教化。比如，王阳明制定的《南赣乡约》篇首便指出："今特为乡约，以协和尔民，自今凡尔同约之民，皆宜孝尔父母，敬尔长兄，教训尔子孙，和顺尔乡里，死丧相助，患难相恤，善相劝勉，

---

① 参见朱鸿林《一道德，同风俗——乡约的理想与实践》，《读书》2016 年第 10 期。

② 参见卞利《明清徽州乡（村）规民约论纲》，《中国农史》2004 年第 4 期。

恶相告诫，息讼罢争，讲信修睦，务为良善之民，共成仁厚之俗。"① 显然，乡约之制定正是要教化百姓、使民行善。明末大儒刘宗周（1578—1645 年）亦有《约书》，其"约训"曰："孝顺父母、尊敬长上、和睦乡里、教训子孙、各安生理、毋作非为。"其"约法"曰："德义相长、过失相规、礼俗相交、患难相恤。"② 乡约在进行道德劝善的同时，还具有法令约书之义。王阳明《南赣乡约》载："立约所于道里均平之处，择寺观宽大者为之。一彰善者，其辞显而决；纠过者，其辞隐而婉；亦忠厚之道也。如有人不弟，毋直曰不弟，但云闻某于事兄敬长之礼，颇有未尽；某未敢以为信，姑案之以俟；凡纠过恶皆例此。若有难改之恶，且勿纠，使无所容，或激而遂肆其恶矣。约长副等，须显先期阴与之言，使当自首，众共诱掖奖劝之，以遂其善念，姑使书之，使其可改；若不能改，然后纠而书之；又不能改，然后白之官；又不能改，同约之人执送之官，明正其罪；势不能执，勠力协谋官府请兵灭之。"③ 从中可知，有过之人，约长及同约中人要帮助其改过；即便有难改之"恶"，约长及同约中人亦要循循善诱，尽可能地帮助犯过之人改正错误，唯有迫不得已、屡教不改，方告知官府，以国家立法给以强制。在一定程度上说，乡约就是立约之人共同遵守的"法"。这样的"约法"能够有效地维护地方社会的安定，促进社会的和谐进步。它融习俗、法律、道德、伦理等为一体，成为民众心中的"小宪法"，集中反映他们的意愿和需求，必能够成为现代法律与传统习俗对接的桥梁、联系的纽带和嫁接的载体。

四 民俗是社会治理的重要思想资源

人的一生，始终徜徉在道德与法律的规范之中，接受文化的熏陶与塑造。尽管人亦在创造和变革文化，但逃不出文化对人的限制和约束。人在道德与法律的规制下走向自我价值的觉醒和创造。究其原因就在于，民俗是道德与法律教化的最直接体现。在一些地区，尤其是对那些没有文字和各种教育设施的种族和人群来说，某些民俗事项，如神话、

① （明）王守仁：《王阳明全集》（上），上海古籍出版社 1992 年版，第 600 页。
② （明）刘宗周：《刘宗周全集》，第 4 册，第 403—405 页。
③ （明）王守仁：《王阳明全集》（上），第 600—601 页。

谚语、寓言、童话、英雄传说及历史故事便成为宣扬道德规范和法律思想的最有效工具。这些民俗事项不断地将生存共同体之间的道德原则和法律约束传沿给下一代，不仅仅是传播文化知识，而且提高人们辨别善恶是非的能力，还促进人们不断创造和谐的人与人、人与社会、人与自然的关系。英国社会人类学家马林诺夫斯基（Malinowski）在论神话的作用时已经清楚地说明了这一问题："在原始文化中，神话是不可或缺的。它表达并强化了信仰，它使信仰法律化，它维护和加强了人们的伦理道德观念，它确保了礼仪的效用，它指导着人们的行为规范。因此，神话是人类文化的一个关键组成部分：它不是一些空乏无味的故事，而是一种活跃的、强有力的（社会）力量；它不是（早期人类对世界及各种自然现象的）具有想象力的解释的结果，也不是一种艺术的想象，而是原始信仰和道德智慧的图解……"① 不仅仅神话有如此功效，其他所有民俗事项之所以被传承和发扬，归根结底在于它们对人们生存群体的道德教化与法律约束价值。

民俗是现代社会完善和发展的重要文化资源，尤其是中国的法治建设，必须将民俗视为有利补充。从历史视角来看，中国社会长期处于乡土社会，中国人的行为更多地局限于特定的人情、礼俗、宗法以及习惯，而且这样的观念已经深入人心，成为比国家法律还有实效性能的"指令模式"，民众对国家法之外的习惯、民俗、伦理、道德更感兴趣。正如当代法国著名的比较法学家勒内·达维德（Rene David）所说，"中国人一般是在不用法的情况下生活的"，"中国人解决争端首先必须考虑'情'，其次是'礼'，最后是'理'，只有最后才诉诸法"。② 韦伯也认为，在中国传统社会中，法律与宗教、伦理规范和风俗习惯等含混不分，道德劝诫和法律命令没有被形式化地界定清楚，因而导致了一种特殊类型的非形式的法律，即中国传统法律是一种"实质的伦理法"。③ 这样看来，当代中国

---

① 转引自［英］马林诺夫斯基《原始心理学中的神话》，第29页。参见王娟编著《民俗学概论》，北京大学出版社2002年版。

② 转引自［法］勒内·达维德《当代主要法律体系》，上海译文出版社1984年版，第487页。

③ 参见田成有《民俗习惯在司法实践中的价值与应用》，《山东大学学报》（哲学社会科学版）2008年第1期。

要走法治化道理，脱离民俗传统而不顾，显然是行不通的。进入 20 世纪 90 年代以来，已有学者敏锐地指出："长期以来的法学研究，以国家权力为核心，以官方法典为依据，但却忽视了中国社会存在的多层次的习惯法规和多元的权力体系，一句话，人们专注于'官方的'轻视了'民间的'。这是一件令人遗憾的事情。"① 特别是苏力先生指出："在中国的法治追求中，也许最重要的并不是复制西方的法律制度，而是重视中国社会中的那些起作用的，也许并不起眼的习惯、惯例，注重经过人们反复博弈而证明有效有用的法律制度，否则的话，正式的法律就会被规避而无效，而且可能给社会秩序和文化带来灾难性的破坏。"他还说："我们更应当重视研究和发展中国社会已有的和经济改革以来正在出现和形成的一些规范性做法，而不是简单地以西方学者的关于法治的表述和标准来否认中国社会中规范人们社会生活的习惯、惯例为法律。"② 这就是说，法治建设不仅仅是"法律"的完善过程，同时还是法如何与民俗相"和合共存"的过程。我们不能因为法治社会的口号而将千百年来，人们生活共同体所建立起来的民俗习惯排除在外，而是应该将它们看作法律制定和推行的最基本的文化资源。

总之，民俗在我们的生活中无处不在，无论是物质文化生活，如衣、食、住、行等习俗；还是社会文化生活，如家庭、亲族结构、岁时节日、婚丧嫁娶、民间艺术等；乃至精神文化生活，如信仰、思维、心理、伦理等，民俗贯穿了人生始终。当代文化建设和德治法治社会的构建，应当从民俗中汲取营养。民俗的"集体性""模式性"和"规范性"基本功能，已然蕴含着道德教化意义和法规约束作用。法国哲学家列维 – 斯特劳斯（Claude Levi-Strauss）曾说："我们的行动和思想都依照习惯，稍稍偏离风俗就会遇到非常大的困难，其原因更多在于惯性，而不是出于维护某种明确效用的有意识考虑或者需要。"③ 马林诺夫斯基

---

① 刘黎明：《契约、神裁、打赌———中国民间习惯法习俗》，四川人民出版社 1993 年版，第 2 页。

② 苏力：《法治及其本土资源》，中国政法大学出版社 1996 年版，第 36 页。

③ ［法］列维 – 斯特劳斯：《历史学和人类学——〈结构人类学〉序》，易将译，《哲学译丛》1979 年第 6 期。

亦指出："习俗的约束、对于传统的敬畏及其情感的依恋，以及取悦公意的愿望——所有这一切使得习俗只是因为它是习俗才被奉守无违。"①因此，遵守民俗传统的人们，在践行这样的民俗之时，在享受民俗带给我们的乐趣的同时，必能体会民俗对我们的道德教化和规范约束作用，从而自觉地提升自己的道德水平，自觉维护社会秩序，为实现社会安稳与和谐贡献力量。

第三节　和谐社会、人类命运共同体与和合哲学

实现社会和谐是中西古今社会管理者所追求的理想目标，中国共产党将构建社会主义和谐社会作为党的重大任务。新时代，推动构建人类命运共同体，更是提升党的治理能力现代化和国家软实力的重大战略。于其中尚需厘清一个道理，即和谐社会建设和推动构建人类命运共同体，充分体现着和合哲学。和合哲学不仅仅是与辩证法矛盾哲学本质相通的思辨方法，还是发展了矛盾哲学的中国化马克思主义辩证法，更是当代中国哲学的创新体系；和谐、和合本质相同，和合哲学不仅理论上成立，而且已经付诸社会实践和政治实践。从一定意义上可说，和合哲学是和谐社会和人类命运共同体国家治理理念的根本的哲学方法论。

一　和合哲学是构建和谐社会和人类命运共同体的哲学基础

实现社会和谐是中西古今社会管理者所追求的理想目标。在中国，无论是《尚书·尧典》"百姓昭明，协和万邦"，《周易·乾卦》"首出庶物，万国咸宁"，还是孔子讲"四海之内皆兄弟"（《论语·颜渊》），"远人不服，则修文德以来之，既来之则安之"（《论语·季氏》），老子讲"人法地，地法天，天法道，道法自然"（《老子》第 25 章），庄子讲"天地与我并生，而万物与我为一"（《庄子·齐物论》），墨子讲"兼相爱，交相利"（《墨子·兼爱上》），《礼记》讲"大同""小康"，

---

① 转引自［英］马林诺夫斯基等《初民社会的犯罪与习俗》，许章润等译，广西师范大学出版社 2003 年版，第 32 页。

以至于近代洪秀全的"太平天国",康有为、孙中山的"天下为公",甚至老百姓喜闻乐见的"和衷共济""家和万事兴",中国各时代先进的知识分子、进步阶层的代表,乃至普通老百姓,都以和谐社会的愿景为理想目标、生活追求,中国历代王朝的开明政治家亦都在努力创建有自己时代特色的和谐社会图景。在西方,从柏拉图的"理想国"到卢梭等政治启蒙思想家的"社会契约",从古典政治经济学家亚当·斯密的"经济和谐"到新自由主义思想家格林的"政治和谐"以及罗尔斯的"公平正义",从傅立叶"法伦泰尔"的和谐制度到欧文的"新和谐社会",西方社会各阶级、阶层的先进代表亦无不贯穿着对和谐社会理论的构想以及实施途径的设计。社会主义核心价值观提倡的富强、民主、文明与和谐正是人类共同的社会发展目标。

从本质上讲,社会和谐是相对于社会失衡、混乱、危机、冲突和战争而存在的理想目标,是社会机体内部诸要素实现的均衡稳定、运行有序、管理顺畅、自主调整的"自组织化"状态。和谐社会并不是独立于现实社会之外的特殊社会形态,而是每种社会形态之下都力求达到的一套整体状态,是一种文化境界。① 说到底,和谐社会就是实现人与自然、人与人、人与社会以及各种文明间的自由发展、平等交流、和谐共处。当然,在阶级社会下,关于和谐社会的美好愿望和理想与和谐社会的目标实现与否、有无价值并不是一回事,我们不能以现在的眼光回首评判我们的先人,我们只能将其得失成败置于那个时代。每个时代、每个社会尽管都历史地存在着对某种理想社会的理论设计,但在本质上存在两种根本性质不同的和谐社会:一种是建立在阶级对立和根本利益对立基础上的社会制度以及维护这种制度的和谐社会;另一种是建立在消灭了阶级对抗、实现社会公平正义基础上的和谐社会。中国特色的社会主义和谐社会则是后一种性质的社会和谐,是建立在消灭了阶级对抗、以经济建设为中心,以实现民主法治、公平正义、诚信友爱、充满活力、安定有序、人与自然和谐相处为目的的社会。

① 参见李德顺《与改革同行——中国特色社会主义的哲学理路之思》,黑龙江教育出版社2008年版。

　　构建社会主义和谐社会，是时代语境的必然要求。从国际大环境看，和平、发展与合作成为时代的主题。胡锦涛主席在联合国成立 60 周年首脑会议上发表的题为"努力建设持久和平、共同繁荣的和谐世界"的重要演讲中指出："要和平、促发展、谋合作是时代的主旋律。"因此，国际交往已经超越了传统的"对抗"而走向平等的"交流"与"对话"，打交道的双方往往不再着眼于对方的弱势，也不是把对方打倒，而是吸收对方的优势与长处，在给自己的发展带来机遇的同时，对方亦能得到一定程度的发展。这就是"优势互补，强强联合"。为此，胡锦涛的演讲还提出了"和谐世界"的构想，即坚持多边主义，实现共同安全；坚持互利合作，实现共同繁荣；坚持包容精神，维护世界的多样性；坚持积极稳妥方针，推进联合国改革。① 从国内小环境看，我国处于社会主义初级阶段，人民日益增长的物质文化需要同落后的社会生产之间的矛盾仍然是我国社会的主要矛盾；随着经济效益的提高、体制改革的深入，社会结构在变动，利益格局在调整，思想观念在变化，产生了诸多的矛盾和问题。前全国政协主席李瑞环在 2000 年 11 月 9 日会见香港各界知名人士时就特别指出："当今中国要发展、要振兴，必须继续弘扬中华民族的优良传统，特别要提倡'和合'，强调团结……唯团结才能稳定。"那么，为适应社会的深刻变化，巩固执政党的社会基础，实现党执政的历史任务，把中国特色社会主义伟大事业推向前进，必须在坚持以经济建设为中心的基础上，把构建社会主义和谐社会摆在突出位置。因此，中国共产党十六届四中全会第一次明确提出"构建社会主义和谐社会"的战略任务，党的十六届六中全会进一步就构建社会主义和谐社会的若干重大问题做出决定，其中包含了构建社会主义和谐社会的性质、指导思想、目标任务和原则等。

　　构建社会主义和谐社会是科学发展观的具体落实。所谓科学发展，就是"坚持第一要义是发展、核心是以人为本、基本要求是全面协调可持续、根本方法是统筹兼顾"② 。它是党对中国社会发展的历史经验的总结，

① 《胡锦涛文选》第 2 卷，第 352—354 页。
② 《十七大以来重要文献选编（上）》，中央文献出版社 2009 年版，第 813 页。

是对经济、政治、文化、社会"四位一体"共同发展规律的科学把握。科学发展本质上是人的发展。人是经济、政治、文化、社会存在的主体和发展的动力，而实现人的自由、平等、自然、和谐的发展又是"四位一体"共同发展的目标，这就是马克思所说的："历史不过是追求着自己目的的人的活动而已。"① 科学发展又是全面协调可持续发展，意味着人在发展过程中要实现人与自身、人与他人、人与社会以及人与自然的和平共处、利益共享。科学发展的方法是统筹兼顾，表明人、事、物的发展力求处于共生、共处、协调、平衡的状态。归根结底，科学发展所追求的就是人、社会、自然间的全面、协调、可持续的发展；是社会、经济、政治、文化诸要素和合共生、相互促进、共同发展；是实现人与人、人与自然、人与社会的和谐共生。落实科学发展观，就是构建社会主义和谐社会。

当今，中国特色社会主义进入了"新时代"，意味着"中国特色社会主义道路、理论、制度、文化不断发展，拓展了发展中国家走向现代化的途径，给世界上那些既希望加快发展又希望保持自身独立性的国家和民族提供了全新选择，为解决人类问题贡献了中国智慧和中国方案"②。中国特色社会主义的新时代，依然以构建和谐社会作为社会发展重大目标。习近平主席在主持十八届中央政治局第一次集体学习时讲话，要紧紧围绕坚持和发展中国特色社会主义，学习贯彻党的十八大精神，并指出："社会和谐是中国特色社会主义的本质属性，所以必须团结一切可以团结的力量，最大限度增加和谐因素，增强社会创造活力，确保人民安居乐业、社会安定有序、国家长治久安。"③ 他在庆祝中国共产党成立 95 周年大会上的讲话也指出："'五位一体'和'四个全面'相互促进、统筹联动，要协调贯彻好，在推动经济发展的基础上，建设社会主义市场经济、民主政治、先进文化、和谐社会、生态文明，协同推进人民富裕、国家强盛、中国美丽。"④ 而且，期求"社会和谐"，也

---

① 《马克思恩格斯全集》第 2 卷，人民出版社 1957 年版，第 118—119 页。
② 习近平：《决胜全面建成小康社会 夺取新时代中国特色社会主义伟大胜利——在中国共产党第十九次全国代表大会上的报告》，第 10 页。
③ 《习近平谈治国理政》第 1 卷，第 13 页。
④ 《习近平谈治国理政》第 2 卷，第 38 页。

是社会主义核心价值观国家层面所倡导的"富强、民主、文明、和谐"价值观的具体体现。

就人的本质而言，人类从产生伊始就作为"社会存在物"而存在。这样的存在形式决定了人与人之间的合作性，最终也必然体现为共同体的存在。① 超越于民族、种族、国家、文明的所有人都致力的最大共同体就是"人类命运共同体"，习近平总书记在第七十界联合国大会一般性辩论时的讲话中已指出"建立平等相待、互商互谅的伙伴关系"，"营造公道正义、共建共享的安全格局"，"谋求开放创新、包容互惠的发展前景"，"促进和而不同、兼收并蓄的文明交流"，"构筑尊崇自然、绿色发展的生态体系"②。要实现这个共同体，就要奉行双赢、多赢、共赢的新理念，做到相互尊重、合作共处、平等相待。由中国领导人倡导、推动构建的人类命运共同体，正是在全球化背景下对人类全体命运的科学判断和写照，是解决人类问题的中国智慧和中国方案，度越了冷战思维、霸权思维、单边思维、封闭思维和保守思维等，施之以天下和平思维、相互平等思维、通达发展思维、开放包容的诚信合作思维、互利共赢思维，是一个关于思维形式和规则的科学理念。③ 在人类命运共同体之中，人与人之间、地域与地域之间、国与国之间、人与物之间必然联系交织，习近平总书记在莫斯科国际关系学院的演讲中指出："人类生活在同一个地球村里，生活在历史和现实交汇的同一个时空里，越来越成为你中有我、我中有你的命运共同体。"④ 基于和平、发展、合作、共赢的时代主题，人类命运共同体强调世界多样、注重国家平等、主张文明互鉴、提倡包容发展、遵守互利互惠⑤，以其美好的关于人类命运航向蓝图的设计，呼吁人们共商共治、共建共享、共达共赢、合作互鉴、绿色低碳，共创真善美的美好的价值理

① 参见张瑞涛《人类命运共同体视域下新时代理想人格的基本特质》，《山东社会科学》2019 年第 3 期。
② 习近平：《携手构建合作共赢新伙伴 同心打造人类命运共同体》，《人民日报》2015 年 9 月 29 日。
③ 参见张立文《中国传统文化与人类命运共同体》，人民出版社 2017 年版。
④ 《十八大以来重要文献选编（上）》，中央文献出版社 2014 年版，第 259 页。
⑤ 韩庆祥：《为解决人类发展问题贡献"中国理论"——习近平"人类命运共同体"思想》，《东岳论丛》2017 年第 11 期。

想世界。① 因此，人类命运共同体所畅想的"共""合""和""互"等价值理想，已然内含着和合哲学。

哲学革命是社会革命的先导，"没有革命的理论，就不会有革命的运动"②。无论是构建社会主义和谐社会、和谐世界，还是推动构建人类命运共同体，必然有哲学体系的指导。于其中，和合哲学是重要的组成部分。当前，一些哲学工作者在对中国古代"和谐""和合""和为贵""兼相爱""和而不同""天下为公"等思想理念继承与发展的基础上提倡和构建和合哲学，国家领导人也在宣传和播扬和谐、和合思想，在处理国际事务和国内问题的过程中取得较为理想的实效。和合哲学理论的建构与完善、传播与实践，不仅可以完善中国特色社会主义理论体系，而且可以实现中国哲学的创新。它是基于新时代和平、发展、合作、共赢的人文语境对世界和平和中国发展核心主题把握基础上的哲学反思，是实事求是、解放思想观念的贯彻与实施。

二 和合哲学的内涵与特质

要建构和合哲学，必然要了解和合的内涵及其与和谐的关系。在古汉语系统，"和"字有两种左右组合造型。一种是从龠禾声的"龢"。《说文解字》中载："龢，调也，从龠禾声。"所谓"调"，《说文解字》中曰："调，龢也。"段玉裁注曰："龢，各本作和，今正。龠部曰：龢，调也。与此互训。和，本系唱和字。"③ 这表明，"和"是从龠（竹制编管）吹奏出来的标准乐曲，表现了美好音乐的那种协调一致、和声悠扬的状态。另一种是从口禾声的"和"。《说文解字》中载，"和，相应也，从口禾声"，段玉裁注曰："古唱和字。"④ 可见，"和"之本义是指龠发出的声音是和谐、相应的，进一步引申为诸多要素、成分的调和、和谐、协调、相应和恰到好处。"谐"字亦有两种左右组合造型，

---

① 参见张立文《中华传统文化与人类命运共同体》，《光明日报》2017 年 11 月 6 日。
② 《列宁全集》第 6 卷，人民出版社 1986 年版，第 23 页。
③ （汉）许慎撰，（清）段玉裁注：《说文解字注》，许惟贤整理，凤凰出版社 2007 年版，第 152 页。
④ （汉）许慎撰，（清）段玉裁注：《说文解字注》，许惟贤整理，第 100 页。

一种是从言皆声的"諧"。《说文解字》中载："諧，詥也，从言皆声。""詥，諧也，从言合声。"段玉裁注曰："詥之，言合也。"① 《六书统》中载："谐，詥，从言从和，合众意也。"《玉篇》亦训："谐，合也，调也。"而"合"字，《说文解字》中曰："合，亼口也，从亼口。"其上半部分"亼"为古文"集"字，《说文解字》解"亼"为"三合也，从人一。象三合之形。凡亼之属皆从亼，读若集"，意指将诸多元素采集到一块。② 而"合"下半部分"口"像人体或容器的口形，意指质能或信息输入或输出的接口。"谐""合"的总体意象是：广泛采集众多元素，汇合纳入口中，覆盖发酵，酝酿出新生态。另一种是从龠皆声的"龤"。《说文解字》中载："龤，乐龢也，从龠皆声。《虞书》曰：'八音克龤'。"段玉裁注曰："龤训龢，龢训调，调训龢。三字为转注。龤龢作諧和者，皆古今字变。"③ 由此可知，"谐""合"与"和"义同。关于和（龢）、谐（龤）与合的关系，《篇海类编·器用类·龠部》有这样的说法："龢，《左传》：'如乐之龢。'又徒吹曰龢。今作和，又谐也，合也。"故，从本质上讲，和谐就是和、合、和合，表明人与自然、社会、人际、民族、种族、国家、宗教、心灵、文明间各种错综复杂关系的协调、谐和与和合。④

作为哲学概念，和谐、和合与辩证法的矛盾概念本质相通。辩证矛盾是反映事物内部相对立的方面之间既对立又统一的关系的哲学范畴。不论是自然界还是人类社会，事物之间都不是绝对的统一，必然存在相互之间的差别与对立；即使是一事物内部，其自身亦不是绝对的统一，亦存在差别和对立。事物之所以是它自身，根本就在于事物本身就是矛盾体，对立的双方在矛盾统一体下对立，矛盾统一体之中必然有对立的双方。矛盾的斗争性即矛盾双方的对立属性和矛盾的同一性即矛盾双方的同一属性构成事物矛盾固有的相辅相成的基本属性。这两种属性的相互结合和相互作用构成了矛盾的运动。由此可见，矛盾就处在"对象的

---

① （汉）许慎撰，（清）段玉裁注：《说文解字注》，许惟贤整理，第 167 页。
② （汉）许慎撰，（清）段玉裁注：《说文解字注》，许惟贤整理，第 394 页。
③ （汉）许慎撰，（清）段玉裁注：《说文解字注》，许惟贤整理，第 152 页。
④ 参见张立文《和合、和谐与现代意义》，《江汉论坛》2007 年第 2 期。

本质自身中"①。正由于矛盾自身的这种特性，它才是事物发展的动力。事物发展的实在过程一般是这样的：在外部条件的影响下，事物内部矛盾着的双方既相互依赖又相互排斥，既同一又斗争，使矛盾力量处在此消彼长的不断变化中。而一旦矛盾双方的力量对比发生根本性变化，便引起双方地位的相互转化，新的矛盾取代旧的矛盾，新的事物取代旧的事物。事物发展本质上是"一个由事物内在的矛盾性而引起的'自己'运动的过程"②。可以说，矛盾既是事物存在的状态，又是事物运动的动力；既是事物存在的根据，又是事物发展变化的过程。唯物辩证法质量互变规律和否定之否定规律正是矛盾这一特征的体现。而和谐、和合，同样具有状态与动力、根据与过程矛盾结合的特性。③

第一，和谐、和合是要素间的对待统一，是新生事物或新质事物产生的原因。和合、和谐哲学坚持"和实生物，同则不继"（《国语·郑语》）的事物发展规律，认为天下万物都是异质因素、要素和合而生的，正因为其不同质，甚至是完全相对待的因素、要素，才会产生交感、交合作用，才能产生新质事物。假如是同质、同一因素，自身就具有相互排斥的性质，即使相交合，也不会产生新质事物，不能构成新生事物之所以生的原因，只会成为异质因素创生新事物的条件。当然，虽有诸多异质因素、要素的存在，若它们不能有效联系在一起，构成一个共同体，即建立起矛盾关系，这些异质要素就不能产生新质事物。因此，和谐、和合不仅是使诸多异质因素、要素相结合、融合的方法，而且已然提升为新事物产生的原因或根源所在。和谐、和合是方法与原因、根据与动力相统一的和合体。

第二，和谐、和合是诸多优质因素、要素的融合。优质要素的融合过程是作为事物存在根本的矛盾系统中诸要素、因素被扬弃、被选择的新过程。和合会按照和合体自身的需要，选择、扬弃曾经的矛盾系统诸

① 《列宁全集》第 55 卷，人民出版社 1990 年版，第 213 页。
② 肖前主编：《马克思主义哲学原理》（上），中国人民大学出版社 1994 年版，第 242 页。
③ 参见张立文《和合学概论——21 世纪文化战略的构想》（上），首都师范大学出版社 1996 年版。

多因素、要素中的优质成分，而排除其不需要的部分。实际上，和合过程不是先确定某物的体与用，按体用的模式来发展事物；或先确定事物中的精华与糟粕，来进行有预先标准的吸收。和谐只会根据实践的需要，在特定条件下，在破坏曾经的矛盾结构中诸多因素、要素的统一基础上，进行重新选择和汲取，重新结合、融合而成为新和合体。可见，和合、和谐是合特定条件的要素、元素被实践选择、合理运用，从而达致和谐合作、融合新生的状态。

第三，和谐、和合是事物的存在方式。天地万物存在的环境、存在的条件、存在的内容、存在的结构以及存在的系统等形式，无不是经由矛盾要素的和谐、和合而转化产生的。日月星辰、四时运行的自然界和谐而有序，人类自身、人的家庭以及人类社会和睦而有序，礼乐典章制度、伦理道德协调而有序。天地万物的存在方式，其核心就是和谐、和合。和谐、和合表现在政治方面是各种不同社会交往与政见的和合、和谐；表现在经济方面是不同劳动方式、消费结构、生活方式、生产资料占有方式的和合；表现在意识方面是各种不同的学术观点、价值观点、审美观点以及各种思想观点的和合。和合、和谐是万物共处的本质显现。

第四，和合是动态、开放的过程。和谐、和合需要机遇、环境和条件。从纵向看，冲突—融合—生生，循环往复，以至于无穷；从横向看，此彼俱冲突—彼融合彼冲突—彼融合此冲突—彼此俱融合—和合生生，即由融合不平衡—融合平衡—融合新生。宇宙间无无冲突的自然、社会和人生，唯有冲突才有融合，融合是冲突的成果，亦是冲突的表现形式。和合、和谐就是新事物的诞生，是肯定和创新；冲突本身虽不能直接造就新事物，但它是否定与破坏。每一次融突的和合整体都是对原来的融突和合体的提升；冲突亦只有在新的和合体中才得以继续发展。和合统一体始终处在完整、协调、和谐的过程之中。

总之，和谐、和合既是冲突，又是融合，更是新生。如果只强调斗争，或只想调和，都只是一面。因此，不能分割矛盾双方既对立又统一的矛盾关系。事物发展一定是这样的：在一个和合体中，有冲突，事物才会发展；有融合，事物才能发展。发展必定是矛盾双方的融合。张岱年先生说，"对立面斗争的结果有三种可能，一是一方消灭了另一方；二是两方同归于尽；三是归于和解。情况是复杂的，但和解不失为一种较好的可能"，"许多不同的事物之间保持一定的平衡，谓之和，和可以说是多样性的统一。'和实生物'，和是新事物生成的规律"①。矛盾双方实现"和解"，也就是转化为新的事物。新生的事物或者是进步的，或者是落后的，但和合期盼的是进步的"新事物"。

三 和合哲学是哲学创新体系

和谐、和合哲学不仅仅是方法论，更是哲学体系。和合哲学是通过对效用历史和价值式能的超越，将中国传统哲学资源与马克思主义哲学、西方哲学的精华互动会通，激活和"转生"中华传统的和合思想，按照新时代人文语境、核心话题的需要，在特定诠释文本的基础上，构建而成的新思维、新理论、新哲学。在和合哲学体系下，和合是指自然、社会、人际、心灵、文明中诸多元素、要素相互冲突融合，与在冲突融合的动态过程中各元素、要素和合为新结构方式、新事物、新生命的总和；建立在和合文化基础之上，并以和合作为研究对象的和合哲学，以和合的义理为依归，既涵摄又超越了冲突融合。从本质上说，和合哲学是和合生生哲学，它以开放的心态和睿智的思维不仅从文化战略层面创造性地提出了化解人类当代冲突和危机的五大原理，还构想了中国文化和合载体的八个方面，即形上和合与和合自然哲学、道德和合与和合伦理学、人文和合与和合人类学、工具和合与和合技术科学、形下和合与和合经济学、艺术和合与和合美学、社会和合与和合管理学、目标和合与和合决策学，更是从哲学理论思维道体维度诠释构成和合精神家园的和合生存世界、和合意义世界和和合可能世界以及和合历史哲学、和合语言哲学、和合价值哲学和和合艺术哲学。因此，和合哲学是个哲学系统，是当代中国哲学体系创新的代表。

和合、和谐哲学不仅构想了 21 世纪文化的战略图景，还为人们树立和合思维提供了五个"有益于"的价值标准和"五大原理"作为人

---

① 张岱年：《漫谈和合》，《中华文化论坛》1997 年第 3 期。

们实际生活的法则。五个"有益于"指：有益于中华民族民族精神的建设和发扬，有益于中华民族现代的价值观念、理论思维、伦理道德、终极关怀的建构需求，有益于中华民族社会政治、经济、科技、文化的繁荣发展，有益于人类所共同面临的人与自然、人与社会、人与人、人的心灵、文明之间的五大冲突和危机的化解和协调，有益于在经济全球化、文化多元化、网络普及化中，中华民族文化、哲学的长久持续发展①；五大原理指：和生、和处、和立、和达、和爱。② 基于这样的价值原则和原理，人们便可以解除种种历史的、政治的、思想的包袱和重担，消除与此相违的种种情结、偏见、教条和误解，从而营造一个鸢飞戾天、鱼跃于渊的学术自由的创新空间和人与社会、自然和谐共处的文化生态空间。

中国的社会主义现代化建设提出了较多具有和合、和谐特征的执政理念和治国方略。如"一国两制"，"社会主义市场经济"，"以公有制为主体，多种所有制并存"，"以按劳分配为主体，多种分配方式并存"，"统一战线"，"推动构建人类命运共同体"，"中国化马克思主义"等。当然，以和谐、和合为社会发展目标，以和合、和谐求社会进步与文明进步，并不是一味掩盖矛盾、否认矛盾，而是积极地认识、分析和解决矛盾，党的十六届四中全会即已指出："构建社会主义和谐社会是一个不断化解社会矛盾的持续过程"③，党的十六届六中全会亦声明明："科学分析影响社会和谐的矛盾和问题及其产生的原因，更加积极主动地正视矛盾、化解矛盾，最大限度地增加和谐因素，最大限度地减少不和谐因素，不断促进社会和谐。"④ 只要确定了合理的、科学的理念，只要人们都能够不断发挥自己的力量，以身作则，谨言慎行，必会实现社会的和谐与文明的进步。

中国特色社会主义新时代，更要高举"伟大斗争"旗帜。党的十九

---

① 参见张立文《中国哲学"讲自己"的中国方式》，《文史哲》2005 年第 3 期。

② 参见张立文《和合学概论——21 世纪文化战略的构想》（上），首都师范大学出版社 1996 年版。

③ 《十六大以来重要文献选编（下）》，中央文献出版社 2008 年版，第 650 页。

④ 《中国共产党第十六届中央委员会第六次全体会议文件汇编》，人民出版社 2006 年版，第 4 页。

大报告明确指出"实现伟大梦想，必须进行伟大斗争"①。矛盾是事物发展的动力，有矛盾才会有斗争。当下，党内存在着贪图享乐、消极怠慢、回避矛盾的错误思想，社会发展中也存在着削弱、歪曲、否定党的领导和社会主义制度的言行，也存在着损害人民利益、脱离人民群众的行为，以及其他分裂祖国、破坏民族团结和社会和谐稳定的风险，我们必须自觉与这样的不合理、不公正、不安平、不稳定的因素做斗争，绝不姑息放纵。但是，我们也要清晰地认识到，新时代"我国社会主要矛盾已经转化为人民日益增长的美好生活需要和不平衡不充分的发展之间的矛盾"②。主要矛盾决定事物的性质，尤其是主要矛盾的主要方面，更是主导着事物的运动变化方向。就新时代社会主要矛盾而言，一方是"人民日益增长的美好生活需要"，人民的一般物质和文化需求基本满足，美好生活成为新期待；另一方是"不平衡不充分的发展"，个体之间和地区之间收入分配不平衡，个人和社会全面发展的质量与效益尚未充分展开。前者是矛盾的次要方面，而后者才是矛盾的主要方面。那么，解决新时代社会主要矛盾必然是抓"不平衡不充分的发展"方面，唯有提升发展质量和效益，才能更好地满足人民在经济、政治、文化、社会、生态等方面日益增长的需要，更好地推进美好生活的实现。

因此，在统筹推进"五位一体"总布局和协调推进"四个全面"战略布局的中国特色社会主义发展过程中，尚需与不合乎事物发展规律、危害社会公平正义的人与事展开"斗争"。只是，这样的斗争从属于主要矛盾。在"伟大斗争"战略之中，要学会抓主要矛盾、重点，又要做到统筹兼顾。矛盾深刻揭示了事物为什么发展以及怎样发展的问题。矛盾具有特殊性，要求主体人具体问题具体分析，掌握和运用矛盾分析法，坚持两点论和重点论的统一，诚如习近平所言："我们既要注重总体谋划，又要注重牵住'牛鼻子'……在任何工作中，我们既要讲两点论，又要讲重

---

① 习近平：《决胜全面建成小康社会　夺取新时代中国特色社会主义伟大胜利——在中国共产党第十九次全国代表大会上的报告》，第15页。

② 习近平：《决胜全面建成小康社会　夺取新时代中国特色社会主义伟大胜利——在中国共产党第十九次全国代表大会上的报告》，第11页。

点论，没有主次，不加区别，眉毛胡子一把抓，是做不好工作的。"① 因此，我们在工作学习中既要善于抓住重点，又要恰到好处地处理好次要矛盾；在看问题时既要分清主流，又要重视支流。矛盾还具有客观性，决定了我们只能认识和利用矛盾，不能否认或者改变矛盾。

哲学是时代精神的精华。哲学总是以特定的形式反映和揭示时代的各种矛盾，关注和回答时代提出的各种问题，并随着时代的进步而不断变革自身的形态。哲学以一种批判的、革命的态度与时代的现实生活保持联系，并在回答时代的重大问题中获得发展的动力。当今中国，和平、发展、合作、共赢的时代语境，首要的是以社会和谐、人际和谐、自我精神与肉体和谐、人与自然和谐以及文明与文明和谐为旨归。因此，新时代语境下，自觉把思想认识从不合时宜的观念、做法和体制的束缚中解放出来，从对马克思主义的错误的和教条式的理解中解放出来，从主观主义和形上学的桎梏中解放出来，准确把握当今世界的发展趋势，努力创新哲学社会科学的理论体系和思维方式。可以说，建构和合哲学、发展和合哲学，是思想解放的需要，更是时代主题转换的必然结果。

第四节　和合哲学与党性修养

自党的十八大以来，习近平总书记立足于全面从严治党的新要求，从培养选拔党和人民需要的优秀干部视角，从保持党的先进性和纯洁性的战略高度，发表了一系列关于党员干部加强党性修养的重要论述。因此，加强党性教育是共产党人修身养性的必然选择，中国传统的尚和合思想为培育新时代共产党人的德行修养提供了丰富的思想滋养。

一　党性与党性修养

何谓"党性"？从马克思主义的党的建设理论史而言，"党性"这一术语源于马克思、恩格斯的经典文献，主要是指理论和政治活动的阶

---

① 《习近平关于全面建成小康社会论述摘编》，中央文献出版社 2016 年版，第 195 页。

级性；"党性"内涵的基本定型则始于列宁，既是研究方法上对唯物主义和唯心主义对立的自觉，同时也用来描述党员对党的组织的态度；中国共产党的"党性"术语正式形成于延安时期，其实质在于把"党性"理解为阶级性基础之上思想理论方法和组织形态的有机统一；在中国共产党全国执政之后，关于"党性"内涵的认识不断深化，不断突出党员个体作风在党性思想整体性中的主导意义。① 尤其在当下党中央全面从严治党的战略布局下，更加强调党员自身的作风建设，在一定程度上可说，"党性"就是党员个体品性，是"党的原则、立场、态度、灵魂，是党员政治生命的精髓，是立党为公、执政为民的本质属性"②。实际上，党内教育的系列文献已然表明了这个问题。如 2013 年 6 月 18 日，习近平在党的群众路线教育实践活动工作会议上的讲话中指出："正衣冠，主要是在照镜子的基础上，按照为民务实清廉的要求，勇于正视缺点和不足，严明党的纪律特别是政治纪律，敢于触及思想、正视矛盾和问题，从自己做起，从现在改起，端正行为，自觉把党性修养正一正、把党员义务理一理、把党纪国法紧一紧，保持共产党人良好形象。"③ 再如 2014 年 10 月 8 日，习近平在党的群众路线教育实践总结大会上的讲话列举了形式主义、官僚主义、享乐主义和奢靡之风"四风"现象在当前党内的各种表现后，并就加强"党性"教育发表观点："思想教育要突出重点，加强党性和道德教育，引导党员、干部坚定理想信念，坚守共产党人精神追求"；"党内政治生活是党组织教育管理党员和党员进行党性锻炼的主要平台，从严治党必须从党内政治生活严起。有什么样的党内政治生活，就有什么样的党员、干部作风"。④ 2017年，习近平在党的十八届中央纪委七次全会上的重要讲话指出："领导干部要不忘初心、坚守正道，必须坚定文化自信。没有中华优秀传统文化、革命文化、社会主义先进文化的底蕴和滋养，信仰信念就难以深沉

---

① 参见任晓伟《马克思主义党建理论史上"党性"术语的使用及其内涵变迁》，《陕西师范大学学报》（哲学社会科学版）2016 年第 2 期。

② 叶小文：《论县委书记》，《光明日报》2015 年 3 月 2 日。

③ 《十八大以来重要文献选编（上）》，中央文献出版社 2014 年版，第 315 页。

④ 《习近平关于党风廉政建设和反腐败斗争论述摘编》，中国方正出版社、中央文献出版社 2015 年版，第 147、46 页。

而执着。"① 由此可见，在新时代，"党性"的基本内涵实质上是与党员个体的品德修养密切关联的。

"修养"为何？《说文解字》以"修"本义为"饰"，而"饰"即"拭"，"拂拭之则发其光"，引申为文饰、装饰、修炼、琢磨等，那么，合"修"之本义与引申义，则"不去其尘垢，不可谓之修；不加以缛采，不可谓之修"②。由此可知，"修"就是摒除弊病杂念，以成就光彩人生。同时，《说文解字》中解"养"（養）为"供养"③，所谓"供"即"设"也，而"设者，施陈也"④，引申为养育、抚育、培育、涵育等，如孟子"养气说"之"养"。《孟子·公孙丑上》中有言"我知言，我善养吾浩然之气"，所谓"浩然之气"，则"其为气也，至大至刚，以直养而无害，则塞于天地之间。其为气也，配义与道；无是，馁矣。是集义所生者，非义袭而取之也。行有不慊于心，则馁矣"。朱熹围绕"养气"对"养"之内涵的界定值得注意："人固当敬守其志，然亦不可不致养其气。盖其内外本末交相培养，此则孟子之心所以未尝必其不动，而自然不动之大略也。"⑤ 人有志有气，终须"交相培养"，方可和合起来，构成生命的本旨——心。同时尚需明确，朱熹对"养气"之界说，已然蕴含了"心"之"未尝必其不动"和"自然不动"的圆融特性。即是说，"心"本来是"不动"的，自然而然地合德符节、磊落洒脱，勿须有意培植，只要持敬涵养而已；但个体之心在芸芸众生的生存世界里在一定程度上受欲念诱惑而矫作偏颇，此时自当"养气"而使"心""必其不动"，即要系统地培植修养工夫。那么，将"修"与"养"结合起来的"修养"一词，实际上也应从两层面理解其内涵：其一，作为实践工夫的"修养"，即修养者在某种理念志向的引领下，从事具体的修身养性的道德实践活动，诚如孟子"养气说"之"养"所谈及的"交相培养"；其二，作为价值目标、理想人格的"修养"，是

① 习近平：《全面贯彻落实党的十八届六中全会精神　增强全面从严治党系统性创造性实效性》，《人民日报》2017 年 1 月 7 日第 1 版。

② （汉）许慎撰，（清）段玉裁注：《说文解字注》，许惟贤整理，第 743 页。

③ （汉）许慎撰，（清）段玉裁注：《说文解字注》，许惟贤整理，第 389 页。

④ （汉）许慎撰，（清）段玉裁注：《说文解字注》，许惟贤整理，第 169 页。

⑤ （宋）朱熹：《四书集注》，陈戍国点校，岳麓书社 2004 年版，第 260 页。

指修养者经过道德实践、生命体悟之后达至的高尚的道德情操和精神境界，诚如《近思录·为学》"修养之所以引年，国祚之所以祈天永命，常人之至于圣贤，皆工夫到这里则有此应"所用"修养"之义。

那么，如何理解"党性修养"？把秉具党员个体道德品性意涵的"党性"与具有双重属性的"修养"联用而成为"党性修养"术语，实也当从实践工夫层面和理想人格层面具体分析。从前者言，"党性修养"是指围绕党的先进性和纯洁性本质，在遵守共产主义理想信念、当代中国马克思主义最新理论成果的思想前提下，共产党人不断加强自身的知识素质、业务素质、人文素质的修养过程；从后者言，"党性修养"是指属于共产党人所特有的不忘初心，且心怀家国天下、百姓苍生的君子人格。

培养共产党人和党员干部的党性修养，党员要学会学习，并且要明晰学习的基本内容。当然，可兹党员干部党性修养借鉴、学习的思想资源非常丰富，而中国优秀传统文化中的尚和合思想便是其中重要因素之一。

二 作为中国优秀传统文化精髓的尚和合

复兴优秀传统文化已然成为以习近平总书记为核心的党中央领导集体的文化共识和文化自觉。习近平在 2013 年全国宣传思想工作会议上即提出"四个讲清楚"问题，要求宣传和阐释中国特色，要讲清楚中国文化的历史传统、讲清楚中华文化的最深沉的精神追求、讲清楚中华民族的突出优势、讲清楚中国特色社会主义植根于中华文化沃土的历史渊源和现实基础。这表明当代中国文化建设和中国现代化建设必须吸收和弘扬优秀传统文化，唯有积极、主动地从中华民族文化宝库中汲取思想营养，才能更有利于涵养社会主义新文化。此外，习近平还参观考察曲阜，参加国际儒联召开的纪念孔子诞辰 2565 周年国际学术研讨会，看望《儒藏》总编纂、当代中国著名哲学家、北京大学汤一介教授，这无不彰显了党中央对中华传统文化的尊重和复兴优秀传统文化的决心。实际上，不仅总书记发表系列讲话且身体力行地阐明优秀传统文化的精髓和当代价值，国务院李克强总理也是如此。比如，他于 2015 年 4 月在中南海接见了中央文史馆官员、香港大学荣休教授、国学泰斗饶宗颐先生，并强调指出"继承和发扬中华文化，建设中华民族的共同精神家园，是海内外中华儿女的共同心愿"。党和国家的领导人从礼敬国学大师、儒学大家并发表纲领性讲话来看，党的民族复兴战略中，推动优秀传统文化的复兴已是题中应有之义。因此，在复兴优秀传统文化的历史大势下，全面提升党员干部的文化素质、政治素质、道德素质，以凸显优秀党员所应当具备的党性修养，必然要从优秀传统文化中汲取思想资源。

在本书看来，党性修养主要是指党员干部的德性品质、君子人格。因此，培养属于党员特有的修养品质，可从作为中国优秀传统文化精髓尚和合思想中汲取智慧。习近平早在就任浙江省委书记时即指出，"在确立人类社会普遍的道德规范方面，中华文化有其优长之处。我们的祖先曾创造了无与伦比的文化，而'和合'文化正是这其中的精髓之一"，"这种贵和尚中、善解能容，厚德载物、和而不同的宽容品格，是我们民族所追求的一种文化理念。自然与社会的和谐，个体与群体之间的和谐，我们民族的理想正在于此，我们民族的凝聚力、创造力也正基于此。甚至还可以毫不夸张地说，我们中华民族传统文化的精髓也正是在于这种伟大的和谐思想"。[1] 他在 2014 年 2 月主持中央政治局集体学习时也强调指出："认真汲取中华优秀传统文化的思想精华，深入挖掘和阐发其讲仁爱、重民本、守诚信、崇正义、尚和合、求大同的时代价值。"[2] 中国优秀传统文化博大精深，而"讲仁爱、重民本、守诚信、崇正义、尚和合、求大同"可看作其中的精髓。张立文先生较早指出，和合是中国文化的精髓，而且据中国古代和合思想创构了当代中国哲学的创新体系——和合学，影响深远。

和合哲学可视为党性修养的重要的思想沃土。而要充分理解"和合"的内涵意蕴，就要先了解"和"与"合"的本义。前文已指出，"和"就是"合"，"和""合"同义，"和"意味着和谐、和平、和睦、

① 习近平：《干在实处　走在前列——推进浙江新发展的思考与实践》，第 295、296 页。
② 《习近平总书记系列重要讲话读本》，人民出版社 2016 年版，第 101 页。

和乐、祥和，"合"意味着结合、联合、融合、合作。

作为汉字的"和"与"合"较早存在，但作为术语和具有特殊意涵的"和合"观念，最早出现在《国语》。《国语·郑语》记载，史伯曰："虞幕能听协风，以成乐万物生者也。夏禹能单平水土，以品处庶类者也。商契能和合五教，以保于百姓者也。周弃能播植百谷蔬，以衣食民者也。"① 虞之所以能够协风成乐、以养万物，都是因为他能够顺应自然变化，创造和合环境；而禹之所以能够治理水土、建立功业，是因为他懂得因势利导，创造和合条件；契能蓄养臣民，以保家园，皆因其了解民生伦理，创造和合秩序；弃能播植百谷，生养百姓，皆因其崇尚自然规律、以物养民，创造和合境域。《国语·郑语》中还言："夫和实生物，同则不继。以他平他谓之和，故能丰长而物归之。"② 同就是单一性、一元性，排斥差异性、多元性，唯有阴阳"和"、多元事物交融，万物才会生发，自然而然，万物生发之下必然见"和合"，"和实生物"体现的就是天与人和、物与人和、人与人和的"三合"之境。《管子》亦言和合："道不可量，德不可数。不可量则众强不能图，不可数则为诈不敢乡。两者备施，动静有功。畜之以道，养之以德。畜之以道则民和，养之以德则民合，和合故能习，习故能偕，偕习以悉，莫之能伤也。"③ 通过修养道德实现民和、民偕，也就是和谐团结凝聚，而道德修养的最高境界就是和合。墨翟也谈和合："内者父子兄弟作怨恶，离散不能相和合。天下之百姓，皆以水火毒药相亏害，至有余力不能以相劳，腐朽余财不以相分，隐匿良道不以相教，天下之乱，至若禽兽然。"④ 若家庭之内父子兄弟怨恨作恶不能和合，必致家庭离散；推及天下社会，百姓互以亏害，亦必离散灭亡，唯有和合能让家庭、民族、国家、社会和谐、协调。就本质言，和合是指自然、社会、人际、心灵、文明中诸多形相和无形相相互冲突融合，与在冲突融合的动态过程中各

---

① （春秋）左丘明：《国语》，陈桐生注译，中华书局 2013 年版，第 513 页。

② （春秋）左丘明：《国语》，陈桐生注译，第 515 页。

③ （春秋）管仲：《管子校注》卷三《幼官图》，中华书局 2004 年版，第 183 页。

④ （春秋）墨翟：《墨子》卷三《尚同上》，吴毓江撰，孙启治点校，中华书局 1993 年版，第 109 页。

形相和无形相和合为新的结构方式、新事物、新生命的总和，表明人与人、自然、社会、民族、种族、国家、宗教、心灵、文明间错综复杂关系的协调、谐和与共生。① 从古至今，中国的智者以和合作为生存智慧，以之为中华民族人文精神的核心理念和首要价值之一，以之为中华传统文化的思想精粹与道德精髓，是中华民族一以贯之的文化理念、理想信念和人格境界。

和合是人文精神，是哲学智慧，是人世间的普遍现象。前文已指出，要充分理解和合的要义，须注意四个方面内容。一是和合是要素间的对待统一，是新生事物或新质事物产生的原因；二是和合是诸多优质因素、要素的融合；三是和合是事物的存在方式；四是和合是动态、开放的过程。

总之，因为不同事物之间有个性的差异，所以事物之间有冲突，有冲突才有发展的可能性；因为不同事物之间有共生共存的必要性和可能性，事物之间又必须融合，有融合才有发展的现实性；无论是冲突还是融合，都是相异事物的共生、并存状态，只有事物之间的"和实生物"，才能创生出蕴含不同事物优秀基因的新事物。新生的事物或者是进步的，或者是落后的，和合期盼的是进步的新事物。

三 和合哲学的五大原理与党性人格

作为人文精神和哲学智慧的和合智慧可"转生"为共产党人的党性修养，但需充分体贴和合学的五大原理，即和生、和处、和立、和达和和爱②，以成就和合型的党性人格。

其一，和生原理。所谓"和生"，就是人、自然、社会、人的心灵和文明都应该和生共生。和生既不否定，又不回避矛盾冲突，而是主张对话和谈判，能够在相互了解、理解和谅解的过程中，积极地化解矛盾和冲突。天地纷纭，哪里没有冲突？天地之间、男女之间、阴阳之间、金木水火土之间，都是冲突；在学习过程中，师生之间、同学之间、教

---

① 张立文：《和合学——21 世纪文化战略的构想》（上），第 71 页。
② 参见张立文《和合学概论——21 世纪文化战略的构想》（上），首都师范大学出版社 1996 年版。

学之间、管理者与被管理者之间有冲突；工作之中，同事之间、领导与下属之间、欲望要求与现实条件之间有冲突；就个人而言，理欲之间、心身之间、知行之间等也有冲突。冲突无所不在，但和生原理告诫人应该学会沟通与对话，唯有敞开心扉，在开放、开明、开朗的和平交流中解决问题，助人于无形，暖人于无声，置自己和他人、他事、他物于和生共生、生生不息之中。作为既有人性又有党性、政治性、人民性的党员干部，更应清醒，每人、每事、每物都有其存在的理由，为了自己的存在而放弃他人、他物的存在，显然不是和生之道。

其二，和处原理。随着世界现代化进程的不断展开，人类不断征服自然界，须知，自然界是有生命的，而且他的生命是一个"大生命"，是众多动物、植物生命的和合体，人类一旦为了自己的生存和所谓的利益而破坏自然、无限制无规划地改造自然，毛之不存，皮又安在？《猩球崛起》将不再是科幻！因此，人应当和自然和处，而且是和睦相处，没有绿水青山就没有金山银山，即便有金山银山，也早已无命享受了。人与自然和处，人与人之间、集体与集体之间更应和处。人与人之间必然有竞争，没有比较谈不上进步，但为了竞争而不择手段、放弃友情甚至亲情，这是自绝于他人的愚蠢方式，而应该学会和处，学会欣赏和赞扬，学会取长补短、共同进步。可称之为"集体"的事物有很多，家庭、社区、乡镇、县城、城市、党派等，他们各自之间的交流交往也应善于运用和处原理，在保持自己特色存在的同时，容许他集团的存在，比如特色小镇的培育、特色生产企业的养成，不要因为别人有特色而抄袭模仿，当善于创新。对于代表先进生产力发展方向、先进文化发展方向的党员干部而言，尤当培养和处观念，通过转化创新思维，与他人他集体和平共处。

其三，和立原理。个性品质的培养涵育、个体人或集体事业的成功非一日之功，但一旦形成了自己的性格特色，就要保持修养，不可一日松懈。诚如中国人民站起来了、立起来了，为求立得住、站得稳，必进行经济、政治、文化建设，而且不断改革完善。做人、做事、做学问皆如此。需明白"己欲立而立人"的道理，切忌自己立起来而不容他人、他集体、他民族立起来。相反，自己立起来，要积极帮助他人、他集体、他民族也立起来，古谚有云"一个篱笆三个桩，一个好汉三个帮"，个体自己的成功离不开他人的帮助，成功之后自然学会反哺，只有大家和立，才是康庄大道。党员干部尤当深忌落后的小农意识和狭隘的小集体短见，要有大胸怀、大气度、大胆魄、大谋略、大远虑，秉承和立之道，成就大功大德。

其四，和达原理。紧随和立之道的是和达，因为立住脚跟要深入发展、飞黄腾达。故而，与"己欲立而立人"密切关联者在于"己欲达而达人"。当自己发达之时，也要使别人发达，单"立"不"达"则不稳，单"己达"而人不"达"则不能形成良性循环，不能成就人、集体之间的良性生态系统。试想，不发达国家和发达国家之间的差距越来越大的话，那么，发生动乱的可能性必然增加，百姓的生命财产得不到保障。中国开发西部的大决策，是期求西部地区的发达，缩小贫富差距，唯有在地区、民族、国家协调发展、共同发达的基础上，国家才能稳定、人民生命财产才有保障。因此，作为党员干部当积极为部门稳定、地域稳定和社会稳定，转化和达之道为工作心态和精神境界，走向共同幸福。

其五，和爱原理。和生、和处、和立、和达原理是建构在和爱原理基础之上的，唯有满怀爱心的人，才懂得爱自然、爱同胞、爱民族、爱家园。儒家言"仁者爱人"，本来，人皆有恻隐之仁心、爱心，但生存世界中并非全部之人皆能充分开显仁爱之心。和合思想内蕴的和爱原理就是呼唤人之爱心，有爱之人会与他人他物和生共存，因为有爱才会懂得生命的意义和价值，让他们体会到各个生命体存在的本真意义，体会万物生存过程中多元个体性、独特性的丰富多彩，因为爱自己，所以爱他人；有爱之人会与他人他物和处共存，因为有爱才会包容、忍让，世间万物无论是作为有形生命存在，还是作为意义生命存在，都在秉持个性特色中和平共处；有爱之人会与他人他物和立、和达，因自己、个体、集体的成功和成长而关爱、关心、观照更多的人、事、物站立成长，人之饥寒即我之饥寒。和爱正是儒家"仁者以天地万物为一体"的真切实践！作为党员干部，应该凸显仁爱之心，以大爱无疆的奉献和牺牲精神，成就自己的和乐人生。

　　尚和合思想以及和生、和处、和立、和达、和爱诸原理，能够涵养党性修养，从而成就和合型的党性人格。所谓和合型党性人格就是党员干部所独具的人格，是基于和合思想的党性修养新境界，内含了人与自然和谐关系的"天人合一"之真、道德知识和道德实践融合的"知行合一"之善以及作为情感再现天地造化之工的"情景合一"之美。[①] 具有和合型党性人格的党员干部能够依据和合思维积极、乐观地处理好人际关系的冲突与融合，实现立德、立功和立言的和合融通。

　　总之，加强党性修养是保持党的先进性和纯洁性的必然举措，也是党的"全面从严治党"战略布局的必然选择。作为实践工夫，党性修养是共产党员自觉培养高尚私德和忠恕官德的过程；作为境界目标，党性修养是共产党员不忘初心、心怀家国天下的人格信念。中国古代的和合学思想可为涵育党性修养提供思想智慧，利于共产党员和合型党性人格的塑造。

---

① 参见张立文《新人学导论——中国传统人学的省察》，职工教育出版社 1989 年版。

第五章　关于文化比较的几点思考

18世纪中叶到19世纪初，西方资本主义发展强盛，西方世界的物质文明、制度文明和工具理性等方面大大优于东方民族的古老文明，部分西方知识分子逐渐滋生出西方中心主义文化观，对中国文化的认识产生误区：鄙视中国文化的价值、制造中国文化停滞的形象、贬低儒家伦理的作用。之所以会产生这样的误区，一方面是对文化发展民族性与时代性、共时性与历时性相统一规律的背离；另一方面是为西方殖民霸权的"合理性"提供理论支持。

自明末清初以来，近代中国的知识分子主动反思中国文化未来发展的路向，积极参与中西文化比较，其"中西文化观"主要表现为"会通超胜""师夷长技""文化激进""文化保守""中体西用"和"综合创新"六种观点，表现出三方面思想特征，即主动交流、互通有无的主动性特征；或民族文化保守，或全盘西化，或中体西用的偏向性特征；囿于文化路径的选择、文化汇通方法的构造而非中国文化精神"转生"的直观性特征。近代中国知识分子的"中西文化观"以文化启蒙为责任担当，以文化发展路径的开拓为职志，为构造中国的"文化模式"提供了思想铺垫。

《论语·学而》中有言"慎终追远，民德归厚"，"慎终"意味晚辈、后生对逝者的敬重，"追远"意味人对自我生命和价值的敬重，"慎终追远"体现了"孝道"理念下中国人的祖先崇拜情节和生命敬畏意识。当把优秀传统文化与中国文化现代化相对地看作文化生命的延续的话，那么，贡献并缔造了中国文化优秀基因的传统文化不应被遗忘于历史的故纸堆，而应走进历史的前台，"转生"为现代文化；同时，张显世界眼光和全球视野，高扬与时俱进、和平合作精神的中国现代文化自然要基于优秀传统文化。传统与现代已然构成"慎终追远"的文化生命传承关系。

第一节 西方中心主义者认识中国文化的误区

18 世纪中叶到 19 世纪初，伴随西方资本主义制度的确立、西方工业文明的不断展开，西方知识分子不断滋生出西方文化中心主义的论调，基于中西方文化比较立场而鄙视中国文化、忽视中国文化曾经的辉煌与先进，其对中国文化认识的理解影响深远，甚至到现在，依然有西方学者对中国文化贬低、排斥。

一 西方中心主义者对中国文化的错误认知

18 世纪中叶到 19 世纪初，随着西欧工业文明的发展，自由竞争资本主义逐渐进入垄断资本主义时代，西方世界的物质文明、制度文明和工具理性等方面大大优于东方民族的古老文明，一部分西方知识分子滋生出强烈的西方中心主义观念。所谓西方中心主义是指将西方看作全人类文明的创造、发生和传播的中心，而将非西方民族的文化看作西方文化的附庸，并不得不接受西方文化的文化观。坚持西方中心主义的知识分子对中国文化普遍存在鄙视与否认的态度，表现出三个方面的认识误区。

其一，鄙视中国文化的价值。在 17 至 18 世纪初的西方理性启蒙时代，中国文化及典籍被大量地介绍到欧洲世界①，中国的儒学和孔子思想成为先进知识分子在哲学上反宗教、反封建的思想武器，歌颂东方、赞美东方和崇尚东方的言辞见于该时期许多著名学者的论述中，东方被西方涂上了一层浓重的理想主义色彩。② 但是，18 世纪中叶以后逐渐滋生出来的西方中心主义者对中国文化的价值普遍存在鄙视的态度，甚至是抹杀。

---

① 参见沈福伟《中西文化交流史》，上海人民出版社 1985 年版。
② 参见张允熠《关于 16 至 18 世纪之"中学西渐"的反思》，《高校理论战线》2004 年第 9 期。

意大利哲学家、历史学家维科以其所创立的"新科学""新原理"体面地否定了中国传统政治文化的价值。维科在其"新科学"哲学体系中提出"人是天意的手段"① 的著名论题，认为各民族的基本社会结构和发展过程在骨子里大体是一样的，即人类历史经过三个时代，即神祇时代（人类的原始状态）、英雄时代（相当于奴隶社会和封建社会时代）、凡人时代（相当于资本主义时代，新的民主制度创立），这三个时代的发展是循环的、交替的，每个民族都要经历这些阶段，创造相应的政体——君主政体、贵族政体和民主政体——它们是没有高低优劣之别的，每种政体就其时代而言总是自然而然的和"最好的"。但是，按照维科的意愿，真正"最好的"还是西方式的民主政体。维科指出，西方已经进入人的时代，而人的时代的特点是"每个人都意识到他们在本性上是平等的"，虽然说君主独裁政体和民主政体在价值上是不分伯仲的，他原先对君主独裁的偏向——"中国皇帝在一种温和的宗教下统治着，崇尚文艺，是最人道的"② ——却在他的"人的时代"的逻辑推延下逆转出这样的结论：君主政体是集权、等级和不人道的代名词，原来受到欧洲启蒙运动广泛赞誉和推崇的"皇帝文官式"的中国君主政体就从最先进、最人道的而沦落为最落后、最极权的。因此，维科是在"新科学"的体系下宣扬西方文明优越论的。③

德国古典哲学集大成者黑格尔从"绝对精神"出发论证了"东方哲学应该排除在哲学史之外"的哲学史观。黑格尔的绝对精神体系中，属于哲学的应是关于实体的普遍的东西、客观的东西的知识，"这种对象只要我思维它、发展它，它就保持其自身的客观性。所以，在实体中我同时仍保有我的特性，我仍肯定地保持着我自己。所以我对实体的知识不只是我主观的规定、思想或意见，而且即由于它是我的思想，它同样是关于客观对象的思想、实体的思想"④。在黑格尔看来，东方人的实体

① ［意］维科：《新科学》（上），朱光潜译，商务印书馆1989年版，第162—163页。
② ［意］维科：《新科学》（上），朱光潜译，第560页。
③ 参见任毅《西方历史哲学中的中西文化观》，《新原道》第一辑，大象出版社2003年版。
④ ［德］黑格尔：《哲学史讲演录》第1卷，贺麟、王太庆译，商务印书馆1959年版，第97页。

是那样地不确定，所以东方人的性格也可以是那样不确定、不自由、不独立。西方社会所有的法律和伦理，在东方国家虽然也有，只是采取"实体的、自然的、家长政治的形式，而不是建筑在主观的自由上。既没有良心，也没有内心道德，只是一种（僵化了的）自然秩序，让最高尚的东西与最恶劣的东西并存着"①。黑格尔由此得出结论：在东方社会"找不到哲学知识"。以黑氏的"哲学"来检验中国的哲学，中国必无"哲学"，所以他把东方的哲学思想排除在哲学史以外，这是以他所设计的西方哲学中心主义自然推论出来的。

另一德国著名的历史学家、哲学家和文艺批评家赫尔德对中国的孔子和儒学给以"积极"地批判，指出"孔子是一个伟大的名字，尽管我马上得承认它是一副枷锁，它不仅仅套在了孔子自己的头上，而且他怀着最美好的愿望，通过他的政治道德说教把这副枷锁永远地强加给了那些愚昧迷信的下层民众和中国的整个国家机构。在这副枷锁的束缚之下，中国人以及世界上受孔子思想教育的其他民族仿佛一直停留在幼儿期，因为这种道德学说呆板机械，永远禁锢着人们的思想，使其不能自由地发展，使得专制帝国中产生不出第二个孔子。这个泱泱大国将来要么自行分裂解体，要么那些较为开明的乾隆们做出父亲般的决定，将他们养育不了的东西当作殖民地拱手让出，这样，可以减轻传统习俗的束缚，相反引进思想和心灵的比较自由的自我能动性"②。在赫尔德看来，由于儒家学说阻碍了中国教育和政治的发展，导致了中国的停滞，那么，中国要发展就必须"将他们养育不了的东西当作殖民地拱手让出"，这样的结论是多么的荒唐！

其二，制造中国文化停滞的形象。赫尔德由否定中国文化的价值制造出中国文化停滞的形象。赫尔德认为，中国人在大事上是缺乏创造力的，而却精通各种雕虫小技；中国的教育方式是训练表面上谦虚文雅、

---

① ［德］黑格尔：《哲学史讲演录》第 1 卷，第 97 页。

② 何兆武、柳御林主编：《中国印象——世界名人论中国文化》（上），广西师范大学出版社 2001 年版，第 171 页。

彬彬有礼的虚伪的顺从式人物。① 在赫尔德眼里，在古代中国"根本不存在气宇轩昂的骏马，而只有温顺听话的蠢驴"②。这是对中国人形象的恶意曲解！18 世纪是西方现代科学主义兴盛的时代，自然科学理论突飞猛进，理论与实践相结合带来的生产力的巨大进步已经远远地走在世界的前列。赫尔德以欧洲人的科学主义为标准衡量中国，认为中国在科学上建树甚微，"几千年来，他们始终停滞不前"，殊不知，16 世纪以前，中国的技术是领先于世界的，16 世纪以后西方的技术才日新月异地发展起来。按照英国科学家李约瑟的统计，西方的科学技术成就差不多 85%以上来源于中国。③ 赫尔德对中国文化的整体情况做出这样的论断："就连他们那些谈论道德和法令的书本也总是变着法儿，反反复复、详详细细地在同一个话题上兜圈子，千篇一律地吹捧那种孩童的义务。他们的天文学、音乐、诗歌、兵法、绘画和建筑如同千百年前一样，仍旧是他们永恒法令和千古不变的幼稚可笑的政体的孩子。这个帝国是一具木乃伊，它周身涂有防腐香料，描画有象形文字，并且以丝绸包裹起来。它体内血液循环已经停止，犹如冬眠的动物一般。"④ 赫尔德的论述告诉我们，中国就是"停滞"的古老帝国，中国已经奄奄一息了。他从欧洲中心主义的理论立场出发，给中国几千年的文化发展判了个死刑。

黑格尔则透过世界历史的进程进一步"巩固"了中国"停滞"的形象。黑格尔的历史哲学强调绝对精神有一个显示自身、认识自身、实现自身和返回自身的过程。在他看来，世界历史的进程和自由意识的展现基本上是相吻合的，其重心从东转向西：东方世界（中国印度、波斯）之无自由或一个人的自由——古希腊、古罗马之少数人意识到自由——日耳曼之全体人意识到自由，"欧洲绝对地是历史的终点，亚洲是起点"⑤。在世界历史的整个进程内，每个民族只有一次体现着自由精神，中国和东方是历史的绝对起点，是永远无法摆脱"蒙昧"的"孩童状

①　参见何兆武、柳御林主编《中国印象——世界名人论中国文化》（上），广西师范大学出版社 2001 年版。

②　何兆武、柳御林主编：《中国印象——世界名人论中国文化》（上），第 168 页。

③　参见辜正坤《中西文化比较略论》，《北大讲座》第一辑，北京大学出版社 2002 年版。

④　何兆武、柳御林主编：《中国印象——世界名人论中国文化》（上），第 169 页。

⑤　［德］黑格尔：《历史哲学》，王造时译，上海书店出版社 1999 年版，第 110 页。

态"的,而日耳曼民族和西方正在承担世界精神的最后使命。日耳曼世界虽是人类的"老年"时期,但"'精神'的'老年时代'却是完满的成熟和力量,这时期它和自己又重新回到统一,但是以'精神'的身份重新回到统一"①。黑格尔以历史进程的转换将中国建构于一个"停滞"的形象之上,其目的在于完成自启蒙运动以来建筑的西方中心主义的世界秩序观念,世界历史的发展不论是时间上还是空间上都是朝西走,西方是进步的终极,也是价值的尺度。因此,有学者指出黑格尔的这种世界历史进程观念"不仅有欧洲中心主义的自恋倾向,而且将这种自恋发挥到专横的地步"②。黑格尔对中国文化的评说是武断的,对中国文化的总结就是"凡是属于'精神'的一切——在实际上和理论上,绝对没有束缚的伦常、道德、情绪,内在的'宗教''科学'和真正的'艺术'——一概离他们很远"③,未来中国的唯一出路是西化,这是中国和其他非欧洲民族的必然命运,是黑格尔历史哲学所宣扬的欧洲中心主义演化的必然结果,正如有学者所说,黑格尔的"中西方文化比较更多地迎合了他的哲学体系的需要,因而不可避免地流于空洞的说教"④。

其三,贬低儒家伦理的作用。19 世纪以来,西方社会进入现代化建设时期,"现代性"随即成为全球的主流话语,德国著名的社会学家马克斯·韦伯在《新教伦理与资本主义精神》《儒教和道教》等论著中提出著名的"韦伯命题":"为什么资本主义利益没有在印度、在中国也做出同样的事情呢?为什么科学的、艺术的、政治的或经济的发展没有在印度、在中国也走上西方现今的特有的这条理性化的道路呢?"⑤ 在韦伯看来,尽管中国拥有各种外在的有利于资本主义成立的条件,却无法抗衡家长制国家结构以及绵延不绝的大家族所造成的障碍,这些障碍因中国缺乏一种独特的宗教伦理作为必要的启动力量而强化,所以中国没有自发地产生出资本主义。

---

① [德]黑格尔:《历史哲学》,王造时译,第 115 页。
② 周宁:《停滞/进步:西方的形象和中国的现实》,《书屋》2001 年第 10 期。
③ [德]黑格尔:《历史哲学》,王造时译,第 143 页。
④ 邹广文:《人类文化的流变与整合》,吉林人民出版社 1998 年版,第 201 页。
⑤ [德]马克斯·韦伯:《新教伦理与资本主义精神》,于晓等译,生活·读书·新知三联书店 1987 年版,第 15 页。

　　韦伯认为现代化的核心或者说最能体现现代化的指标是理性化，而中国恰恰缺少这种理性。在他看来，西方理性主义即新教理性主义是以"入世而不属世"为救赎特征的，与现实世界保持着高度紧张的对抗和征服的关系，对现实世界是一种"理性地征服"；而儒教理性主义是"入世而属世"的，以实现现实世界的和谐发展为特征，它对现实世界是一种"理性地适应"。① 这就在很大的程度上导引中西方不同的科学和社会发展道路。在韦伯看来，儒家伦理强调人与外部世界的适应，通过传统和习俗所限定的力量影响生活方式，以达至对建立于血缘关系之上的族群团结的控制。高度的团结和对个人关系的虔敬给以客观的方式看问题带来局限，对经济态度有很大的限制作用，是客观理性化的障碍，"因为它具有一种倾向要反复地把个人的内心感情与自己血缘团体的成员，以及那些有着类似血缘关系的成员联系在一起。这一倾向总归是把个人和'人'而不是与非个人的职能（企业）联系在一起的。因为成为一切企业关系的基础是信任，而中国在很大程度上则把它永久地建立在血缘或纯粹以血缘而奠定的个人关系的基础之上，这从经济方面来看是一种至关重要的现象"②。中国的伦理道德限制了个体人性的充分发展，必然不可能建立起一种人与人之间平等的竞争关系。而西方的新教伦理突破了血缘纽带，肯定了以信任为基础的社会的优越性，以及一种伦理的生活方式对以血缘关系为基础的社会的优越性，这在很大程度上也就是对家庭本身的超越性。在经济上，这就意味着对建立在个人道德品质之上的信心，是要由自己本职的客观工作而得到证明的。

　　此外，韦伯还指出，儒家伦理肯定现世的功利主义，把财富的伦理价值当作道德的完善，不利于现代企业的创立，原因就在于它缺乏一种"渴求的本能"，"一种对财富的高度的而且确实是不顾一切的专注以及功利理性主义"③。所以，中国的儒教没有西方古典清教主义的理性方法论，经济成功也不是最终的目标，而是一种证明手段。儒家的谨小慎微的自我控制造成了普遍的不信任，妨碍了所有的信用和企业活动，与清

---

① 参见单世联《韦伯命题与中国现代化》，《开放时代》2004 年第 1 期。
② 何兆武、柳御林主编：《中国印象——世界名人论中国文化》（上），第 245 页。
③ 何兆武、柳御林主编：《中国印象——世界名人论中国文化》（上），第 248 页。

教的信用形成鲜明对比。儒家伦理还排斥职业的专业化，排斥现代职业的官僚体制和职业教育，排斥追求利润的经济训练。因而对于儒家言，"一切真正的经济行业都是职业匠人的市侩工作"，对于清教的理性伦理学来讲，"现世的工作只不过是追求一种超越的目的的表现。儒家的理性主义意味着对现世的理性适应，而清教的理性主义则是对现世的理性控制"。①

韦伯通过对儒教和清教主义的对比得出结论，儒家节俭和节制以及对财富的高度关注并不能在长时期内构成特定的现代经济职业精神，这种精神才是"资本主义的精神"②。故由于中国没有新教伦理，所以中国发展不出资本主义。但是，20世纪70年代工业东亚的崛起却显示出"韦伯命题"修改的必要，金耀基在1983年率先指出："韦伯命题"遭到东亚地区经验事实的挑战，儒家伦理不但不是阻碍经济的因素，反而有促进经济的作用③，傅佩荣则以"儒家为现代化提供伦理基础"为题批评韦伯的中国命题④，余英时先生亦在《中国近世宗教伦理与商人精神》中就西方资本主义进入中国之前传统宗教（新禅宗、新道家、新儒家）对中国商业活动的促进作用做了论证，进一步驳斥了"韦伯命题"，指出中国的宗教伦理，尤其是儒家伦理，从唐代以来就不断有商业伦理的转向，中国的宗教伦理对本土自发的商业活动起着积极的影响，最明显的就是儒商成为16—18世纪中国政治结构和经济结构中一支举足轻重的力量。⑤历史的发展向"韦伯命题"提出反证，从侧面反映出韦伯文化观的西方中心主义特征。

二 西方中心主义者误解中国文化的原因

为什么西方中心主义者会对中国文化产生这样的误区呢？这应从两方面来看。

---

① 何兆武、柳御林主编：《中国印象——世界名人论中国文化》（上），第250页。
② 何兆武、柳御林主编：《中国印象——世界名人论中国文化》（上），第250页。
③ 参见金耀基《儒家伦理与经济发展：韦伯学说重探》，载《中国现代化与中国文化研讨会论文汇编》，香港：香港中文大学科学院暨社会研究所1985年版。
④ 参见杭之《一苇集》，生活·读书·新知三联书店1991年版。
⑤ 参见余英时《士与中国文化》，上海人民出版社2003年版。

其一，看不到文化发展是民族性与时代性、共时性与历时性相统一规律的存在。西方自启蒙运动以来的确建立起完善的市场经济体制和民主政治制度，但这是近代化的产物，不是西方文明自始至终所存有的东西。因此，中西方文化比较中应处理好文化发展之民族性与时代性、共时性与历时性的关系问题。

一方面，文化是民族性和时代性的有机统一。每一类型的文化都是这个民族或者民族的共同体在长期的历史演化中形成的一系列根深蒂固的具有稳定性的价值观念、表层器物和制度规则的总和。文化的民族性是考察它的历史性。文化的发展不仅仅体现出自我的民族性与历史性、时代性的统一，它还有一个参与共同历史、构建历史共同价值的特征，即文化发展是共时性与历时性的统一。文化发展的共时性在于表明某一民族的文化是与同时许多民族共同发展着的，是各自按照不同的规律、时代发展着的个性文化，都体现出特殊性，这就如同德国历史哲学家斯宾格勒的"文化形态学"所说的那样："每一种文化都把自己的影像印在它的材料，即它的人类身上；每一种文化各有自己的观念，自己的情欲，自己的生活、愿望和感情，自己的死亡。……每一种文化都有它的自我表现的新的可能，从发生到成熟，再到衰落，永不复返。世上不只有一种雕刻、一种绘画、一种数学、一种物理学，而是有许多种，在其本质的最深处，它们是各不相同的花、果、不同的生长和衰落方式是一样的。"① 所谓历时性表明，不同的文化主体虽然在同一历史时间共同发展着，可是，他们之间可能所处的时代是不同的，有的或许已经走向现代，有的可能还处于近代化阶段，就好比 17、18 世纪，西方社会已经走进近代化，资本主义的大工业已经有了相当发展，而中国刚刚开始近代化的思想解放。

另一方面，文化的民族性与时代性和共时性与历时性又是内在相统一的。在整个人类文化发展史上，在共时态的空间区域内，有不同民族性的文化个体的存在，并且这些众多的文化个体或许正处于不同的自我民族文化发展的不同时代里；当我们论说某一个民族的时代性时，其他

---

① ［德］奥斯瓦尔德·斯宾格勒：《西方的没落》，齐世荣等译，上册，第 39 页。

民族或许是不在这样的时代性中的，可能已经超出这一时代，可能晚于这一时代，即表现出同一时代下，会有不同的民族处于不同的民族文化发展的时代性之中。因此，当我们站在中国文化的立场上认识西方文化时，首先就要认识到西方文化已经在 17、18 世纪就开始超越我们了，已经走上近代化，我们直到 19 世纪才开始近代化，而这时的西方已经进入现代化。从时代性讲，虽然中国和西方都会走过近代化，只是西方要比我们早；从共时性来讲，虽然中国和西方同时处于 19 世纪，可走过的是不同的两个时代。因此应注意，不管是处在什么样的时代，不管是同一时代共存着的多少个民族，每个民族都有自己的个性的"文化形态"，任何否定民族性、个性的论断都是不合理、不科学的，任何以高时代性的文化俯视、轻视和鄙视低时代性的文化比较观念都是感性的、失真的。

这是我们进行文化比较时所要坚持的最为基本的认识。但现实操作中却不一定会表现出这样理性的认识思路。当两种具有不同时代性的文化间进行比较之时，人们可能会表现出明显的自卑主义或自我中心主义，西方中心主义者对中国文化价值的否定与贬低就犯了这样的错误。中国文化的价值是多方面的，亦是客观存在的，有学者说"中国传统文化是人类封建时代文化中发展水平最高、贡献最大的文化"[1]，正是基于这样的事实：第一，中国传统文化是人类封建时代文化中宗教色彩最淡、理性主义和人文精神最浓的文化；第二，中国封建时代的科学技术长期居于世界领先地位；第三，中国封建时代的文学艺术领一代风骚；第四，中国在近两千年中央集权的统一国家的建设中，积累了许许多多的经验教训，形成了许多至今可以借鉴的制度，显示出很高的政治智慧；第五，中国有素称发达的农业和手工业，在人类的封建时代，中国的物质文明也是世界第一流的。维科等人看不到这一点，对中国文化给以批判和否定，是典型地站在近代西方文化成就上看中国古代文化，是对文化发展之时代性与民族性相统一原则的违背。更何况，中国文化对西方理性启蒙曾经起到非常重要的作

---

[1] 张岱年、程宜山：《中国文化与文化论争》，中国人民大学出版社 1990 年版，第 233 页。

用，像伏尔泰、狄德罗、莱布尼茨等人都给以积极的评价①，维科他们认识不到这一点，更是对历史的不尊重。

其二，西方中心主义者之所以"有意识"地曲解中国文化，目的是为西方殖民霸权提供"合理化"的理论支持。1763 年至 1914 年是西方世界（主要指欧洲）直接或间接成为全球主人的时期，在世界历史上具有绝对的优势地位。② 西方霸权不仅仅在政治领域——以大殖民地帝国的形式——表现得很明显，而且在经济和文化领域也表现明显。西方"世界宗主"地位的取得是以其武力征服为主要手段的，怎样使这种征服具备"合理性"成为西方学者们不断思考的问题，西方中心主义者就承担了这样的"历史重任"。18、19 世纪世界体系基本建立：英国主导了海洋，法国主导了陆地，而德国则从哲学、思想上取得霸主地位。恩格斯曾说，"哲学革命是社会革命的前导"，黑格尔的历史哲学就从世界历史进程上规制出架构世界格局的至尊的"日耳曼哲学"，并以此来论说"中国无哲学"问题。既然"日耳曼哲学"是最高成就的哲学体系，负有拯救人类一切文明的历史重任，那么以日耳曼民族为首的西方世界在全球范围的征服行为是当然"合理性"的，也只有完成这样的世界拯救才会达致世界历史的完美历程。

赫尔德、黑格尔等人制造中国"停滞"的形象是要挺立西方文化的"进步"。既然西方文化是进步的，那么，先进的征服落后的就是合理的，黑格尔的至理名言"凡是存在的就是合理的"得以真切体现。中国不是"停滞"的，中国之所以是"停滞"的是被黑格尔他们虚构和幻化出来的，目的是为西方的进步找一个参照系。这样的"历史重任"怎么会落到中国文化的头上呢？原因就在于中国文化在几千年的历史发展中曾经对世界历史起到举足轻重的作用，如果让自己民族的文化凌驾于这样的文化之上，那么很显然自己民族的文化将是更加优越的文化，更何况他们在文化比较时避开了学理上的逻辑问题，自然而然推导出西方的近代文化是具有最大进步性和合理性的。进步就意味着强权，停滞就

---

① 参见方同义、张瑞涛《中西文化比较纵横谈》，中国文史出版社 2005 年版。
② 参见［美］斯塔夫里阿诺斯《全球通史》（下），吴象婴、梁赤民译，上海社会科学院出版社 1999 年版。

意味着挨打，似乎这成了天经地义的逻辑，因此就有了赫尔德"将他们养育不了的东西当作殖民地拱手让出"的谬论，就有了黑格尔"在东方社会找不到哲学知识"的胡说八道。西方中心主义者对中国形象的刻画成为中国近代知识分子认识中国文化的"话语霸权"，好似中国的现代化建设必须以接受中国停滞落后而西方进步的"事实"为行动的出发点。近代中国100多年的探索始终没有走出这个怪圈，现代化建设奉"拿来主义"为圭臬，没有去思考文化发展的逻辑进路问题，孰不知中国的文化建设和整个的现代化建设应该由中国文化本身的逻辑开出方向，固然西方现代的民主政治与科学技术可以拿来为我所用，可总要讲究拿来之后"怎么使用"和"如何使用"的问题，这才是现代化建设的关键。如果我们自己不能够认识西方中心主义者的本质，依然奉行中国向西方学习的逻辑，那么，中国或许真的就停滞不前了。

第二节　近代中国知识分子"中西文化观"的思想特征

自明末清初以来，近代中国的知识分子在中西文化的碰撞与交流中，在西方强势文化"武器的批判"的重压下，自觉反思中国文化未来发展之路，积极参与中西文化比较。无论是"会通超胜""师夷长技"，还是"文化激进""文化保守"，拟或"中体西用""综合创新"，近代中国知识分子的这六种基本的"中西文化观"，开显出"主动性""偏向性"和"直观性"三方面思想特征。从实质而言，近代中国知识分子的"中西文化观"以文化启蒙为责任担当，以文化发展路径的开拓为职志，开启了民智，推进了中西文化交流。尤其是关于文化比较的心态、对待文化差异的姿态、把握民族文化的情态，为当代中国知识分子构设中国特色的文化模式提供了思想铺垫，更为探赜"文化比较"哲学提供了理论参照。

一　主动性

中国文化传统中蕴含着唯变所适、开拓创新的精神品质。如《易传》中谓"一阖一辟谓之变""化而裁之谓之变"(《周易·系辞上》)，又曰"变通者，趣时者也"；《诗经》中言"周虽旧邦，其命维新"。"变"是自然事物本身具有的客观规律，"变通"是中国文化血脉无限演进的助推剂。近代中国知识分子充分发扬了唯变所适的精神传统，积极主动地与西方文化展开交流，其"中西文化观"体现出主动性的思想特征。

明末清初时代，中西文化之间展开了新一轮的文化大碰撞。以利玛窦为首的西方传教士向中国传播先进的科技，译介大量有关天文、数学、物理、地理、哲学方面的著作。[1] 徐光启、李之藻等人从与西学的比较中认识到传统中学的缺憾，认为西学是"国家致盛治，保太平之策"[2]，主张学习西方的学术和知识。他们积极、主动、热情地学习和传播西方文化，重视自然科学研究，反对传统的章句性命之空论，主张力行以经世治国，开启了近代中国知识分子向西方学习的先河。但是，清康熙年间发生的"礼仪之争"以及后来乾隆的"自我中心主义"，导致清王朝"闭关锁国"政策的推行[3]，悲剧性地丧失了在第一次世界现代化浪潮中发展成为世界级商业贸易大国的历史机遇。

"武器的批判"往往催生"批判的武器"的反思与重建。鸦片战争前后，中国知识分子面对"强势"的西方文化，不仅主动学习新文化，也开始理性反思中西文化差异，谋划中国文化的未来发展方向。被誉为"近代中国开眼看世界第一人"[4] 的林则徐反思和批判古老中国的"天朝上国"理念，主张打破传统"洋夷乃蛮荒小邦"的陈旧思维。魏源撰《海国图志》，主张学习西方的长处，捍卫中华民族之独立与国家之尊严。姚莹著《康輶纪行》，包世臣作《歼夷议》，既尊重中西文化差异，又主动学习西方文化。

早期的开明知识分子通过著书立说，介绍西方社会的地域和国情，

---

① 参见于语和、庾良辰主编《近代中西文化交流史论》，山西教育出版社1997年版。

② （明）徐光启著，王重民辑校：《辨学章疏》，《徐光启集》（下），中华书局1963年版，第431页。

③ 参见何兆武、柳御林主编《中国印象——世界名人论中国文化》（下），广西师范大学出版社2001年版。

④ 陈胜燊：《林则徐与鸦片战争论稿》（增订本），中山大学出版社1990年版，第7页。

充满了向外探求、对内反省的精神，对消除人们思想上长期以来的中国中心主义发挥了思想启蒙的作用。① 不过，近代早期真正对中西文化的思想内涵、价值观念做反思、批判的当属严复。他不仅翻译了大量的西方作品，而且撰写了大量文化比较论文，通过介绍西方资产阶级思想家的哲学和社会政治学说，希图在文化比较中改变中国文化深层结构中的国民品性、价值观念和思维方式。如《论世变之亟》指出，西方文化的根本是学术和政治，其学术精神是"黜伪而存真"、政治精神是"屈私以为公"，贯穿两种精神之间的是"自由"，西方文化的重点是"以自由为体、以民主为用"，而中国最缺的就是这种"民主"和"自由"。② 针对中国的积弊，他的《救亡决论》指出，要变革中国的旧学术，考据、义理、辞章都是没用的，要采用西方学术，提倡科学的精神和方法以解决中国的问题。

　　学界知识分子通过著书立说比较中西文化异同，主动学习西方文化，体现了知识分子开拓创新、唯变所适的精神；而政界知识分子则从国祚绵延、文化兴邦视角探讨中西文化差异，以巩固国体，再创辉煌。他们的"中西文化观"立足于中国文化，主张有选择地学习和引进西方文化，于"主动"中贯穿着"崇古"。如洋务派代表张之洞《劝学篇·设学》明确表示："中国史事、政书、地图为旧学；西政、西艺、西史为新学。旧学为体，新学为用"③；光绪皇帝于 1898 年 6 月所颁布的"诏定国是"则明确表达了官方主流的中西文化交流价值取向："以圣贤之学植其根本，兼博采西学之切时务者……"，同时期资产阶级维新派的康有为、谭嗣同等人，高举中体西用的大旗，不仅主张学习西方科技，还主张学习西方的制度和思想观念，以此带动近代中国文化的"启蒙"。如谭嗣同的"冲决网罗"口号，猛烈抨击封建君主专制和"三纲"，"三纲之慑人，足以破其胆而杀其魂。……独夫民贼，固甚乐三纲

---

① 参见邹广文《人类文化的流变与整合》，吉林人民出版社 1998 年版。
② 严复：《论事变之亟》，载石峻主编《中国近代思想史参考资料简编》，生活·读书·新知三联书店 1957 年版，第 475 页。
③ （清）张之洞著，李忠兴评注：《劝学篇》，中州古籍出版社 1998 年版，第 121 页。

之名，一切刑律制度皆以此为率，取便已故也"①。他关于中西文化差异的比较和对西方制度文化的体认，体现了近代中国知识分子文化观正在走向成熟。

五四新文化运动高举民主与科学的大旗，已从学习简单的器物文化、制度文化向学习西方思想文化迈进。如陈独秀言："西洋人因为拥护德、赛先生，闹了多少事，流了多少血，德、赛两先生才渐渐从黑暗中把他们救出，引到光明世界。我们现在认定只有这两位先生，可以救治中国政治上、道德上、学术上、思想上一切的黑暗。"② 在五四运动领导者看来，要在中国建立民主共和国，就必须宣传资产阶级的新思想、新文化，批判封建专制主义的旧思想、旧观念、旧伦理、旧道德，《新青年（创刊号）》即明确表明："所谓新者天地，即外来之西洋文化也；所谓旧者无他，即中国固有之文化也。"③ 五四运动早期的知识分子宣传资产阶级的民主价值观，宣传西方的科学自然观，反对封建的道统，推进了近代中国社会的思想嬗变。

自五四运动以来，中国知识分子群体中还活跃着以熊十力、梁漱溟和张君劢为开端的"现代新儒学"学者，高举"儒学复兴"文化观，以接续儒学道统自命，力挽狂澜于既倒。从整体言，现代新儒学以崇儒尊孔为理论立场，以民族文化本位为理论立足点，但其"援西入儒"的学理路数，却是不争的事实。④ 如熊十力在《中国历史讲话》中明确指出："吾确信中国文化不可亡，但吾国人努力于文化之发扬，亦必吸收西洋现代文化，以增加新的元素，而有所改造，不可令成一种惰性，是则余之望也。"⑤ 贺麟在《儒家思想的新开展》中指出："儒家思想的新开展，不是建立在排斥西洋文化上面，而是建立在彻底把握西洋文化上面"；"欲求

---

① （清）谭嗣同：《仁学·三十七》，《谭嗣同全集》（下），中华书局1981年版，第348—349页。

② 陈独秀：《〈新青年〉罪案之答辩书》，《独秀文存》，上海书店出版社1985年版，第362页。

③ 转引自汪叔潜《新旧问题》，《青年》第1卷第1号。

④ 参见李翔海《现代新儒学述评》，《求是》2004年第6期。

⑤ 转引自李振霞主编《当代中国十哲》，华夏出版社1991年版，第283页。

儒家思想的新开展，在于融会吸收西洋文化的精华与长处"。[①] 他们比较中西文化差异，学习西方文化中的积极要素，以复兴中国传统儒学为职志，并主张其在当代中国文化和世界文化历程中占据主导地位或重要地位。

近代中国各派知识分子主动学习西方文化，在文化比较中体思文化差异，以此互通有无，虽立场各异，目标有别，但其主动精神值得赞扬。

二　偏向性

"变通"是中华文化的优良传统，而与之共生的"崇古"亦是根深蒂固的思想传统。近代中国的知识分子，有些人虽然主张学习西方文化，但落脚却在于中国传统文化的复兴，其本质是以中国传统文化为载体，以西方优秀文化为辅用；有些人则极力排斥西方文化，认为中国传统文化优越于西方文化，坚持"文化保守主义"。这样的"中西文化观"体现出对中国传统文化的偏向。而另有一些知识分子，或认为中国传统文化已经落伍，要实现中国文化的演进和发展，必须以西方文化为体，以中国文化为用，甚至主张全盘西化，摒弃中国传统。这样的"中西文化观"体现出对西方文化的偏向。客观而言，"体用论"的文化观体现为温和偏向，而"民族文化保守主义"和"全盘西化"的文化观则体现为极端偏向。对中国文化的温和偏向和极端偏向体现的是中国人的"崇古"心态，可"同情地理解"；而对西方文化的极端偏向则是对文化本质、文明演进规律的情绪化体认。

其一，温和偏向。明末清初时代徐光启等人虽积极主动学习西方文化，但目的是寻求自我民族文化传统的强盛，"欲求超胜，必先会通"[②]，儒学为"本"。而且，他们所接受的西方文化也只局限于自然科学，于人文领域没有深入地研究和学习；即便是学习自然科学，也是将其与中国古代科学知识相结合。如徐光启比较中西数学知识后指出，中国古代数学在经验数据的运算和解决实际问题方面，并不比西方数学

---

① 宋志明编：《贺麟新儒学论著：儒家思想的新开展》，中国广播电视出版社 1995 年版，第 89 页。

② （明）徐光启：《治历疏稿二·历书总目表》，《徐光启集》（下），第 374 页。

差，两者存在的差别主要是：中国数学重视"法"，关注具体的运用方法和技能；西方数学重视"义"，能于方法之上提炼公理系统、数学原理。尽管他对中西数学差距的体认已然达到"令人惊叹"的地步①，但并未摆脱以中学为参照系的理论前提。

魏源《海国图志》的"序言"明确了"为以夷攻夷而作，为师夷长技以制夷而作"的文化观。在他看来，虽然西方的长技是"战舰""火器""养兵练兵之法"，但终究通过"师夷长技"而落脚于"中国之长技"。而且，他所指称的"西方文化"还仅仅是"器物层"文化，不涉及精神层面的文化，根本原则在于"祖宗之法"不可变。"师夷制夷""会通超胜"等文化观尽管体现了主动学习西方文化的心态，但其文化比较并未由"器物层"文化比较上升为思想观念的比较，学习西方文化以传延中国文化血脉为前提，其偏向中学的价值取向可见一斑。

严复作为启蒙思想家的地位不容动摇，鼓舞了众多有责任心、历史感的知识分子学习西方，改造中国传统社会，但他对西学的介绍和引进并未脱离中国传统，也未改变偏向中学的价值取向。维新变法前后，他的《论世变之亟》《原强》《辟韩》《救亡决论》等文章即表现出坚守儒学传统的精神。他指出，只有充分发扬儒学精神才能挽救危亡，学习西方文化要"归求反观"，以加深对中国文化和政教的体认，加深对儒学的信心。② 严复主动引进西学，也主动保守儒家传统，体现出知识分子的"崇古"情节。

洋务派"中学为体，西学为用"的思想文化纲领最为直接地展示了对中学的偏爱和尊崇。李鸿章指出，"经国之略，有全体，有偏端，有本有末"③，其本即中学之大体。朱采有详细说明："简器、造船、防陆、防海，末也；练兵、选将、丰财、和众，方为末中之本。修政事、革弊法、用才能、崇朴实，本也；正人心、移风俗，新民德，精爱立，

---

① 参见曹锡仁《中西文化比较导论——关于中国文化选择的再探讨》，中国青年出版社1992年版。

② 参见刘桂生、林启彦、王宪明编《严复思想新论》，清华大学出版社1999年版。

③ 转引自（清）李鸿章《同治四年八月初一日奏折》，《李文忠公全集》奏稿卷九，清金陵初刻初印本。

方为本中之本。……崇师儒、辨学术，其大要也。"① 在洋务派眼中，唯"正人心、移风俗"才是"本中之本"，而"正人心"之要务是"躬教化、尊名教"；"变风俗"之权责是"崇师儒、辨学术"。洋务派"中体西用"文化观实质是把作为"体"的中学进一步演变为"本中之本"的理学精神。② 后来洋务派衍化出来的改良派，如王韬、马建忠、薛福成、郑观应等人，尽管主张学习西方先进的经济生产方式、经济制度，甚至是学习西方的君主立宪，但终究不离"中体西用"的价值取向，正如郑观应所言："善学者必先明本末，更明所谓大本末而后可。以西学言之，如格致制造等学其本也（各国最重格致之学，英国格致会颇多，获益甚大，讲求格致新法者约十万人），语言文字其末也。合而言之，则中学其本也，西学其末也。主以中学，辅以西学。"③ 无论怎样学习西方文化，"孔孟之常经"不可丢！

资产阶级维新派虽有像谭嗣同那样激烈地批判传统政治思想流弊的开明贤达，但整体而言，维新派仍不肯从根本上触动封建专制政体，更不肯触动封建专制制度的经济基础——宗法制下的小农经济。康有为在《上清帝第一书》中即明确指出，"强邻四逼于外，奸民蓄乱于内，一旦有变，其何以支"④；《上清帝第五书》又说："即无强敌之逼，揭竿斩木，已可忧危。"⑤ 维新派所谓的"变法"，只是"变器卫道"，非真正地在中国实现西方现代的民主政治。从本质而言，维新派与洋务派皆是"中体西用论"者，只是，洋务派的"中体"以封建的主流意识形态为体，是对政治化儒学和心性化儒学的接续；而资产阶级维新派的"中体"以糅合了资产阶级民主思想的中国传统政治理想为主体，接续心性

---

① 转引自（清）朱采《复许竹篔》，《清芬阁集》第 4 卷，光绪三十三年归安赵氏刊本，第 4 页 23 上。

② 丁伟志：《"中体西用"论在洋务运动时期的形成和发展》，《中国社会科学》1994 年第 1 期。

③ （清）郑观应：《礼政·西学》，《盛世危言》（上），学苑音像出版社 2005 年版，第 50—51 页。

④ 谢遐龄编选：《变法以致升平——康有为文选》，上海远东出版社 1997 年版，第 257 页。

⑤ 谢遐龄编选：《变法以致升平——康有为文选》，第 337 页。

化儒学，摒弃政治化儒学，目标在于建立君主立宪政体。

现代新儒学的"中西文化观"通过"援西入儒"的学理路数来谋求儒学的复兴，同样体现出偏向性。如梁漱溟分析中、西、印文化不同的发展路径，指出西方文化"是以意欲向前要求其为根本精神的"[1]，而"中国文化是以意欲自为、调和、持中为其根本精神的"，"印度文化以意欲反身向后要求为其根本精神的"[2]，西方文化意欲向前，属于"天人相分"的认识思路，主张人对自然的改造和充分利用，是对人的自由与科技的无限发展的追求，会产生"赛恩斯"和"德谟克拉西"两大异彩文化，产生"灿烂的物质文明"和"锐利迈进的科学方法"；中国"天人合一"的哲学理念，主张人与自然间的亲密无间、和谐共处，反对人对自然的过多干涉和破坏，不讲究方法的创造，注重人的道德理性价值的构建，中国人对自然抱"融洽为乐"的态度，"安分守己，寡欲摄生，绝对没有提倡物质享受"；印度持禁欲主义的社会态度，追求神秘超越的出世理想，"既不像西方人要求幸福，也不像中国人安遇知足，他是努力解脱这生活的"。在梁漱溟看来，西方文化解决人与自然的关系问题，是人类首先遇到的最为基本的问题；中国文化解决人与人的关系问题，是人类社会发展到一定阶段的问题；印度文化解决人与自身的关系问题，是人类发展到较高阶段的问题。中国文化和印度文化是第一条路向尚未走完就转向了第二条和第三条路向，是早熟的文化；西方文化已走到了尽头，其征服自然的态度所产生的物质文明和科学方法已走向了反面，要从第一条路向走向第二条路向。因此"现在是西洋文化的时代，下去便是中国文化复兴成为世界文化的时代"[3]。

学习、引进西学，但不以改变中学为目的，尤其是不以改变中国两千多年主流文化意识形态的儒家哲学为目的，可视为温和地偏向中学。当然，从对西方文化的学习和选择而言，近代中国知识分子的"中西文化观"同样表现出温和地偏向西学的思想特征。但是，后来的胡适、陈序经等人的"全盘西化"，梁启超、辜鸿铭等人的"东方文化优越论"

①　梁漱溟：《东西文化及其哲学》，商务印书馆 1999 年版，第 33 页。
②　梁漱溟：《东西文化及其哲学》，第 63 页。
③　梁漱溟：《东西文化及其哲学》，第 203 页。

则由温和偏向转向为极端偏向。

其二，极端偏向。西方强势的近现代物质生产和开放的民主、政治思想，着实让近代中国的知识分子"大开眼界"，他们积极反思中西文化差异的根源，而有些人却极端地走向了"文化激进主义"，主张"全盘西化"，如胡适和陈序经。胡适于1926年写的《我们对于西洋近代文明的态度》极力赞美西洋文明，认为西洋近代文明"确实替人类增进了不少的物质上的享受"。在他看来，"西洋近代文明绝不轻视人类的精神上的要求。我们还可以大胆地进一步说：西洋近代文明能够满足人类心灵上的要求的程度，远非东洋文明所能梦见。在这一方面看来，西洋文明绝非唯物的，乃是理想的（idealistic），乃是精神的（spiritual）"。[①] 胡适认为西洋文化的最大特点是"不知足""进取""征服自然""利用厚生""承认物质享受"；东方文明的特点是"知足""保守""乐天安命""不争""无知""安贫守己"等。因此，他赞美西方文明是"真正理想主义的文明"，以此鄙视东方文明，否定中国固有文化，表现出全盘西化的价值取向。

当然，最先明确提出"全盘西化"观点的是陈序经。[②] 在他所著的《中国文化的出路》（1934年）和《东西文化观》（1937年）中对"全盘西化论"加以系统的阐发，对西方文化的崇拜和对中国传统文化的攻击达到"前无古人，后无来者"的地步。在陈序经的眼里，中国所有的一切都不如西方，中国唯有"百分之一百地全盘西化，不但有可能，而且是一个较少危险的文化的出路"[③]。他坚持"全盘西化"的主张有两个理由。其一，"西洋文化，的确比我们进步得多"。他认为，西洋文化无论在思想、艺术、科学、政治、教育、宗教、哲学、文学等方面都比中国的好；就是在饮食方面、穿着方面、娱乐方面、交通方面也都比中国人讲究；在西洋文化里面能够找到中国文化的好处，而在中国的文化里未必能够找到西洋的好处。其二，"西洋现代文化，无论我们喜欢不

---

① 胡适著，欧阳哲生主编：《胡适文集》，北京大学出版社1998年版，第4册，第6页。

② 参见李宗桂《文化批判与文化重构——中国文化出路探讨》，陕西人民出版社1992年版。

③ 陈序经：《全盘西化的辩护》，《独立评论》，第160号。

喜欢去接受，它毕竟是现代世界的趋势"。在他看来，西洋文化是现代的一种趋势，一切政治、社会、教育、经济、物质、精神，理论上和事实上，中国和非西洋国家，都渐趋于西洋化。所以，他总结说："非彻底和全盘西化，不足以言自存。"① 1935 年 3 月 17 日，胡适在《独立评论》第 142 期发表"编辑后记"中公开声明，他"完全赞成陈序经先生的全盘西化论"。这进一步凸显胡适的"全盘西化"立场。而张佛泉（1907—1994 年）的"根本西化论"指出："我们若不彻底从根上改造，我们是永远也逃不开那些陈旧却很有力的窠臼的。……我深信从根本上西化才是我们民族的出路。"② 这将"全盘西化"推向极端。

与极端的"全盘西化论"相对应的则是另一种极端的"文化保守观"。维新变法失败后，以康有为、梁启超为代表的保皇派面对风起云涌的中华文化大批判思潮和社会革命运动，开始一心一意地维护封建专制制度，鼓吹尊孔读经，对中国文化传统不加批判地全盘拥护和坚持。如康有为主张恢复以三纲五常为核心的封建伦理道德，要求"崇道德""整纲纪"，恢复传统儒家思想的正统地位，他在《乱后罪言》中指出："中国之人心风俗，礼仪法度，皆以孔教为本。若不敬孔教而尽弃之，则人心无所附。风俗败坏，礼化缺裂，法守扫地。"因此，他在《以孔教为国教配天议》中指出，要改变这样的局面，只有自觉认同孔子和儒家思想，才能使"人心有归，风俗有向，道德有定，教化有准，然后政治乃可次第而措施之"③。康有为希图重新确立传统儒学的主流意识形态地位，充满"异想天开"的成分。

康有为要在中国立孔教会，而梁启超则主张"开明专制"。在他看来，当一个专制政权，在国家的利益、民族的发展同专制独裁者的利益发生冲突的时候，如果统治者只考虑专制的主体——统治阶级的利益，不考虑国家与民族的利益，甚至为了特权集团的利益，不惜危害民族与国家的利益，这就是"野蛮专制"；如果能以专制的客体——民族与国

---

① 陈序经：《全盘西化的理由》，载《东西文化观》第三编，中国人民大学出版社 2004 年版，第 158—236 页。

② 转引自张佛泉《西化问题之批判》，《国闻周报》1935 年第 12 期，第 2、7—8 页。

③ 谢遐龄编选：《变法以致升平——康有为文选》，第 571 页。

家的利益为核心，一切为了国家的强大、一切为了民族的繁荣，这就是"开明专制"。因此，梁启超指出，按照中国当时的条件，"与其共和，不如君主立宪；与其君主立宪，又不如开明专制"①。中国只有在"开明专制"政府的领导下，保持稳定的秩序，自上而下地发展教育，开启民智，实施地方自治，才能逐步地引导整个国家有条不紊地实现政治民主化。"开明专制论"亦是不顾文化发展的时代性而盲目因循传统的错误理论。

在 20 世纪二三十年代兴极一时的，以梁启超、辜鸿铭、梁漱溟和贺麟等人为代表的"东方文化优越论"亦是典型的文化保守主义。其特点是：有强烈的民族主义情感，对西方文化的入侵有着本能的反抗心理；肯定中国传统文化的精神价值和内在生命，确认离开本土文化的根基去建设所谓新文化是不可能的；承认西方文化有积极的一面，主张在"保守"民族文化的前提下，吸纳西方文化中的科学民主等现代因素；中西文化比较，中国文化精神文明为高，西方文化物质文明见长；一般不反对政治秩序的变革，但反对抛弃中国古代的文化传统。② 与"现代新儒学"相比，这种观点可视为"旧儒学"。当 19 世纪中国文化出现"认同危机"③ 的时候，西方文化也出现危机，资产阶级的固有弊端日益暴露，第一次世界大战的爆发正是西方文化认同危机的结果。文化保守主义者们从此活跃起来，以维护和弘扬民族传统为己任，要求以中国传统文化中的伦理道德为本位、为主体，吸收西方文化中的物质文明、民主和科学思想，归根结底是提倡"东方文化优越论"。如辜鸿铭曾主张以孔孟之道挽救西方文化没落的命运，在《春秋大义》一书的附录《战争和出路》里宣称："如果能够研究中国文化，就可以帮助解决现代

---

① 梁启超：《开明专制论》，《饮冰室合集》文集之十七，中华书局 2005 年版，第 13 页。

② 参见李宗桂《文化批判与文化重构——中国文化出路探讨》，陕西人民出版社 1992 年版。

③ "认同危机"是指随着西方社会完成现代化的架构，通过全球性的经济、政治和文化的扩张，使得后发展国家在面对一种先进的文化时自然流露出的一种"无序"情绪，是对自己民族传统的割裂，在西方文化的参照系下，走进"落后"与"进步"、"传统"与"现代"、"中"与"西"的痛苦反思中，其结果往往是对自己传统的鄙视和对先进文化的崇拜。（参见赵汀阳《认同与文化认同》，载《新原道》第二辑，大象出版社 2004 年版）

世界最困难的问题。这个问题就是要拯救西洋文明的破产。"梁启超在《欧游心影录》中提出"新文明再造"的问题，指出要再造新文明，要承担中国人对于世界文明的大责任，最好的途径就是"拿西洋文明来扩充我的文明，又拿我的文明去补助西洋文明，叫他化合起来成一种新文明"①。自信中华文化崛起固然值得尊重，但其中的弊病亦应加以理性批评，极端否定和极端认同都不可取。

三　直观性

在西方"武器的批判"的冲击下，在亡国灭种的危局中，近代中国知识分子面对西方入侵所导致的"数千年来未有之变局"、西方列强"数千年来未有之强敌"②，思想观念处于极度的裂变与激荡之中。卫国保种之"救亡"与自我民族文化批判之思想"启蒙"的"双重变奏"③，传统的中华儒学体系不能用作"批判的武器"，而西方超量的信息文化刺激，进一步超出了近代中国知识分子文化承载力和理解力的极限。在整体的知识分子精英阵营中，面对中西文化差异，为应对政治国体危机而开展的思想文化批判和文化路径选择，采取了个性化的、具体的解决方略，表现出直观性。

前文已指出，文化发展是民族性与时代性、共时性与历史性相统一的过程。首先，文化是特定民族群体共同创构的价值观念、制度规范的表层器物的综合体。同时，民族主体在进行文化创造时经过了一定的历史时段，体现着从古代、近代到现代的历史演进特质。其次，不同时代，不同民族所创造的文化体现着自身的个别性；同理，不同民族在相同的历史时间段上，也表现出不同的个性差异。因此，任何否定文化形态的民族性、时代性差异的文化态度都是不可取的，任何以自身所谓高时代文化形态贬低鄙、视低时代文化形态的文化观都是感性的和失真

---

① 李宗桂：《文化批判与文化重构——中国文化出路探讨》，第123—125页。

② 李鸿章：《筹议海防折》，载中国史学会主编《洋务运动》，上海人民出版社1961年版，第1册，第42页。

③ 参见李泽厚《启蒙与救亡的双重变奏》，《中国思想史论》（下），安徽文艺出版社1999年版。

的。要相信，民族的个性化文化形态，在相对稳定和自我反思中完全走向了自我民族、个性文化的成熟与完善。

由此反观近代中国知识分子的"中西文化观"，无论是洋务派的"中体西用"，还是维新派的近似"中体西用"，虽然适应了当时历史发展的必然趋势，是应对"欧风美雨"西方文化渗透的合理的文化建构理念，"在客观上体现出当时朝野上下对本土传统文化的批判性反思"①。但是，这些文化观所"反思"的"传统"并非民族文化的精华，亦非可为"新时代"服务的积极因素；它借鉴、学习"外来"文化，但不懂如何"评析""吸收"外来文化的合理要素，未能实现文化发展民族性与时代性、共时性与历史性的统合。因此可以说，"中体西用"文化观"只是中西会通方法、途径的一种描述，这种描述并不会导致产生中学对西学回应的一种实际的效果，它并没有产生一种新理论形态、新事物、新生命作为回应西学的事实上的承诺者或承担者"②。

"全盘西化论"者对中国传统文化的基本精神与价值观念进行情绪化批判，他们以睿智的眼光审视中国文化传统中的弊病，不可谓不深刻，但即此而"因噎废食"全盘否定中华文化，甚至不加选择地为批判而批判，这是典型的"文化自卑""矮人政策"③。民族文化要获得大发展、大繁荣，不可能完全割裂传统，不可能百分百地从属外来文化。因此，"'全盘西化'论不仅是理论上的错误，在实践上也是反动的、极为有害的"④。

持"文化保守"文化观的康有为、梁启超、梁漱溟、熊十力、张君劢等高级知识分子，能够从思想文化的途径上谋求中国问题的解决，出发点值得肯定。如果说"全盘西化论"忽视中西文化的时代性而不重视或者说否认文化的民族性的话，那么，"文化保守主义"在揭示中国文

---

① 李宗桂：《文化批判与文化重构——中国文化出路探讨》，第77页。

② 张立文：《和合学——21世纪文化战略的构想》（修订本，上），第31页。

③ "矮人政策"即以自己的文化之糟粕与外人之精华相比，越比越矮，"强人政策"则相反。（杜维明：《中国文化的认同及其创新》，载中国文化书院讲演录编委会编《中外文化比较研究》，生活·读书·新知三联书店1988年版，第77页）

④ 张岱年、程宜山：《中国文化与文化论争》，第359页。

化的特点和资产阶级文化的固有矛盾及其弊端问题上则做了有益的工作。① 只是，这种自主的文化比较仍然没有脱离中国文化中心主义的泥沼，未能理性地处理文化民族性与时代性、共时性与历时性的关系，同样是非客观化、理性化的文化比较态度。

现代新儒学虽秉持《礼记·中庸》"道并行而不相背，万物并育而不相害"的文化多元并存原则，坚持认为人类一切民族文化都是人精神生命的表现，各民族文化都应该得到平等、自由的发展，是对文化民族性和共时性的真切体认，通过对传统文化的重新阐释增强了民族自尊心和自信心。但是，现代新儒学的哲学形上学存有论讲人却失落了人的意义和价值；讲人的现实世界而又疏离了现实世界，造成传统内圣心性道德形上学与西方现代科学、民主新外王的脱节。② 西方文化之树所结出的现代科学和民主之果实，并不能靠"嫁接"而生长于中国传统心性哲学之上，只能另辟蹊径，通过探赜中国传统文化的演进逻辑及其思想精髓，实现中国式"文化模式"③ 的创构。

在近代中国知识分子阵营中，曾涌现出一批希图以"宗教"救世的学者。如太平天国运动领袖洪秀全创建"拜上帝会"，利用西方基督教的"上帝"理念批判社会现实，"世道乖漓，人心浇薄，所爱所憎，一出于私"，在充分发挥《礼记·礼运》"大同"理想之上，倡导"皇上帝"，"天下多男人，尽是兄弟之辈，天下多女子，尽是姐妹之群。何得存此疆彼界之私，何可起尔吞我并之念"。④ 但是，直观而实用的现实需要，使洪氏的"宗教"宣扬成为躯壳，缺少信仰的神圣，从根本上误解和扭曲了宗教精神。无独有偶，资产阶级维新派的谭嗣同和革命派的章太炎也从中国传统文化中的佛教那里探寻"批判的武器"。谭嗣同"冲决网罗"的呐喊与佛教思想相贯穿，"网罗重重，与虚空而无极，初当

---

① 参见张岱年、程宜山《中国文化与文化论争》，中国人民大学出版社1990年版。
② 参见张立文《和合学——21世纪文化战略的构想》（上），职工教育出版社1989年版。
③ 本尼迪克特指出："文化是通过某个民族的活动而表现出来的一种思维和行为模式，一种使该民族不同于其他民族的模式。"（［美］露丝·本尼迪克特：《文化模式》，何锡章、黄欢译，第45—46页）
④ 转引自洪秀全《原道醒世训》，载中国史学会编《太平天国》（一），神州国光出版社1954年版，第91—92页。

冲决利禄之网罗,次冲决俗学若考据、若辞章之网罗,次冲决全球群学之网罗,次冲决君主之网罗,次冲决伦常之网罗,次冲决天之网罗,次冲决全球群教之网罗,终将冲决佛法之网罗。然真能冲决,亦自无网罗,真无网罗,乃可言冲决"①,以此论证变革的必要。章太炎曾撰著《建立宗教论》,提倡"以宗教发起信心",但把佛教"一切众生,皆是平等"的教义曲解为"佛教最恨君权",以此为自己的革命主张立论:"提倡佛教,为社会道德上起见,固是重要;为我们革命军的道德上起见,亦是最要。"② 固然,近代中国知识分子看到了宗教在支撑西人精神和心灵中的神圣与尊严,并能效仿西方文化建构中的宗教信仰威力以期实现中西文化之间的会通,但这种"头痛医头脚痛医脚"的直观思想,无法改变文化的深层结构,沦落为"孤芳自赏的催眠剂"③。

中国近代知识分子对中国未来文化演进之路的探索永无止境。以毛泽东为创始人的中国化马克思主义学者坚持辩证法原则,提出对待中西文化的"批判继承观"。如毛泽东在1938年《中国共产党在民族战争中的地位》一文中提倡:"从孔夫子到孙中山,我们应当给以总结,承继这一份珍贵的遗产"④;在1942年《在延安文艺座谈会上的讲话》中,他明确要求文艺家必须继承中国和西方过去时代遗留下来的"丰富的文学艺术遗产和优良的文学艺术传统"⑤。在毛泽东看来,传统文化中精华与糟粕杂糅,民主性文化与封建性文化并存,发展文化,就是"批判地继承"。这一文化观是以马克思主义为指导、以批判地继承民族传统文化为根基、以借鉴吸收外来优秀文化为补充的符合时代潮流、符合文化发展规律的大胆尝试,是近代中国知识分子"综合创新"思想的首次革命实践。

当然,作为中西文化比较观的"综合创新论",则是由20世纪三四十年代的苏渊雷、张岱年等人提出并加以阐释的。苏渊雷于1934年发

① (清)谭嗣同:《仁学·三十七》,《谭嗣同全集》,下册,第290页。
② 汤志钧编:《章太炎政论选集》,中华书局1977年版,第274—275页。
③ 肖萐父等主编:《中国哲学史》,人民出版社1983年版,下册,第429页。
④ 《毛泽东选集》第2卷,人民出版社1991年版,第534页。
⑤ 《毛泽东选集》第3卷,人民出版社1991年版,第855页。

表《文化综合论》，提出了"批判的综合"思想："尝谓没有批判的综合，是机会主义的综合，近于'调人'；没有综合的批判，是无政府主义的批判，则为'抹杀'。二者皆讥，未符中道。但综合的先行程序是批判。以为凡是使对客观世界的认识更为准确，对思维方法的训练更为严密，与夫生活态度更为合理者，法当摄取精华。志在缀集现代科学、哲学、文艺三者所达之灿烂成果，加以综合的叙述而出之以艺术的形式，期在树立人类智慧的新体系，打破过去的形式三分法。"① 在他看来，"复兴""创造""移植"都丧失了基础，成为不可能的了，"在今日，无论何人何国，谈经济、政治乃至文化种种的改造，已非复归什么或复兴什么所可济事的了"。他还指出"'创造'与'移植'，同样是虚妄无望。……离开现实，奢言创造，乃是不可充饥的画饼。至于'移植'，亦不尽合时宜"，"所以在今日，无论何人何国，该文化建设和改造，只有出诸'综合'之一途"。② 而文化综合运动的精神在于"批判"与"综合"四字，所以在综合之先，应尽量对"国故"或"西学"做合理的批判，然后建设自己谨严灿烂的新文化传统。不过，苏渊雷强调"综合""批判"，否定"创造""移植"。在"文化综合"过程中，固然要对民族文化"批判"地继承，对其中优秀文化因素要"综合"，但"综合"与"创造"并不完全对立，无"创造"的"综合"只是拼凑，拼凑绝不能形成健康的新文化。

将"综合"与"创新"结合起来、理性正视民族传统文化和外来优秀文化间交流和融合关系的是张岱年。他在 20 世纪 30 年代曾提出"文化创造主义"，在 80 年代正式提出"综合创新论"。与苏渊雷不同，张岱年强调文化综合与文化创新是有机的统一，"中国文化的现代化，只能走'古今中外，综合创新'的道路，就是以中国古典传统文化作为源远流长的母体文化，以西方近现代文化作为激发现代化活力的异体文化，以马克思主义指导下的社会主义文化作为起主导作用的主体文化，在马克思主义和建设有中国特色社会主义理论的指导下，以中国现代化

---

① 苏渊雷：《苏渊雷自传》，《温州师范学院学报》（哲学社会科学版）1994 年第 5 期。
② 苏渊雷：《中国思想文化论稿》，华东师范大学出版社 1989 年版，第 50—51 页。

为主体目标，借鉴中西文化的精华，创造出有中国特色社会主义的新型文化"。在他看来，中华文化的"综合创新"应包含十个方面的内容：第一，创造一个富强、民主、文明的社会主义现代化新中国；第二，创造物质文明与精神文明高度统一的中国特色社会主义新型文明；第三，开创一体两翼式的中国特色社会主义的新型体制：新型市场经济—新型民主政治—新型科学文化；第四，开创"体制改革—经济起飞—国家统一—文化复兴"四大潮流有机统一的跨世纪中国主潮；第五，开创中国特色社会主义现代化的新道路和新模式；第六，创造现代革新的中华民族精神；第七，创造中国特色社会主义的新型价值观体系；第八，努力创造富有时代精神与东方神韵的新型方法论体系——大成智慧学；第九，创造大器晚成、现代复兴的中华文明新形态；第十，创造现代新型主体性，以熔铸 21 世纪新型世界文明。① 张岱年的"综合创新论"既包括中西文化之综合，也包括中国文化中不同学派的综合，还包括马克思主义与中国文化优秀传统的综合，其目标是融中西方文化于一体，取二者之长，舍二者之短，以此形成可以取代中国传统文化的新文化。"综合创新论"理性地提出了文化交流与互动、文化选择与互补的方向和路径，但亦存在问题，正如有学者所论，"综合创新同文化融合论一样……企图将各种文化的缺点去掉而将各种文化的优点组合到一起，这是一种理想主义，而理想主义是不能成功的"②。这表明，"综合创新"的观念为实现中、西、马的交流与互动提供了方法论支持，但尚未达至具体"文化模式"构建的目标。

中国化"文化模式"的建构，不仅是文化系统之间交流与选择的方法论问题，还是基于民族文化而展开的"文化精神"的"转生"问题。所谓"文化精神"，既是某一时代人类生命智慧的创造，又是那个时代精神的精华。它是被认同的精神原理和境界，渗透到事物的各个方面、层次，譬如政治、经济、制度、伦理道德、生活方式、思维方式、心理

① 参见张岱年、王东《中华文明的现代复兴和综合创新》，《教学与研究》1997 年第 5 期。
② 顾乃忠：《文化融合论的文化转型论批判——兼评张岱年、方克立的"综合创新"文化观》，《中共浙江省委党校学报》2005 年第 2 期。

结构、价值观念、审美情趣，以及人与自然、社会、人的关系之中，而且生生不息，和合成新的精神而延绵不断，这便是不朽的民族精神。①"转生"本是佛教用语，意味转世再生；而所谓中国"文化精神"的"转生"是指中国"文化精神"和中国理论思维形态演变发展的相对相关、相分相继的过程，是对特定时代中国文化演进历程中人文语境的转移、核心话题的转向和诠释文本的转化的探索与重构。② 近代中国知识分子的"中西文化观"涉及的是文化发展的进路，而未创造出一种反映中国文化精神的文化模式。即此而言，他们的文化观在思考如何传承中国传统文化、如何学习外来优秀文化、如何综合优秀元素以创造新文化形态的文化发展路径上，开出了灿烂的"花"，却未结出丰硕的"果"，只体现了直观性思想特征。

　　总之，近代中国的知识分子在面对异质的西方文化时，主动地参与到中西文化比较中，并基于不同学派、观点和立场，为中国文化未来走向献智献力。但无论是"会通超胜"的主张，还是"师夷长技"的理念，根本上是以西方器物为手段、以中国儒学道统为思想主线的"民族文化中心主义"的延续；"文化激进"与"文化保守"，根本上也是"文化中心主义"之间的较量和抗衡，是极端偏向的文化观；而体用论文化观，看似合情合理，中西文化各有兼取，但实质上是囿于"体用"范畴的概念误导；至于"儒学复兴"，希图将儒学内圣之学与西方现代民主科学相"嫁接"，而实践证明了这种观念不可实行；"综合创新论"是近代中国知识分子"中西文化观"的成熟阶段，对中国文化发展路径的设计可谓周全，但也不免趋于"理想主义"。整体而言，近代中国知识分子的"中西文化观"既彰显出积极意义的"主动性"思想特征，又表现出或温和或极端的"偏向性"思想特征，同时又不可避免地流露出直观性的思想局限。但不可否认，近代中国知识分子的"中西文化观"以文化启蒙为责任担当，以文化发展路径的开拓为职志，为后来中国知识分子创构中国式文化模式提供了思想铺垫。

---

① 参见张立文《和合学——21 世纪文化战略的构想》（上），职工教育出版社 1989 年版。
② 参见张立文主编《中国哲学史新编》，中国人民大学出版社 2007 年版。

第三节 中国优秀传统文化现代"转生"的内在逻辑

习近平总书记的四个"讲清楚"指出，宣传和阐释中国特色，要讲清楚中国文化的历史传统、讲清楚中华文化的最深沉的精神追求、讲清楚中华民族的突出优势、讲清楚中国特色社会主义植根于中华文化沃土的历史渊源和现实基础。走中国文化强国之路，体现了党和国家领导人的文化自觉与文化自信，也为我们理性考察中国优秀传统文化的现代"转生"提供了理论指导。《论语·学而》中有言"慎终追远，民德归厚"，"慎终"意味着晚辈、后生对逝者的敬重，"追远"意味着人对自我生命和价值的敬重，"慎终追远"体现了"孝道"理念下中国人的祖先崇拜情节和生命敬畏意识。当把优秀传统文化与中国文化现代化相对地看作文化生命的延续的话，那么，贡献并缔造了中国文化优秀基因的传统文化不应被遗忘于历史的故纸堆，而应走进历史的前台，"转生"为现代文化；同时，张显世界眼光和全球视野，高扬与时俱进、和平合作精神的中国现代文化自然要基于、源于优秀传统文化。传统与现代已然构成"慎终追远"的文化生命传承关系。

中国优秀传统文化的现代"转生"深具"追根溯源"情怀。人创造了文化，文化也塑造了人，文化贯穿人类生活的各个领域。文化是历史凝结成的人类生存方式，人类社会的历史归根结底就是由各种文化相互交织、相互渗透、共同成长起来的文化演化史。文化构成人类社会生活的主题，诚如斯宾格勒在《西方的没落》中所说："每一种文化都以原始的力量从它的土生土壤中勃兴出来，都在它的整个生活期中坚实地和那土生土壤联系着；每一种文化都把自己的影像印在它的材料，即它的人类身上；每一种文化各有自己的观念，自己的情欲，自己的生活、愿望和感情，自己的死亡。"① 在文化之网上，文化造就个性的人生。当然，文化体现出层级性：单纯的地域文化、整体的民族共同体文化以及政治形态下的国家文化。地域文化是"一方水土养一方人"的文化，民

---

① ［德］奥斯瓦尔德·斯宾格勒：《西方的没落》，齐世荣等译，第39页。

族文化是基于特定民族的生活习惯和生产方式而达至的群体文化，国家文化则是由多民族共同体所达至的通约性、意识形态性的文化系统。无论是地域文化，抑或民族文化、国家文化，都对生活于其中的人的个体生命产生重要的影响，在个体生命的历程中自然孕育着特定的文化基因；区域的、民族的、国家的人类共同体又根据生产生活方式的变迁不断创造新的文化要素，从而不断丰富和完善个性的文化基因。地域文化的演进有其特定的文化基因，民族文化的演进、国家群体文化的演进同样在塑造着属于群体的特定的文化基因。文化基因之间潜存着融通性，特定的文化基因自身正是一个历史演进的过程，文化的前后因袭形成了"源与流""根与木"的关系。由此可以说，任何文化都是有源之水、有根之木的文化演进形态。故当人们构架和刻画现代文化时，自然要思考勘悟自己的历史文化，在"追根溯源"的历史情怀中考察个体生命和群体文化生命的智慧精神。"追根溯源"情怀既是塑造个体文化生命与价值的必然选择，又是塑造国家群体文化生命和社会价值的必然选择，唯扎根于地域文化、民族文化和国家文化历史演进脉络的现代文化才能激扬勃兴，永葆文化生命生生不息的真精神。

中国优秀传统文化的现代"转生"蕴含"认祖归宗"意识。中华文明起源于大江大河，以农耕文化为个性，以和平、合作和天下大同为思想内涵，而其中的理念纽带就是"宗法伦理"。与之相关联的是，"认祖归宗"成为中国人生命存在和生产生活的自然选择，是中华民族文化演进和价值重构的首要法则。从狭义言，"认祖归宗"是宗法伦理社会下，基于血亲伦理而展现的个体生命价值选择和群体价值理念选择；但从广义言，它是基于中华文化传承而展现的"文化认同"，是对特定文化背景下的个人、民族和国家共同历史命运与文化精髓的集体记忆。寻求中华文化现代化的"我现在是谁"与中国优秀传统文化的"我是谁""我曾经是谁"的主体之"我"天然、内在地存在着心理上和心灵上的自觉认同，倘若不能实现这种自觉的文化认同，必不能求达民族、国家文化基因的理性探察，走向"文化虚无""历史虚无"，割裂"我曾经是谁"与"我现在是谁"主体之"我"的主体性存在和内在连续性，造成文化主体的"角色缺失"。就个体生命存在言，主体性缺失、角色缺失势必导致个体人的精神分裂和人格分裂，流变为病态生命；就民族、国家文化发展言，文化主体性缺失、个体角色缺失则导致文化演进路向上的"文化自卑"或"文化自大"，是脱离本民族、国家文化的演进脉络而走向自我民族文化的不愿认同和不敢认同。当然，造成文化认同危机的原因有很多，但其本质错误在于未能体悟作为中华文化基本思想特质和思维方式的"认祖归宗"意识。古希腊哲学家赫拉克利特曾说"人不能两次踏入同一条河流"，同样，人不能两次犯同样的错误，曾经的"打倒孔家店"是"认祖归宗"意识的被动缺席。当今中国文化现代化，需理性张显"认祖归宗"意识，自觉感知和展开民族文化的"认同"，历史地考量自我地域、民族、国家文化演进历程中的优秀文化基因和思想精髓，为构架中华文化现代化探寻合理性的思想资源和合法性的思想铺垫。

中国优秀传统文化的现代"转生"秉持"子承父志"理念。"慎终追远"自身既是对人自然生命的敬畏和敬重，还是对人精神生命的传承与接续，诚如《论语·学而》中所言："父在，观其志；父没，观其行；三年无改于父之道，可谓孝矣。"衡量孝道的一个基本准则是：当父亲在的时候，要观察儿子的志向；当父亲不在了，要观察儿子的行为，若儿子对父亲之合理部分长期不加改变，可说做到了"孝"。"孝"不是对父辈精神的无原则坚持和固守，而是对先人合理性价值和精神诉求的传承。① 孝道原则应用于家庭伦理固然如此，应用于国家的文化建设同样如此。源于同一文明系统、同一文化血脉的地域文化、民族文化和国家文化，当他为了适应新的人文语境、社会语境乃至生产语境的需要而进行文化要素的重组，自觉的文化认同自然推至为对自我历史文化优秀要素的吸收与借鉴。因此，文化的演进历程客观地遵循着"子承父志"的理念，唯有将作为民族与国家历史文化集体记忆中的优秀思想精华和文化基因实现现代"转生"，才能创构出适合本民族个性、蕴含本民族自我主体性的"现代文化"。当然，此"志"正是中华优秀传统文化的精华："讲仁爱、重民本、守诚信、崇正义、尚和合、求大同。""转生"意味着旧生命体的解体和新生命体的诞生，"文化转生"是优秀传

---

① 参见杨伯峻《论语译注》，中华书局1980年版。

统文化生命精髓在现世中国实践历程中的进一步展开和自我优化。由
"子承父志"而实现中华优秀传统文化的现代"转生",是"继承"基
础上的文化"创新",是基于当代中国社会发展态势、中国人民精神需
求和世界发展格局而展开的中国文化模式的体系创新和话语创新,诚如
习近平在纪念孔子诞辰 2565 周年国际学术研讨会上所言:"只有坚持从
历史走向未来,从延续民族文化血脉中开拓前进,我们才能做好今天的
事业。"① 这是"子承父志"理念在文化建设上的真切体现,是中国人
不忘前贤远祖、勇于开拓创新理念的明白昭示!

---

① 习近平:《在纪念孔子诞辰 2565 周年国际学术研讨会暨国际儒学联合会第五届会员大
会开幕会上的讲话》,人民出版社 2014 年版,第 14 页。

结　　论

　　每个人心中都有一个梦想，每个真正的学者心中也必然有一个学术理想，"著作等身构体系，字里行间扭乾坤"。学者为了学术而创作、创新，目的是打造出、成就为特定时代、秉具特定意蕴的学术体系。真正的学者不是为了使自己成为所谓的"学者"而去做学者的事，而是在做事的过程中不自觉地成长为学者。真正的学者是其心力、智力、能力和道德力的综合效果，希图通过投机取巧而成长为学者，显然是不可能的。中国知识分子发展史、中国文化发展史、中国哲学思潮发展史已然证明，但凡在学术上、思想上占据一席之地的学者，都遵循了这个道理。张立文先生就是这样的学者。他从事哲学研究近七十年，始从《周易》研究入手，又以宋明理学研究为思想铺垫，创构了"中国哲学逻辑结构论""新人学导论""传统学引论"和"和合学概论"，落脚于宏大深邃的，本体与工夫合一、思维与境界合一的和合学哲学体系，成为当代中国最具"个性"的哲学体系之一。

　　哲学是有"个性"的，构建中国特色的哲学社会科学是近代以来中国知识分子和学者们共同的责任与担当。和合学是其中的优秀代表之一。民族有思想，国家有力量。从一定意义上说，哲学社会科学的水平代表着国家的文化软实力，是国家整体形象和国际影响力的重要一环。当年，张立文先生随温家宝出访葡萄牙，并发表"和合学"演讲，代表的正是"中国声音"，是中国哲学社会科学的思想之声。恩格斯说："一个民族要想站在科学的最高峰，就一刻也不能没有理论思维。"[①] 哲学理论思维不仅是个人

---

① 《马克思恩格斯选集》第 3 卷，人民出版社 2012 年版，第 875 页。

智慧水平的集中体现，更是民族智慧和文明形态发展水平的标志和特质。哲学有"个性"，创构民族的哲学的哲学家、思想家、学者也有他们"个性"的哲学、"个性"的学术。中国经历了由"站起来"到"富起来"再到"强起来"的历史巨变，尤其是进入中国特色社会主义新时代，我国哲学社会科学正在不断地突破西方、外来的"话语霸权"，在进一步明晰中国学术的"主体性"与"自觉性"的基础上，不断创构体现中国特色、中国气派、中国智慧的哲学社会科学体系，诚如习近平总书记在哲学社会科学工作座谈会上的讲话所言："一切有理想、有抱负的哲学社会科学工作者都应该立时代之潮头、通古今之变化、发思想之先声，积极为党和人民述学立论、建言献策，担负起历史赋予的光荣使命。"① 和合学是张先生为中国特色哲学社会科学体系贡献的一份聪明智慧。相信，会有越来越多的学者推出更多创新性的学术成果，新时代中国特色的哲学社会科学体系也将在不久的将来发挥越来越重要的思想引领作用，"中国之声"将会传遍全球。

　　和合学是据人类发展历程中面临的人与人、人与社会、人与自然、精神与肉体和文明与文明间的冲突危机而提出的化解之道，是对中国传统"和合"思想的创造性转化与创新性发展。依据张先生对中国哲学发展历程基本规律的考量，中国哲学理论思维体系的创新基于人文语境的转移、核心话题的转换和诠释文本的转变三条"游戏规则"得以合逻辑的展开，和合学正是基于当代和平、发展、合作、共赢的时代主题和中国谋求创新、协调、绿色、开放、共享"五大发展"的人文语境，以《国语》为诠释文本，以"和合"为核心话题，开显出来的创新哲学体系，是中国哲学思潮发展的新阶段。和合学基于对生存世界（地）、意义世界（人）和可能世界（天）之"道的道"的体贴，紧随时代主题的变迁，以哲学的"爱智约定"来反观传统"和合"思想并实现"和合"方法的内在建构，力求在超越层面找到生生道体的归宿，集本体与境界于一体、融知与行为一身。和合学追求人与自然、人与社会、人与自我的融契，这种信念既是知足常乐、多元并存的生存智慧，又是日新圣德、真心向善的人生境界，更是实功践履、淡然物外的躬行力行。和合学谋求新事物、新生命和新发展，但和合

---

　　① 习近平：《在哲学社会科学工作座谈会上的讲话》，人民出版社 2016 年版，第 8 页。

学从不抹杀差异、多元，相反，和合学是在尊重差异和多元的基础上，在交流与互动中，在寻求最普遍的认同和最基本的尊重基础上，力求多元要素之间的共生、共赢。而且，和合学也将世界万物之间和生共生、共处和达视为最普遍的规律。所以，人类的生产生活过程、人与自然的交往交通，个体生命自我的成长和精神的完善，无不彰显"和合"法则。"和合"无处不在，但对"和合"的理解未必人尽皆明。而就培育时代新人而言，重要的一环就是培育"和合型"人格，充分将和合学的和生、和处、和立、和达、和爱五大原理灵活运用于个体的生产生活的日用常行之中，提升自我修养，涵育"和合"道德。

文化是人生存的基本语境，任何个人的成长、民族的进步和国家的发展，必然有其文化之根、思想之源。是以，民族文化的发展必然合乎"立足本来、吸收外来、面向未来"的基本规律。哲学与文化有其必然的主体和载体，载体是文化传统，主体是创造和传承文化的人。传统与主体既融合又冲突，二者"和合"存在：就前者言，主体一旦来到特定的生活环境中，必然为特定的传统所包围，其交往活动和思想问题必然潜移默化地受传统的熏陶；就后者言，传统与主体的冲突集中表现为传承和信奉文化传统的主体与抛弃和反对文化传统的主体间的冲突，冲突的原因在于外部文化系统、文化模式中的文化传统对本民族、区域、群体文化传统的冲击以及本民族、区域、群体文化传统内部新文化模式和文化精神的萌芽。外部文化传统与本土文化传统的冲突往往造成共同置身于本土文化传统中文化主体内部的分化，当文化主体意识到本土文化传统窒碍了文化主体的生命活力、湮灭了回应外来文化传统的挑战能力时，主体与传统间的冲突便初露端倪，并可能扩展为思想危机、人文危机甚至社会危机。①

因此，基于时代主题，必然进行传统文化和文化传统的传承与创新。一方面，由于主体的实践需要，必然传承某种文化精神、价值观念、思维模式而成为文化传统；另一方面，创造某种文化传统的原创主

---

① 参见张瑞涛《评价中华优秀传统文化应正确认识的六大关系》，《思想理论教育》2019年第 3 期。

体的实践目的、实践方式会在后续的一定时期内有效地化解新的时代下文化主体所面临的各种价值冲突，从而"转生"出新文化传统。后续文化主体对原创文化系统、文化模式的实践有效性会形成认同、不认同和认同与不认同相兼三种选择：认同原创主体的有效性原则有利于化解后续文化主体所面临的冲突，传统服务于新时代主题，得以传承；原创主体的有效性原则经后续主体的重新诠释可适应后续主体的时代需要，能化解后续文化主体所面临的冲突，传承为新的文化传统；后续主体不认同原创文化主体的有效性原则，衍生出反传统的文化传统。文化主体在传承传统中的文化精神、价值观念的过程中，实现对文化传统的重新诠释和与时俱进的再创造，诚如毛泽东所言："我们必须尊重自己的历史，决不能割断历史。但是这种尊重，是给历史以一定的科学的地位，是尊重历史的辩证法的发展，而不是颂古非今。"①

那么，新时代中国特色社会主义文化建设必然是立基于文化传统的再创新过程。习近平总书记在纪念孔子诞辰2565周年国际学术研讨会上言"只有坚持从历史走向未来，从延续民族文化血脉中开拓前进，我们才能做好今天的事业"。中华优秀传统文化是我们民族的"根"和"魂"，"中华文化积淀着中华民族最深沉的精神追求，包含着中华民族最根本的精神基因，代表着中华民族独特的精神标识，是中华民族生生不息、发展壮大的丰厚滋养"。中华民族拥有源远流长的优秀传统文化和文化传统，这体现了中国"文化自信"的底气，优秀文化传统必然要传承；创造中华文化的新的辉煌就是力求中华优秀传统文化、文化传统与新时代中国特色社会主义文化实践相结合，是"自我主体"基于时代主题和文化演进规律而和合创生的中国特色、中国气派、中国智慧文化体系。相信，新时代中国特色社会主义文化模式必然是马克思主义引领的、以优秀传统文化为思想滋养、以先进外来文化为有益补充的和合创生的智慧之果！

---

① 《毛泽东选集》第2卷，人民出版社1991年版，第708页。

附录一 张立文先生和合学论文索引（1989—2019 年）

题记：张立文先生于 1989 年 6 月由职工教育出版社出版的《新人学导论——中国传统人学的省察》（第五章第二节"和合型与完美型——合一的氛围"）最早提出了"和合"概念①；作于同年度的《从宋明理学到和合学》（后改为"新儒家哲学与新儒家的度越"）② 不仅明确提出要建构和合学，而且对和合学的定义、内容和价值等问题进行了较为深入细致的论述。之后，张先生相继出版《和合学概论——21 世纪文化战略的构想》《和合与东亚意识——21 世纪东亚和合哲学的价值共享》《和合哲学论》和《中国和合文化导论》，和合哲学体系不断成熟和完善。和合学是张先生致思明辨、探赜索隐的智慧结晶，除撰著出版专著外，还撰写先后发表一百余篇学术论文加以论证阐发。为历史地呈现和合学的创构历程，特将张先生发表的关于和合哲学的论文汇编如下，以飨读者。

《新儒家哲学与新儒家的度越》，《中国近代新学的展开》，台北：东大
　　图书股份有限公司 1991 年版，第 285—304 页。
《论传统与现代化的契合》，载龚书铎等编《民族文化虚无主义评析》，
　　中国人民大学出版社 1990 年版，第 14—25 页。
《中国传统中和哲学及其演变》，《中国文化月刊》1991 年第 144 期。

---

① 参见张立文《新人学导论——中国传统人学的省察》，职工教育出版社 1989 年版。
② 参见谢海金、徐刚《新时代与新发展：近三十年中国和合学学术研究综述》，载徐刚主编《中国和合学年鉴（1988—2016）》，人民出版社 2018 年版。

《对二一世纪文化战略的一个构想——和合学》，《炎黄文化研究（创刊号）》1994 年第 1 期。

《新形上学体系和价值理想的重建》，《中华文化论坛》1994 年第 3 期。

《中国哲学形上和合的建构——和合形上学》，《中国文化月刊》1994 年第 180、181、182 期，1995 年第 183 期。

《和合是中国文化人文精神的精髓》，《长白论丛》1995 年第 1 期，人大复印报刊资料《文化研究》1995 年第 2 期全文转载。

《中国传统文化的精髓——和合学》，《宗教哲学（创刊号）》1995 年第 1 期。

《和合是中国人文精神的精髓》，香港浸会大学《人文中国学报（创刊号）》1995 年第 1 期。

《中国文化的和合精神与 21 世纪》，《学术月刊》1995 年第 9 期，《新华文摘》1995 年第 12 期转载。

《世纪之交的文化战略的构想——和合学概论自序》，《中华文化论坛》1995 年第 3 期。

《佛教和宋明理学的和合人文精神》（日文），载日本《中外日报》1995 年 11 月 25 日、11 月 28 日；又载《世界宗教研究》1996 年第 2 期，人大复印报刊资料《中国哲学与哲学史》1996 年第 10 期全文转载。

《关于 21 世纪文化战略的构想——和合学》，载《儒学与二十一世纪——孔子 2545 儒学会议论文集》，华夏出版社 1996 年版，第 1577—1607 页。

《中国文化的精髓——和合学源流的考察》，《中国哲学史》1996 年第 1—2 期，人大复印报刊资料《中国哲学与哲学史》1996 年第 6 期全文转载。

《关于和合美学体系的构想》，《文艺研究》1996 年第 6 期，人大复印报刊资料《美学》1997 年第 1 期全文转载、《新华文摘》1997 年第 4 期全文转载。

《和合学——21 世纪文化战略的构想与对话》，载季羡林等著《21 世纪中国战略大策划（大国方略）》，红旗出版社 1996 年版，第 201—

239 页。

《中华和合人文精神：化解人类冲突之道》，《长白论丛》1997 年第 1 期。

《中华"和合"精神的现代价值》，《人民政协报》1997 年 2 月 24 日。

《和合学：新世纪的文化抉择——关于一种文化战略选择的访谈》，《开放时代》1997 年第 1 期，人大复印报刊资料《中国哲学》1997 年第 9 期全文转载。

《全球视野之中国文化新课题》，《文化中国》（加拿大）1997 年 3 月号。

《栗谷的大同平和思想与 21 世纪》，韩文《栗谷正论（创刊号）》（韩国）1997 年 1 月。

《中华和合人文精神的现代价值》，《社会科学研究》1997 年第 5 期，人大复印报刊资料《中国哲学》1997 年第 11 期全文转载。

《东亚意识与和合精神》，《学术月刊》1998 年第 1 期，人大复印报刊资料《国际政治》1998 年第 3 期全文转载、《新华文摘》1998 年第 5 期全文转载。

《对中国文化现状和未来的思考》，《深圳特区报》1997 年 11 月 19 日，人大复印报刊资料《文化研究》1997 年第 12 期全文转载。

《中国文化现状和未来的思考》，《现代哲学》1998 年第 1 期，人大复印报刊资料《文化研究》1998 年第 7 期全文转载。

《和合学：传统与现实融突的化解——张立文教授访谈录》，《中国文化报》1998 年 2 月 28 日。

《儒家和合文化人文精神与二十一世纪》，《学习与探索》1998 年第 2 期，人大复印报刊资料《中国哲学》1998 年第 5 期全文转载。

《阳明学的和合精神与未来社会》，《中国哲学史》1998 年第 2 期。

《和合学与 21 世纪文化价值和科技》，《社会科学家》1998 年第 3 期。

《和合人文精神与 21 世纪》，《科学·经济·社会》1998 年第 4 期。

《化解价值冲突的和合学——和合学的创立者张立文教授访谈录》（祁润兴），《社会科学家》1998 年第 3 期。

《中华文化如何回应二十一世纪的三大挑战》，《中国评论》（香港）1998 年 6 月号。

《中国伦理学的和合精神价值》，《浙江大学学报》（人文社会科学版）
　　1999 年第 1 期，人大复印报刊资料《伦理学》1999 年第 6 期全文
　　转载。

《读〈中华早期和合文化〉》，《当代学术信息》（浙江社会科学院）1999
　　年第 2 期。

《全球文化与民族文化的冲突和融合》，《中国文化报》1999 年 5 月
　　20 日。

《东亚和合哲学与新千年》，《深圳特区报》2000 年 1 月 9 日。

《中国和合美学的人文精神》，《深圳特区报》2000 年 7 月 30 日。

《中国哲学：从"照着讲"、"接着讲"到"自己讲"》，《中国人民大学
　　学报》2000 年第 2 期，人大复印报刊资料《哲学原理》2000 年第
　　5 期全文转载。

《哲学创新论》，《现代哲学》2000 年第 1 期，人大复印报刊资料《哲学
　　原理》2000 年第 6 期全文转载。

《让世界听到中国文化的声音——张立文教授谈中华和合文化与和合
　　学》，《大众日报》2000 年 6 月 25 日。

《和合文化与 21 世纪的展望》，《人民政协报》2001 年 1 月 16 日；人大
　　复印报刊资料《新思路》2001 年第 5 期全文转载。

《和合语言哲学言象意的分系统》，载胡军、孙尚杨编《诠释与建构——
　　汤一介先生 75 周年华诞纪念文集》，北京大学出版社 2001 年版，
　　第 43—50 页。

《中国文化的和合精神与 21 世纪》，《宁波通讯》2001 年第 4 期。

《和合方法的诠释》，《中国人民大学学报》2002 年第 3 期，《新华文摘》
　　2002 年第 8 期转载、《高等学校文科学术文摘》2002 年第 4 期
　　转载。

《论和合的必要性和合理性》，《新视野》2002 年第 4 期。

《价值与善——和合善的价值世界的一种诠释》，《伦理学研究》（总第 1
　　期）2002 年试刊号。

《势的历史世界的和合诠释》，《船山学刊》2002 年第 3 期。

《论历史哲学的和合诠释》，《宝鸡文理学院学报》（社会科学版）2002

年第 4 期，人大复印报刊资料《中国哲学》2002 年第 12 期、人大
复印报刊资料《历史学》2003 年第 3 期全文转载。

《和合艺术哲学论纲》，《文史哲》2002 年第 6 期。

《论历史的和合精神家园》，《杭州师范学院学报》（社会科学版）2002
年第 6 期。

《中国哲学的创新与和合学的使命》，《中国人民大学学报》2003 年第
1 期。

《和合可能价值世界的诠释》，《中华文化论坛》2003 年第 1 期。

《和合是 21 世纪中华文化的主题》，《深圳大学学报》（人文社会科学
版）2003 年第 1 期。

《和合生存价值世界的诠释》，《中国哲学史》2003 年第 1 期。

《和合历史哲学论》，《首都师范大学学报》（社会科学版）2003 年第
1 期。

《中国哲学的"自己讲"、"讲自己"——论走出中国哲学的危机和超越
合法性问题》，《中国人民大学学报》2003 年第 2 期，《新华文摘》
2003 年第 6 期全文转载。

《21 世纪人权的和合解释》，《人权》2003 年第 3 期。

《社会历史形态的和合诠释》，载《中国传统文化与 21 世纪国际学术研
讨会论文集》，中华书局 2003 年版，第 171—179 页。

《和合学与现代哲学的创新》，载杨振宁等著《中国文化与科学》，江苏
教育出版社 2003 年版，第 379—396 页。

《〈和合思想的当代阐释——唯物辩证法与东方智慧的对话〉序》，载左
亚文著《和合思想的当代阐释——唯物辩证法与东方智慧的对话》，
湖北教育出版社 2003 年版。

《和合学的生生之道》，《深圳大学学报》（人文社会科学版）2004 年第
1 期。

《和合艺术的和爱意境》，《社会科学战线》2004 年第 1 期。

《和合与伦理——关于网络、生命、环境伦理的思考》，《宝鸡文理学院
学报》（社会科学版）2004 年第 3 期。

《和平、发展、合作——儒家文明在世界文明对话中的地位和价值》，

《孔子研究》2004 第 4 期。

《和合文化的当代意义》，《人民政协报》2004 年 8 月 9 日。

《中华文化的基本精神价值》，《光明日报》2004 年 10 月 13 日。

《儒家和合思想的现代意义》，徐诚主编《中国儒学年鉴（2004）》，山
东《中国儒学年鉴》社 2004 年版，第 4—7 页。

《弘扬传统和合思想建构现代和谐社会》，《人民论坛》2005 年第 2 期。

《和合文化与商道——21 世纪经济活动的有效路径》，《探索与争鸣》
2005 年第 2 期，人大复印报刊资料《管理科学》2005 年第 5 期全
文转载。

《中国哲学的现代价值——当今世界的病态与治疗化解之道》，《中国人
民大学学报》2005 年第 2 期，人大复印报刊资料《中国哲学》
2005 年第 9 期全文转载。

《致思和合学的心路历程》，《河北大学学报》（哲学社会科学版）2005
年第 5 期。

《中国哲学"自己讲"的方式》，《文史哲》2005 年第 3 期，《新华文
摘》2005 年 18 期全文转载、人大复印报刊资料《中国哲学》2005
年第 8 期全文转载。

《论理学的核心话题和解释文本的转换》，《社会科学战线》2005 年第
4 期。

《和合思想的现代意义》，《国家图书馆学刊》2006 年第 1 期。

《中国人从"和"而来——访中国人民大学张立文教授》（王心竹），
《光明日报》2006 年 2 月 21 日。

《和合之路：中国哲学"自己讲"的努力与贡献——张立文教授访谈
录》（刘景钊、韩进军），《晋阳学刊》2006 年第 3 期。

《和合价值观》，载冯俊主编《哲学家 2006》，人民出版社 2006 年版，
第 3—15 页。

《和合、和谐与现代意义》，《江汉论坛》2007 年第 2 期。

《中国语境下的中国哲学形式》，《深圳大学学报》（人文社会科学版）
2007 年第 2 期，《高等学校文科学术文摘》2007 年第 3 期、人大复
印报刊资料《中国哲学》2007 年第 6 期全文转载。

《和合、和谐与现代意义》，载《宗教与和谐社会》，澳门新纪元国际出
　　版社 2007 年版，第 38—49 页。

《中国文化对 21 世纪的影响》，《科学对社会的影响》（现更名为"科学
　　与社会"）2007 年第 3 期。

《和谐、和合的中华哲学资源》，载中国社会科学院哲学所编《中国哲学
　　年鉴（2007 年）》，哲学研究杂志社 2007 年版，第 31—40 页。

《化解人类冲突，建构和谐世界》，《贵阳日报》2007 年 6 月 26 日第
　　7 版。

《国学与和合学》，《北京行政学院学报》2007 年第 4 期，人大复印报刊
　　资料《文化研究》2008 年第 4 期全文转载。

《儒家"中和"思想及其现代价值》，《学习与研究》2007 年第 5 期。

《挖掘传统文化中的软实力之源》，《人民论坛》2007 年第 20、21 期
　　合刊。

《中国哲学与和合学》（中日文），日本九州大学《中国哲学论集》第三
　　十三辑，2007 年 12 月。

《儒教伦理对和合经济发展的指导意义》，《探索与争鸣》2008 年第
　　2 期。

《中国哲学三十年来的回顾与展望》（与段海宝合作），《社会科学战线》
　　2008 年第 3 期。

《和谐与和合——传统人文精神的基本理念》，《人民政协报》2008 年 3
　　月 24 日。

《弘扬中华和谐文化　建设中华民族共有精神家园》，《光明日报》2008
　　年 4 月 22 日。

《和合经济与儒家伦理》，《哲学动态》2008 年第 6 期，《学习与研究》
　　2008 年第 10 期转载、人大复印报刊资料《伦理学》2008 年第 9 期
　　全文转载。

《弘扬和谐文化构建和谐世界——中国传统和谐思想的当代价值》，《中
　　国井冈山干部学院学报》2008 年第 3 期。

《西方的误读是对和的不理解》，《人民论坛》2008 年第 16 期。

《现代的世界的病态，儒教与和合学的意义》（日文），《中国内外政治

的相互依存》，日本评论社 2008 年版。

《化解 21 世纪人类面临的冲突与危机的和合学》，《世界汉学》2009 年
　　秋季号。

《文化 60 年：十个融合与五个展望》，《人民论坛》2009 年第 19 期。

《冲突与医治：〈淮南子〉 化解危机的哲学》，《江海学刊》2010 年第 1
　　期，人大复印报刊资料《中国哲学》2010 年第 6 期全文转载。

《中国文化软实力的当代和合乐章》，《中国社会科学报》2010 年 1 月 12
　　日。

《管子道德和合新释》，《社会科学战线》2010 年第 2 期，人大复印报刊
　　资料《伦理学》2010 年第 5 期全文转载。

《和合学——全球化时代的中国哲学》，《苏州科技学院学报》2011 年第
　　1 期。

《理想与共，世界和合》，《儒风大家》2011 年第 3 期。

《中国文化再辉煌的八个理由》，《人民论坛》2011 年第 21 期。

《人因和合而灵昭不昧——张立文先生谈儒学的当代意义》，《人民政协
　　报》2011 年 8 月 15 日。

《和合与对话》，《文史哲》2011 年第 4 期。

《和合管理学与人文精神》，《青岛科技大学学报》（社会科学版）2011
　　年第 2 期。

《和合学及其现实意义》，《辽宁大学学报》（哲学社会科学版）2012 年
　　第 1 期。

《和合学三界的建构》，《华南师范大学学报》（社会科学版）2012 年第
　　2 期，《新华文摘》2012 年第 18 期全文转载。

《中国文化创新的思议》，《学术前沿》2012 年第 5 期，《红旗文摘》
　　2012 年第 6 期全文转载。

《伦理危机与人类未来》，《人民论坛》2013 年第 1 期。

《儒家和合生态智慧》，《黑龙江社会科学》2013 年第 1 期。

《论信息革命时代的中华文明——经权思维、“和实力” 与新世界秩
　　序》，《学术前沿》2013 年第 8 期。

《和合外交与新型大国关系的思议》，《学术前沿》2013 年第 11 期。

《五和文化的"五性"》,《人民论坛》2013 年第 8 期。

《和实力的意蕴与建构》,《人民论坛》2013 年第 16 期,《红旗文摘》
　　2013 年第 8 期转载。

《"和"的文化内涵》,《人民论坛》2013 第 28 期。

《和实力:我们中国自己的话语》,《中国教育报》2013 年 10 月 25 日。

《和合中华哲学思潮的探析》,《北京大学学报》(哲学社会科学版)
　　2014 年第 2 期,《高等学校文科学术文摘》2014 年第 3 期全文
　　转载。

《崇尚社会的民族精神》,《中国文化报》2014 年 7 月 10 日。

《和合:中华心,民族魂》,《光明日报》2014 年 7 月 29 日。

《和合学的实践与当代中国哲学核心话题——再访张立文教授》,《晋阳
　　学刊》2014 年第 5 期。

《儒家视域中的正义与和合》,《人民政协报》2014 年 12 月 8 日,《新华
　　文摘》2015 年第 6 期全文转载。

《天台山和合文化序》(徐永恩著),中国文史出版社 2015 年版。

《和实力的深刻意涵与独特价值——专访著名哲学家、中国人民大学一
　　级教授张立文》,《人民论坛》2015 年第 19 期。

《论气候和合学》,《探索与争鸣》2015 年第 10 期。

《正义与和合:当代危机的化解之道》,《学术前沿》2015 年第 14 期。

《中国哲学的时代价值——建构和合世界新秩序》,《探索与争鸣》2015
　　年第 3 期。

《尚和合的心灵境界》,《船山学刊》2015 年第 2 期。

《尚和合的时代价值》,《浙江学刊》2015 年第 5 期。

《中华文化要"自己讲""讲自己"》,《人民日报》2015 年 8 月 31 日第
　　7 版。

《"和实力"与"一带一路"的现实意义》,《人民论坛》2016 年第
　　7 期。

《讲中国自己的哲学话语》,《光明日报》2016 年 11 月 9 日,《新华文
　　摘》2017 年第 4 期全文转载。

《王霸之道与和合天下》,《学术前沿》2016 年第 20 期。

《价值学理想——〈国语〉和合思想研究序》（张永路著），人民出版社
　　2016 年版。

《"和合学"的提出与学术创新》，《人民政协报》2017 年 6 月 19 日第
　　10 版。

《走向人类命运共同体的新世界》，《学术前沿》2017 年第 12 期。

《人类命运共同体的构建》，《光明日报》2017 年 5 月 15 日。

《中国传统文化与人类命运共同体》，《中国纪检监察报》2017 年 11 月
　　17 日第 7 版。

《中华传统文化与人类命运共同体》，《光明日报》2017 年 11 月 6 日。

《建构中国哲学思想话语体系和学派》，《中国人民大学学报》2017 年第
　　5 期。

《中华和合学与当代茶道文化的精神价值》，《文化学刊》2017 年第
　　7 期。

《镜如明月　察知求实——〈中国社会学年鉴〉卷首语》，《光明日报》
　　2018 年 1 月 27 日。

《和合学的思维特性与智能价值》，《中国哲学史》2018 年第 1 期，人大
　　复印报刊资料《中国哲学》2018 年第 5 期全文转载、《党政干部参
　　考》2018 年第 9 期转载。

《和合智能相应论——中华传统哲学思维与人工智能》，《探索与争鸣》
　　2018 年第 4 期。

《和合交感联通论：中华传统哲学思维与人工智能》，《学术前沿》2018
　　年第 10 期。

《和合学与企业成功之道——企业和合文化的新时代价值》，《杭州师范
　　大学学报》（社会科学版）2018 年第 3 期。

《生活愿景的和合意蕴》，《光明日报》2018 年 8 月 6 日。

《王霸之道与和合天下》，载罗安宪主编《儒学评论》第十二辑，河北
　　人民出版社 2018 年版，第 3—26 页。

《和合生活境界论》，《江海学刊》2018 年第 5 期，人大复印报刊资料
　　《中国哲学》2019 年第 1 期全文转载。

《和合伦理道德论——中华传统道德精髓与人工智能》，《社会科学战

线》2018 年第 8 期，人大复印报刊资料《伦理学》2018 年第 11 期
全文转载。

《和合人生价值论——以中国传统文化解读机器人》，《伦理学研究》
2018 年第 4 期。

《和合网络管控论——以中国传统文化哲理解读智能网络》，《中州学
刊》2018 年第 8 期。

《儒学与东亚命运共同体》，《学术界》2019 年第 1 期。

《和合情绪中和论——中国传统文化与现代人工智能（上）》，《学术研
究》2019 年第 5 期。

《和合情绪中和论——中国传统文化与现代人工智能（下）》，《学术研
究》2019 年第 6 期，人大复印报刊资料《中国哲学》2019 年第 9
期全文转载上、下两篇。

《中国传统和合文化与人类命运共同体》，《中国人民大学学报》2019 年
第 3 期。

《中国哲学元理》，《探索与争鸣》2019 年第 8 期。

附录二　张立文先生与"传统学"

在 20 世纪 80 年代的"文化热"中，一些人热衷于把社会现实问题归咎于传统文化，并决意与传统文化决裂。而张立文先生则深刻反思传统与现代的关系问题，创构了独立于文化学的"传统学"哲学体系。张先生最早于 1986 年在《光明日报》发表《论传统与传统学》一文，首次提出"传统学"概念；1989 年出版《传统学引论——中国传统文化的多维反思》，就作为独立学科的"传统学"的理论框架进行详细阐释；2008 年出版《传统学引论——中国传统文化的多维反思》的修订版《传统学七讲》，结合和合学的基本概念修订 1989 年版"传统学"的部分概念和语句，"传统学"的结构体系进一步与和合学相契合。

一　"传统学"的含义

"传统学"的提出打破了东西方知识分子二元对立的思维模式。东西方知识分子在思考"古今之争"问题时，普遍存在着传统与现代二分对立的思维模式。在西方，马克斯·韦伯从资本主义与传统主义的二分中区分传统型合法统治和法理型合法统治（现代社会的统治形式）；孔德从知识发展三阶段理论，即神学阶段（虚构）—形上学阶段（抽象）—科学阶段（实证），把人类知识区分为固定与进步两种模式；滕尼斯从公社（在自然情感一致基础上密切联系起来的传统社会）与社会（个体主义的、原子化的现代社会）的二分中区分传统社会与现代社会。① 在东方的中国，从咸阳宫的古今之辨到"五四"的激烈反传统、"文化大革命"，

---

① 参见张立文《和合学——21 世纪文化战略的构想》（上），职工教育出版社 1989 年版。

无不是传统与现代二元对立思维的表现。传统的并不一定都是罪恶的。张先生概观中国三次"古今之争"的论战，得出三个结论。第一，往往是社会大变动、大转型激活传统与现代的大辩论。第二，每一次社会变革都意味着一种新的政治、经济、文化、价值观念的诞生，必然是对已有的、习以为常的习惯势力及传统的政治、经济、文化和价值观念形成强烈的冲击。这表明，在建构适应所谓现代社会所需要的政治、经济、文化和价值观念形态时，必须对传统的政治、经济、文化和价值观念进行批判的或者是破坏式的解构，其目的是度越传统和重建传统。第三，重建传统并不是打倒传统、割裂传统与现代的关系，而是实现传统的"转生"。传统与现代如影随形，两者根本不可绝对分离，与其强调二者间的对立，不如转化思想研究的视角从冲突融合而和合的角度出发去审视二者间的关系。① 传统与现代是冲突且和合的存在状态，人们无法割裂传统，亦无法断裂传统，传统必然在现代中体现。

按张先生的解释，"传统"是"人类创造的不同形态的特质经由历史凝聚而沿传着、流变着的诸文化因素构成的有机系统"②，有五个方面的特质：第一，传统是人在交往活动中的智能创造的产物；第二，传统具有不同形态和特质；第三，传统经由历史凝聚而沿传和流变；第四，传统是诸文化因素构成的有机系统，是动态的和合整体结构；第五，传统是个无限的过程，是不断分析扬弃和综合创造的开放过程。从中可以看出，"传统"主要是指一种"文化精神"，不是指园林、艺术品、盆景等生成物。生成物本身作为固化的有形的呈现，蕴含着传统的文化精神，是某一时代人类智慧创造的结晶。传统所代表的文化精神是被普遍认同的精神原理和境界，渗透在社会的政治、经济、制度、伦理、生活方式、思维方式、心理结构、价值观念、审美情感以及人与自然、社会、人的关系之中，并且，传统之精神会和合而成新精神并在民族、社会、文化系统中延续。

"传统学"的"传统"不同于希尔斯的"传统"。希尔斯认为，"传统意味着许多事物。就其最明显、最基本的意义来看，它的含义仅只是

---

① 参见张立文《传统学七讲》（修订本），长春出版社 2008 年版，"自序"。
② 张立文：《传统学七讲》（修订本），第 4 页。

世代相传的东西，即任何从过去延传至今或相传至今的东西"①。希尔斯所理解的"传统"是作为既定的东西，而不是作为隐藏在事物深处或民族心灵之中的、不断吸收外在的营养和适应外部环境变化的具有生命力的文化精神。因而，从希尔斯的"传统"含义出发，难以理解传统何以会延续？传统延续的动力何在？传统如何在现代"转生"？

传统与文化既相互联系又相互区别。在张先生看来，"文化是人类在智慧赋予的实践活动发展中所建构的各种方式和成果的总体"②，传统与文化相比较体现出这样的特点。第一，传统就是凝聚。传统是凝聚于文化之中的主体智力与意向所体现的精神、风格、旨趣意境和神韵。尽管传统与文化都是人所创造的，但传统是隐藏的，是无形的精神，是"道"；文化既是内在的、隐藏的，又是外在的、显露的，是有形的实体，是"器"。第二，传统是凝聚在物质型文化和精神型文化中的观念、意识、心理、意境等。传统既体现相对稳定的文化结构的本质特征，又体现实践主体心身文化结构的观念形式，统视之谓观念、意识、意境、神韵传统。第三，传统是文化延续和凝聚为系统的内在要素、因子。文化由诸多要素、因子融突和合而构成，传统以"精神"的式样促进文化各要素实现"凝聚"和"固化"为主体人的道德、精神、价值、思维、心理等。第四，传统与文化既互补互济又相互冲突。一方面，文化对传统的顺应性制约。传统是文化精神，自然受文化内容、特性、形式以及主体人的本质力量的制约，文化按其民族性、时代性、地域性影响传统，以自己的动态性要求传统动态化。另一方面，传统对文化的逆应性制约。传统一旦在某一文化模式下形成，便要求文化主体顺应传统，传统成为主体选择的先在模式，从而制约了人的生活、行为、交往、思想、价值情感方式，使得主体选择性"淡化"；文化会以传统作为其运动的润滑剂，依传统的既定框架、模式、轨迹而发挥其功能，传统支配了各种文化现象、样式和类型的运动导向与价值取向，从而压抑和束缚文化的创造性与超越性的发挥。③

---

① ［美］希尔斯：《论传统》，傅铿、吕乐译，上海人民出版社1991年版，第15页。
② 张立文：《传统学七讲》（修订本），第18页。
③ 参见张立文《传统学七讲》（修订本），长春出版社2008年版。

二 "传统学"的结构

"传统学"的结构包括横式结构和纵式结构。横式结构包含传统的价值系统、心气系统、知识系统和语言符号系统；纵式结构是指传统无意识。

传统的价值观念系统是由和合生存世界的物的价值和社会价值、和合意义世界的人的价值、和合可能世界的艺术理想价值等构成的多层次复杂结构：传统的物的价值是指物以及物和物的关系所能满足人的需要而体现的价值；传统的社会价值是就人与社会之关系而言的，中国的传统是重群体价值，轻个人价值，整体利益重于个体利益；传统的人的价值是指人的生命智慧在实践交往活动中对自身需求的体现，表现为人的自我价值和社会价值。[①] 人的自我价值是人将其通由生命智慧的智能创造而劳动奉献于社会的过程；人的社会价值是人在智能创造的社会交往实践活动中既奉献于社会，促进社会进步，又修炼自身，唯社会之变适从而提升自我道德品质和素质。从而，作为价值主体的人，可以体知、反思、接受、改造、创新传统，既将传统内化为自己的价值追求，又通过自己的价值追求和价值理想反叛传统，创造新价值。主体人在传统中所表现出来的这种既接受传统又有选择地抵制部分传统的"自为性"称为"传统的主体性"，体现出传统的三方面特征：传统主体在坚持自主权的立场下，在与自然、社会和外来文化的冲突中采取的行为、行为模式和取舍标准都是自由的选择结果，体现了"传统的自主性"；传统主体在选择和接受并创新传统时总是体现着自我反省的主动意志，尽管有时候是被动的选择和接受，但选择与接受之后却是传统主体主动地去影响和改造对象，体现了"传统的主动性"；传统主体自觉地、主动地接受、影响传统对象，并主动地改造、度越旧的传统，创新新思维和新事物，体现了"传统的创造性"。

传统的心气是指主体所具有的传统的情感、心理、性格以及心理活动的稳定性、灵活性、指向性，是传统的内在活力体现，具有生生不息

---

① 参见张立文《传统学七讲》（修订本），长春出版社 2008 年版。

之功能。据传统的心气系统，张先生指出，中国大陆的、农业的、宗法的社会存在决定了中国特有的国民心理和神态气质，彰显出家族精神、人本精神、群体精神和道德精神等心理气质，以及八卦思维、混沌思维和太极思维等传统思维方式。① 传统的心气系统是传统中更为隐形、深层的结果。

参与传统活动的精神要素、思维模式以及再造传统的工具系统构成传统的知识系统。② 它既是传统再造的手段，又是传统活动的积累结果。知识是传统的知识，传统是知识的传统；知识是知识者的传统背景的内化，传统是传统者的知识活动的外化。传统是知识活动的创造物，又是人类知识活动的动态展开过程。在传统的诸要素中，传统的价值系统对知识有决定性影响，决定了知识的目的、动机、方向，从而影响了知识的起点、过程、结果和类型。传统的心气要素则影响知识的品格。就中国的知识性格讲，中国的知识具有尊古、内向性和重视人伦的倾向。因而，中国的传统知识缺乏对自然、客体秩序的丰富知识，即使有这方面的知识，也主要表现为经验型的知识或技术型的知识，缺乏科学理论型的知识。正因为如此，中国传统结构下的知识系统旨趣在社会伦理和人际关系，外化为中国的兵、农、医、艺四大传统实用文化的发达。传统知识结构既是静态的过程，又是动态的过程，是从旧传统向新传统不断演进的过程。从传统内部要素的自我演变讲，中国传统知识结构的诸范畴存在"同心圆扩大"运动；从本土传统知识与外来传统知识的交流与碰撞讲，中外传统文化知识存在"顺逆对应"运动。③ 因此，当前中国文化的现代化，归根结底是要实现中国传统知识的现代转型，所坚持的路向就是"六经注我"的内创新和冲突式的外创新。"六经注我"以民族传统为创新的对象和目标，"冲突"着的外创新以外来文化作为手段，在中外文化和合融突中挺立自我主体，完善民族传统，创新新思维、新观念、新价值。

传统的语言符号系统是传统的价值系统和心气系统的外部表现，是

① 参见张立文《传统学七讲》（修订本），长春出版社 2008 年版。
② 参见张立文《传统学七讲》（修订本），长春出版社 2008 年版。
③ 参见张立文《传统学七讲》（修订本），长春出版社 2008 年版。

传统得以传播、交流、延续的中介。① 语言可分为有声语言、书面语言和网络语言：有声语言把时间作为主要的结构力量，思想通过声音语言符号在时间的连续变换中得以表达；书面语言把空间作为结构力量，思想、情感、心理以有形文字、图像的形式在空间的连续转换中得以记载；网络语言把现实的不可能转化成可能，人的意识、情感、心理、观念在虚拟的时空中得以自由发泄。当然，三种语言紧密联系、互相转换，声音语言交流了书面文字，书写语言实现了口述笔录，网络语言可以实现有声与书面语言的任意转化，三者不断传播和延续传统。

传统无意识是指经由历史凝聚而延传下来的某种潜在的文化心理指向，是主体在生活、实践中非自觉、非理性的精神现象或行为过程和状态。它具有双层结构：其一，先天无意识，指人的生理、心理的欲望、需求、冲动等，是人先天具有的潜存的生理、心理指向；其二，后天无意识，指人们的生活经历、生活体验、环境熏陶、教育程度等对人的潜移默化所积淀的心理指向。传统无意识的双重结构在冲突融贯中创生出一定的文化积习和心理定式，体现出四方面特征：第一，跨时空性，指传统超越阶级、阶层和时代而蕴化为人们的共同心态和观念意识；第二，认同感，指传统潜移默化地作用于社会每个成员并使之形成根深蒂固的信仰；第三，非自主性，指传统潜移默化地作用于人生，人总是不由自主地接受既定传统；第四，共态性，指传统已然融化为特定背景下人们所特有的无意识，贯穿于社会与民族的变革之中。② 传统无意识深深地内蕴于社会与人生之中，欲求中国的现代化，必须从其中寻求可能的结合点和方法论，通过重组传统无意识的价值取向，方可实现不同传统间的自觉交流和主动吸收。

三 传统与创造

人在不断地创造和破坏传统。传统不是主体置身其外的纯粹客观化的对象，而是主体以自己时代的意识、心理、精神、情感、观念、素质

---

① 参见张立文《传统学七讲》（修订本），长春出版社 2008 年版。
② 参见张立文《传统学七讲》（修订本），长春出版社 2008 年版。

去接受、理解、诠释和创造的对象。传统不仅仅渗透在个人与群体之中，而且直接或间接、积极或消极地影响和塑造主体人格、意识、观念和气质。传统是时代的传统，时代是传统中的时代。传统既是按照各阶层、各地区、各时代的需要去理解和接受的，也是按照每个人的心理素质知识水平、价值观念去理解和接受的。

传统的变革和延续具有必然性和可能性。首先，由于时代之下主体的形势发展、价值观念、伦理道德、礼仪制度的需要，从而传承某种文化精神、价值观念、思维模式、模型成为传统。其次，创造某种文化精神、价值观念、思维模式、模型的原创主体的思维、价值、行为等有效性原则会在后续的一定时期内有效地化解时代下社会主体所面临的人与自然、社会、人生的冲突，从而"转生"为传统。后续主体对原创主体的有效性原则、原理所形成的认同、不认同和认同与不认同相兼三种选择自然而然地改造传统：认同原创主体的有效性原则有利于化解后续主体所面临的冲突，传统为新时代所传沿；尽管原创主体的有效性原则不一定完全适应于后续主体所处时代的需要，但经后续主体的重新诠释可以适应后续主体时代的一定需要，能够化解后续主体所面临的冲突，从而传承为新传统；后续主体不认同原创主体的有效性原则，传统不能全面、有效地化解后续主体面临的冲突，反传统便随着传统而生，但反传统正是从传统自身衍生而来的传统。① 总之，主体在承续传统中的文化精神、价值观念、思维模式的过程中实现对传统的重新诠释和与时俱进的再创造，传统延续的过程就是传统再续和传统再造的过程。

从中可以看出，传统与主体是相融合而存在的。主体一旦被抛到某个生存世界，他自然进入了特定的生活、经济、文化、政治、伦理环境之中，为特定的传统的价值、观念、思维所包围。主体在进行交往活动和思想问题时，已然潜移默化地接受了传统的熏陶。特定的传统内化于特定的主体意识之中，成为主体有意识或无意识的行为方式和思维方式。即便是那些宣称自己是彻底的反传统主义者和革命主义者也不可能走出传统，何况反传统本身就是传统得以延续的动力因素。

---

① 参见张立文《传统学七讲》（修订本），长春出版社2008年版。

　　当然，传统与主体不仅仅有相融合的一面，还有相冲突的一面。传统是主体的创造物，传统与主体的冲突实质是指传统主体间的冲突。传统主体间的冲突表现为承接和信奉传统的主体与抛弃和反对传统的主体间的冲突。之所以会造成这样的冲突，归根结底是因为外来传统对本土传统的冲击、压力和挑战以及传统内部新文化模式和文化精神的萌芽。外来传统与本土传统的冲突往往造成共同置身于本土传统中主体内部的分化，表现为以什么方式、方法和内容回应外来传统的冲击。当主体意识到传统制度性的社会典章、礼仪规范和思想方式窒碍了主体的生命活力，湮灭了回应外来传统的挑战能力时，主体与传统间的冲突便初露端倪，并可能会扩展为社会危机。在这种情况下，改造传统、"转生"传统，重建合时代要求的新思维方式、行为模式、宗教信仰、伦理道德、审美情趣、风俗习惯等便成为自然而然的了。① 只是，作为回应，两种传统不应以先进与落后、进步与保守、优等与劣等二元思维来评价，而只能以适应与不适应、有效与无效来分析。优劣论是为强势文化与传统消灭弱势文化与传统做辩护的手段。

　　总之，作为哲学体系，"传统学"是独立于文化学的学科体系；作为方法论，"传统学"为传统文化的继承和发扬、延续与变革提供了理论依据。以此为基础，可以实现传统文献学、传统义理学、传统范畴学、传统文化学、传统哲学、传统人类学、传统历史学等方面的细致研究。"传统学"是张立文先生智慧的结晶，为理性勘悟传统文化的创造性转化和创新性发展提供了方法引领。

---

① 参见张立文《传统学七讲》（修订本），长春出版社 2008 年版。

参考文献[*]

一 著作类

《马克思恩格斯选集》，人民出版社 2012 年版。

《马克思恩格斯文集》，人民出版社 2009 年版。

《列宁全集》，人民出版社 2017 年版。

《毛泽东选集》，人民出版社 1991 年版。

《习近平谈治国理政》，外文出版社 2014 年版。

《习近平总书记系列重要讲话读本》，人民出版社 2016 年版。

习近平：《决胜全面建成小康社会　夺取新时代中国特色社会主义伟大胜利——在中国共产党第十九次全国代表大会上的报告》，人民出版社 2017 年版。

习近平：《干在实处　走在前列——推进浙江新发展的思考与实践》，中共中央党校出版社 2006 年版。

习近平：《之江新语》，浙江人民出版社 2007 年版。

（春秋）左丘明：《国语》，陈桐生注译，中华书局 2013 年版。

（汉）许慎撰，（清）段玉裁注：《说文解字注》，许惟贤整理，凤凰出版社 2007 年版。

（唐）李隆基注，邢昺疏：《孝经注疏》，北京大学出版社 2000 年版。

（宋）程颐、程颢：《二程集》，中华书局 1981 年版。

（宋）朱熹：《四书章句集注》，中华书局 1983 年版。

（宋）朱熹：《四书集注》，岳麓书社 2004 年版。

---

* 因有张立文先生和合学学术论文汇编，此处不再罗列张先生学术论文。

（明）王守仁：《王阳明全集》，上海古籍出版社 1992 年版。

（明）李贽：《李贽文集》，社会科学文献出版社 2000 年版。

（明）刘宗周：《刘宗周全集》，浙江古籍出版社 2006 年版。

（明）徐光启：《徐光启集》，王重民辑校，中华书局 1963 年版。

（清）黄宗羲：《黄宗羲全集》，浙江古籍出版社 2005 年版。

（清）王夫之：《船山全书》，岳麓书社 2000 年版。

（清）戴震著，何文光整理：《孟子字义疏证》，中华书局 1961 年版。

（清）张之洞：《劝学篇》，李忠兴评注，中州古籍出版社 1998 年版。

（清）谭嗣同：《谭嗣同全集》，中华书局 1981 年版。

陈独秀：《独秀文存》，上海书店出版社 1985 年版。

曹锡仁：《中西文化比较导论——关于中国文化选择的再探讨》，中国青年出版社 1992 年版。

陈胜粦：《林则徐与鸦片战争论稿》（增订本），中山大学出版社 1990 年版。

方同义、张瑞涛：《中西文化比较纵横谈》，中国文史出版社 2005 年版。

葛荣晋：《中国管理哲学导论》，中国人民大学出版社 2007 年版。

辜正坤：《中西文化比较略论》，《北大讲座》第一辑，北京大学出版社 2002 年版。

郭绍虞主编《中国历代文论选》，上海古籍出版社 1979 年版，第 1 册。

郭兴文：《中国传统婚姻风俗》，陕西人民出版社 2002 年版。

何兆武、柳御林主编：《中国印象——世界名人论中国文化》，广西师范大学出版社 2001 年版。

胡适著，欧阳哲生主编：《胡适文集》，北京大学出版社 1998 年版。

季乃礼：《三纲六纪与社会整合——由〈白虎通〉看汉代社会人伦关系》，中国人民大学出版社 2004 年版。

劳思光：《新编中国哲学史》第 1 卷，广西师范大学出版社 2005 年版。

李德顺：《与改革同行——中国特色社会主义的哲学理路之思》，黑龙江教育出版社 2008 年版。

李泽厚：《中国思想史论》，安徽文艺出版社 1999 年版。

李振霞主编：《当代中国十哲》，华夏出版社 1991 年版。

李宗桂：《文化批判与文化重构——中国文化出路探讨》，陕西人民出版社1992年版。

梁启超：《饮冰室合集》，中华书局2005年版。

林继富、王丹：《解释民俗学》，华中师范大学出版社2006年版。

刘桂生、林启彦、王宪明编：《严复思想新论》，清华大学出版社1999年版。

刘黎明：《契约、神裁、打赌———中国民间习惯法习俗》，四川人民出版社1993年版。

罗安宪主编：《和合之思——张立文教授八十华诞纪念文集》，河北大学出版社2014年版。

沈福伟：《中西文化交流史》，上海人民出版社1985年版。

石峻主编：《中国近代思想史参考资料简编》，生活·读书·新知三联书店1957年版。

宋志明编：《贺麟新儒学论著：儒家思想的新开展》，中国广播电视出版社1995年版。

苏力：《法治及其本土资源》，中国政法大学出版社1996年版。

苏渊雷：《中国思想文化论稿》，华东师范大学出版社1989年版。

汤志钧编：《章太炎政论选集》，中华书局1977年版。

王娟编著：《民俗学概论》，北京大学出版社2002年版。

吴存浩：《中国民俗通志·婚嫁卷》，山东教育出版社2005年版。

武树臣：《中国法律思想史》，法律出版社2004年版。

肖前主编：《马克思主义哲学原理》，中国人民大学出版社1994年版。

肖萐父等主编：《中国哲学史》，人民出版社1983年版。

谢立中：《西方社会学名著提要》，江西人民出版社1998年版。

谢遐龄编选：《变法以致升平——康有为文选》，上海远东出版社1997年版。

徐复观：《中国人性论史·先秦篇》，华东师范大学出版社2005年版。

许燕主编：《人格心理学》，北京师范大学出版社2009年版。

徐刚：《中国和合学年鉴》，人民出版社2018年版。

杨伯峻：《论语译注》，中华书局1980年版。

于语和、庾良辰主编：《近代中西文化交流史论》，山西教育出版社 1997 年版。

余英时：《士与中国文化》，上海人民出版社 2003 年版。

余志超：《细说中国民俗》，光明日报出版社 2006 年版。

袁贵仁：《马克思主义人学理论研究》，北京师范大学出版社 2017 年版。

张岱年、程宜山：《中国文化与文化论争》，中国人民大学出版社 1990 年版。

张立文：《周易思想研究》，湖北人民出版社 1980 年版。

张立文：《朱熹思想研究》（修订本），中国社会科学出版社 1994 年版。

张立文：《宋明理学研究》（修订本），人民出版社 2002 年版。

张立文：《中国哲学范畴发展史（天道篇）》，中国人民大学出版社 1988 年版。

张立文：《传统学七讲》（修订本），长春出版社 2008 年版。

张立文：《新人学导论——中国传统人学的省察》（修订本），广东人民出版社 2000 年版。

张立文：《中国哲学逻辑结构论》（修订本），中国社会科学出版社 2002 年版。

张立文：《帛书周易注译》（修订本），中州古籍出版社 2008 年版。

张立文：《心学之路——陆九渊思想研究》（修订本），人民出版社 2008 年版。

张立文：《宋明理学逻辑结构的演化》，台北：万卷楼图书股份有限公司 1993 年版。

张立文：《朱熹与退溪思想比较研究》（修订本），人民出版社 2014 年版。

张立文：《中国哲学范畴发展史（人道篇）》，中国人民大学出版社 1995 年版。

张立文：《和合学——21 世纪文化战略的构想》（修订本），中国人民大学出版社 2006 年版。

张立文：《李退溪思想研究》，东方出版社 1997 年版。

张立文：《朱熹评传》，长春出版社 2008 年版。

张立文:《正学与开新——王船山哲学思想》,人民出版社 2001 年版。

张立文:《和合与东亚意识——21 世纪东亚和合哲学的价值共享》,华东师范大学出版社 2001 年版。

张立文:《中国和合文化导论》,中共中央党校出版社 2001 年版。

张立文:《和合哲学论》,人民出版社 2004 年版。

张立文:《"自己讲"、"讲自己"——中国哲学的重建与传统现代的度越》,北京师范大学出版社 2007 年版。

张立文主编:《中国学术通史》,人民出版社 2004 年版。

张立文主编:《中国哲学史新编》,中国人民大学出版社 2007 年版。

张立文:《中国哲学思潮发展史》(上、下),人民出版社 2014 年版。

张立文:《学术生命与生命学术——张立文学术自述》,中国人民大学出版社 2016 年版。

张立文:《和合学与人工智能——以中国传统和现代哲理思议网络》,人民出版社 2019 年版。

张瑞涛:《心体与工夫——刘宗周〈人谱〉哲学思想研究》,人民出版社 2014 年版。

中国史学会编:《太平天国》,神州国光出版社 1954 年版。

中国文化书院讲演录编委会:《中外文化比较研究》,生活·读书·新知三联书店 1988 年版。

钟敬文:《民俗文化学:梗概与兴起》,中华书局 1996 年版。

钟敬文主编:《民俗学概论》,上海文艺出版社 1998 年版。

周三多、陈传明、鲁明泓编著:《管理学——原理与方法》第五版,复旦大学出版社 2012 年版。

邹广文:《人类文化的流变与整合》,吉林人民出版社 1998 年版。

[奥] 西格蒙德·弗洛伊德:《弗洛伊德后期著作选》,林尘等译,上海译文出版社 1986 年版。

[德] 奥斯瓦尔德·斯宾格勒:《西方的没落》,齐世荣等译,商务印书馆 1963 年版。

[德] 伽达默尔:《真理与方法》,洪汉鼎译,上海译文出版社 1992 年版。

［德］黑格尔：《哲学史讲演录》，贺麟、王太庆译，商务印书馆 1959
　　年版。

［德］马克斯·韦伯：《新教伦理与资本主义精神》，于晓等译，生活·
　　读书·新知三联书店 1987 年版。

［美］霍克：《改变心理学的 40 项研究》，白学军等译，人民邮电出版
　　社 2010 年版。

［美］露丝·本尼迪克特：《文化模式》，何锡章、黄欢译，华夏出版社
　　1987 年版。

［美］斯塔夫里阿诺斯：《全球通史》，吴象婴、梁赤民译，上海社会科
　　学院出版社 1999 年版。

［美］托马斯·库恩：《科学革命的结构》，金吾伦、胡新和译，北京大
　　学出版社 2003 年版。

［美］希尔斯：《论传统》，傅铿、吕乐译，上海人民出版社 1991 年版。

［意］维科：《新科学》（上），朱光潜译，商务印书馆 1989 年版。

［英］马林诺夫斯基等：《初民社会的犯罪与习俗》，许章润等译，广西
　　师范大学出版社 2003 年版。

二　期刊论文类

卞利：《明清徽州乡（村）规民约论纲》，《中国农史》2004 年第 4 期。

陈建宪：《试论民俗的功能》，《民俗研究》1993 年第 2 期。

陈连山：《春节民俗的社会功能、文化意义与当前文化政策》，《民间文
　　化论坛》2004 年第 5 期。

陈卫平：《"和而不同"：孔子的群己之辩》，《华东师范大学学报》（哲
　　学社会科学版）1994 年第 4 期。

单世联：《韦伯命题与中国现代化》，《开放时代》2004 年第 1 期。

丁伟志：《"中体西用"论在洋务运动时期的形成和发展》，《中国社会
　　科学》1994 年第 1 期。

段文明：《解读思想者张立文》，《社会科学评论》2006 年第 4 期。

顾乃忠：《文化融合论的文化转型论批判——兼评张岱年、方克立的
　　"综合创新"文化观》，《中共浙江省委党校学报》2005 年第 2 期。

郭庆堂:《20 世纪中国哲学的历史分期:学着讲、照着讲、接着讲》,《哲学动态》2001 年第 8 期。

何善蒙:《寒山子暨和合文化国际学术研讨会综述》,《世界宗教研究》2008 年第 3 期。

蒋孝军:《传统"群己之辩"的展开及其终结》,《哲学动态》2011 年第 9 期。

金隆德:《喜读〈周易思想研究〉》,《中国哲学史研究》1981 年第 3 期。

金耀基:《儒家伦理与经济发展:韦伯学说重探》,载《中国现代化与中国文化研讨会论文汇编》,香港中文大学科学院暨社会研究所 1985 年版。

康香阁:《著名哲学家张立文先生访谈录》,《邯郸学院学报》2009 年第 2 期。

劳思光:《关于"中国哲学研究"的几点意见》,载刘笑敢主编《中国哲学与文化》第一辑,广西师范大学出版社 2007 年版。

李方祥:《社会主义和谐文化与中国传统文化中的和谐思想》,《高校理论战线》2007 年第 8 期。

李翔海:《现代新儒学述评》,《求是》2004 年第 6 期。

刘建荣:《乡规民约的法治功用及其当代价值》,《北京人民警察学院学报》2008 年第 1 期。

刘景钊、韩进军:《和合之路:中国哲学"自己讲"的努力与贡献》,《晋阳学刊》2006 年第 3 期。

罗美云:《论〈周易〉的"和合"生态伦理观及其现实意义》,《学术研究》2007 年第 2 期。

祁润兴:《化解价值冲突的和合学——和合学的创立者张立文教授访谈录》,《社会科学家》1998 年第 3 期。

任晓伟:《马克思主义党建理论史上"党性"术语的使用及其内涵变迁》,《陕西师范大学学报》(哲学社会科学版)2016 年第 2 期。

任毅:《西方历史哲学中的中西文化观》,《新原道》第一辑,大象出版社 2003 年版。

田成有:《民俗习惯在司法实践中的价值与应用》,《山东大学学报》

（哲学社会科学版）2008 年第 1 期。

王磊、曹皓：《"'和合与和谐社会建设'暨〈和合学〉出版座谈会"纪要》，《教学与研究》2006 年第 12 期。

王立新：《漫话乌龟》，《文史知识》1992 年第 11 期。

王兴国：《〈孟子·"知言养气"〉章义解——兼论孟子与告子的不动心之道》，《深圳大学学报》（人文社会科学版）2012 年第 5 期。

辛志成、王扬：《论民俗与法律的关系》，《云南行政学院学报》2007 年第 6 期。

杨国荣：《先秦儒学群己之辨的演进》，《孔子研究》1992 年第 2 期。

杨健吾：《惩恶扬善：中华民族色彩民俗的特殊功能》，《文史杂志》2005 年第 2 期。

杨正文：《论民俗的社会管理功能》，《民俗研究》1989 年第 1 期。

张岱年、王东：《中华文明的现代复兴和综合创新》，《教学与研究》1997 年第 5 期。

张岱年：《理论价值和超前预见——推荐〈和合学概论——21 世纪文化战略构想〉》，《中国图书评论》1998 年第 6 期。

张岱年：《漫谈和合》，《中华文化论坛》1997 年第 3 期。

张广修：《村规民约的历史演变》，《洛阳工学院学报》（社会科学版）2000 年第 2 期。

张允熠：《关于 16 至 18 世纪之"中学西渐"的反思》，《高校理论战线》2004 年第 9 期。

张允熠：《哲学的困境和黑格尔的幽灵——关于"中国无哲学"的反思》，《文史哲》2005 年第 3 期。

赵汀阳：《认同与文化认同》，载《新原道》第二辑，大象出版社 2004 年版。

周宁：《停滞/进步：西方的形象和中国的现实》，《书屋》2001 年第 10 期。

周山：《倚筇随处弄潺湲——近十几年中国大陆〈周易〉研究述评》，《上海社会科学院学术季刊》1993 年第 1 期。

［法］列维－斯特劳斯：《历史学和人类学——〈结构人类学〉序》，易

将译,《哲学译丛》1979 年第 6 期。

三　报纸类

习近平:《在中国国际友好大会暨中国人民对外友好协会成立 60 周年纪念活动上的讲话》,《人民日报》2014 年 5 月 16 日。

习近平:《在党的群众路线教育实践活动总结大会上的讲话》,《人民日报》2014 年 10 月 9 日。

习近平:《在中央政治局第二十次集体学习时的讲话》,《人民日报》2015 年 1 月 25 日。

习近平:《在哲学社会科学工作座谈会上的讲话》,《人民日报》2016 年 5 月 17 日。

习近平:《全面贯彻落实党的十八届六中全会精神　增强全面从严治党系统性创造性实效性》,《人民日报》2017 年 1 月 7 日。

叶小文:《论县委书记》,《光明日报》2015 年 3 月 2 日。

李景源、周丹:《人类命运共同体思想的哲学阐述》,《光明日报》2017 年 8 月 28 日。

后　记

　　本书的各部分内容体现出"发散性"，内容之间并不具有严密的逻辑关系。因此，非常有必要把撰写、整理本书的前因后果交代清楚。

　　2008年，我考入中国人民大学哲学院，入张立文先生门下攻读博士学位。入师门必知其师，知其师方信其道，信其道方传其学、行其事。张先生是当代中国名副其实的哲学家和哲学史家，创构了体现"中国特色"的哲学创新体系——和合学。师者，传道授业解惑；徒者，卫道传学践履。故而，作为入室弟子，我在亲炙先生宋明理学，尤其是蕺山学研究的同时，悉心阅读先生的和合学。我生性愚钝，悟性不高，虽断断续续写就几篇考察和合学创新性和时代价值的论文，甚至后来还指导自己的研究生李宗双、丁馨两位同学撰写关于和合学的硕士学位论文，但自觉对和合学的理解并不到位，唯尊崇传承和合学的意愿一直未变。整体而言，该书是自己学习和践行和合学心路历程的体现。

　　"导论"部分明确指出了"和合学"作为"个性"的哲学体系的必然性。哲学是有民族性和时代性的，体现了哲学的"个性"。同时，不同的哲学家、不同的民族，又基于自身的心得体悟创造出"个性"的哲学体系。"和合学"是张立文先生在熟读感悟中国哲学智慧之后而创构的哲学体系，体现出"个性"，是当代中国特色的哲学社会科学体系中的"个性"的哲学。该导论经修改删减，以"哲学的'个性'与'个性'的哲学"为题发表于《光明日报》2020年11月2日"哲学"版。

　　第一章"张立文学术创新撷要"探寻和合学的"出场语境"。张先生始从《周易》研究入手，进而展开个案的和整体的宋明理学研究，并于其中"体贴"出中国传统"和合"理念的价值，立足中国哲学思维创新的三条"游戏规则"，构建了和合学体系。和合学是张先生学术创新的突出表现，也是张先生哲学思想的落脚点。这部分内容是三篇论文的改写稿。2009 年，时任中国人民大学哲学院院长郝立新教授编纂的《哲学家》杂志开辟"哲学家学术述评"栏目，荣获为"一级教授"的四位哲学教授（陈先达、方立天、张立文、刘大椿）分别由其弟子撰写一篇学术述评，我受邀撰写了《探赜索隐，开拓创新——张立文教授学术创新综述》一文［载郝立新主编《哲学家（2009）》，人民出版社 2010 年版，第 301—320 页］。后来，又适逢韩国学术信息出版社 2009 年 5 月出版《张立文文集》（共 38 辑），收录张立文先生截至 2006 年年底的全部专著①和部分论文，我就根据所撰述评修改为书评论文《学术的生命和生命的学术——读〈张立文文集〉》发表于台湾《鹅湖》杂志（《鹅湖》2011 年第 5 期，总 431 期）。2019 年，《贵州文史丛刊》"改革开放以来大陆儒学研究"专栏向彭永捷教授约稿组稿"张立文篇"，我有幸受邀，就基于之前的研究观点和基本材料，撰写了《论张立文先生宋明理学研究的逻辑进路》（《贵州文史丛刊》2020 年第 1 期）一文。值本书出版之际，特将述评、书评和专题论文做综合修改，以"张立文学术创新撷要"为题作为一部分，希望从整体上逻辑地体贴和合学的创构始末及其在张先生学术创新历程中的独特价值。

　　第二章"和合学创新论"谈和合学作为哲学创新体系的必然性。这部分由两篇论文构成。"和合学与哲学创新"是我撰写的对和合学质疑论文的回应论文的修改稿。早在 2008 年，有人质疑张先生的和合学，作为张先生的亲传弟子，有责任撰写相关回应文章，以澄清事实、回归

---

　　① 包括《和合学概论——21 世纪文化战略的构想》（上、下）、《和合与东亚意识——21 世纪东亚和合哲学的价值共享》、《和合哲学论》、《中国和合文化导论》、《中国哲学逻辑结构论》、《中国哲学范畴发展史（人道篇）》（上、下）、《新人学导论——中国传统人学的省察》、《中国哲学范畴发展史（天道篇）》（上、下）、《周易思想研究》、《周易与儒道墨》、《周易帛书今注今译》（上、下）、《宋明理学研究》（上、下）、《宋明理学逻辑结构的演化》、《宋明学术略论》、《李退溪思想研究》、《中国近代新学的展开》、《朱熹思想研究》、《走向心学之路——陆象山思想的足迹》、《船山哲学》、《戴震哲学研究》、《传统学引论——中国传统文化的多维反思》、《朱熹评传》（上、下）、《退溪哲学入门》、《朱熹与退溪思想比较研究》、《周易的智慧和诠释》、《儒学与人生》、《韩国儒学研究》、《国学新诠释》、《传统与现代》、《学术生命与生命学术——张立文学术自述》、《中国哲学的自己讲、讲自己》、《思想的理解》。

问题本身。因此，利用寒假时间，撰写了一篇回应文章发表于《探索与争鸣》2009 年第 3 期，主要是讲述和合学作为当代中国哲学体系创新的内在缘由。后来，《新华文摘》2009 年第 11 期"论点摘编"以"和合学与哲学创新"为题，转载了该论文的主旨思想。

"和合学的哲学性格"是我和我的研究生李宗双合写的。我所在单位原来有哲学一级学科硕士点（2018 年撤销），我指导中国哲学专业的硕士研究生。李宗双是 2014 级硕士研究生，当时我给他定的硕士论文题目是"'和合学'的哲学性格和价值探赜"。小李同学比较用功，收集了张先生的和合学相关著作和论文，为完成学位论文写作，还专门编纂了《张立文学术年谱（1935—2015 年)》。我们在共同讨论的基础上完成了《尚和合的哲学性格》一文并共同署名发表于《黑龙江社会科学》2015 年第 6 期，本节就是发表论文的修改稿。

第三章"和合学方法论"主要探讨和合学作为研究哲学方法的学术价值。这部分由两篇学术论文构成。"'自己讲''讲自己'：中国哲学研究范式的创新"是考察作为创新体系的和合学所依傍的哲学方法论的创新性特质，发表于《江海学刊》2010 年第 2 期。"中国哲学史人物研究的'四位一体'法"是攻读博士学位期间为完成"宋明理学研究"课程的作业，后来发表于《理论月刊》2012 年第 1 期，《新华文摘》2012 年第 10 期作为论点摘编。

第四章"和合学价值论"笼统地考察和合学的时代价值。"先秦儒家和合管理思想"改编自我与纪光欣教授合著《箫管备举——和合管理论》中的部分内容。张先生曾主编一套和合学丛书①，由河北人民出版社于 2018 年出版。当时我认领了《和合管理论》一书，但在具体写作过程中发现，自己对管理学非常陌生，真切体会到了"隔行如隔山"的意义，因此请管理哲学博士纪光欣教授撰写该书，我只是撰写了其中少部分文字，此章内容就是该书第二章"中国传统和合管理思想"所写初

---

① 包括：《和合爱神：和合关怀论》（张立文著）、《致广尽微：和合体系论》（陈欣雨、张永路著）、《正德立己：和合道德论》（郭清香、王乐著）、《东亚宝藏：和合三教论》（王灏著）、《箫管备举：和合管理论》（纪光欣、张瑞涛著）、《奋进不息：和合人生论》（梁成均著）六部。

稿的修改稿。

　　"民俗与德治、法治的和合融契"是为完成张先生申报的教育部人文社会科学研究基地重大课题结题成果而撰写的。当时，张先生组织部分弟子撰写书稿《中国古代的德治与法治》一书，为了凸显研究内容的特色，在写作的章节上都做了不同于其他研究的细致考量，我认领的部分是探讨民俗中德治与法治的交通互动关系。借本书出版之际，我将原来的章节重新梳理，将和合思想贯穿其中，从而有了此部分内容。

　　"和谐社会、人类命运共同体与和合哲学"肇始于回应论文。当时有在《哲学研究》上发表一篇质疑"和合"思想的论文，我深感其中有值得商榷之处，遂撰写一篇回应论文投给《哲学研究》，但未能发表。后来以"和谐社会与和谐、和合哲学"为题投稿给《青岛科技大学学报》（社会科学版）"和文化研究"版面负责人徐诚先生，2010 年第 3 期得以发表。现徐先生已作古，甚是叹息！如今，我们不仅提倡和谐社会，还倡导推动构建人类命运共同体，便将之前论文进一步修改，有了现在的面貌。

　　"和合哲学与党性修养"是应 2016 年 9 月天台县政府组织的"和合文化与党性修养"研讨会而撰写的会议论文。浙江天台山国清寺有隐僧寒山和拾得，二人在雍正年间被封为"和合二圣"。借开会之机，赴国清寺感受了和合二圣的文化影响。会议期间，还参加了由著名企业家、文化活动家沈中明先生创办的"和合人间文化园"的相关活动，真切感受到了天台县对和合文化传承与弘扬的力度和自信！

　　第五章"关于文化比较的几点思考"是基于和合学作为文化战略构想的视角而归纳整理的三篇论文，是我近年来对文化比较哲学、传统文化创造性转化等问题的思考结果。其中，《西方中心主义者认识中国文化的误区》发表于《中国石油大学学报》（社会科学版）2006 年第 4 期、《近代中国知识分子"中西文化观"的思想特征》（原题"论近代中国知识分子'中西文化观'的三个思想特征"）发表于《黑龙江社会科学》2013 年第 4 期、《中国优秀传统文化现代转生的内在逻辑》（原题为"'慎终追远'新思考"）发表于《光明日报》2016 年 2 月 22 日。

　　附录由两部分组成。附录一"张立文先生和合学论文索引（1989—

2019 年)",是把张先生自 1989 年提出"和合"概念以来撰写的关于和合学的论文的索引,力图直观地感受和合学的创构历程。附录二"张立文先生与'传统学'",是 2009 年应《邯郸学院学报》康香阁主编邀请而撰写的,发表于该学报 2009 年第 2 期。

在此,我要对以上发表拙文的期刊和编辑表示深深的感谢!能发表拙文,既给我展示研究能力的机会,也宣传了和合学思想。

感谢学校发展规划处、文科建设处和马克思主义学院对本书的资助!

感谢中国社会科学出版社郝玉明编辑对本书的认可和辛勤的编辑工作!编辑们"甘愿为他人作嫁衣"的奉献精神是鼓舞著作者不懈努力的动力之一。

感谢张先生,因为没有张先生庞大深邃的和合学体系,也不会有我点滴的思考,也就没有本书的整理。祈愿张先生创作出更多的作品!

最后,感谢妻子王淑涛女士和女儿张浚懿对我从事研究和教学工作的支持!

"路漫漫其修远兮,吾将上下而求索",我对和合学的理解和实践尚在路上!"高山仰止,景行行止,虽不能至,心向往之",我时刻以恩师的学术人格激励自己、提醒自己!"尽心知性知天,存心养性事天",我已逾不惑之年,愿能有所觉悟!诚如张先生所言,和合学永远在途中,我的思悟也永远在途中!

张瑞涛

定稿于传统文化与中国精神研究基地

2020 年 12 月 15 日